Maïa Grégoire
Professeur de français langue étrangère
au Centre de formation pour les journalistes, Paris.

Odile Thiévenaz
Prag
à l'Université de Savoie

Avec la collaboration de
Elisabeth Franco
et **Alina Kostucki**

Grammaire

Progressive

du Français

avec 600 exercices

CLE
INTERNATIONAL
www.cle-inter.com

Les auteurs remercient monsieur Valmor Letzow,
Directeur du département de français à l'Institut français de gestion,
pour la passion de l'enseignement qu'il leur a transmise.

Merci également à Rada Alloy, Bertrand Duhirel,
Annick Dupuy, Danielle Laroch, Christine Laburthe et Dominique Slusny
pour leurs précieuses suggestions.

Direction éditoriale : Michèle Grandmangin
Édition : Christine Grall
Conception maquette et couverture : Evelyn Audureau
Composition : C.G.I.

AVANT-PROPOS

■ La **Grammaire progressive du français** s'adresse à des étudiants, adultes et adolescents de niveau **faux débutant** ou **intermédiaire**.

Grâce à une méthode progressive et un langage simple, l'ouvrage vise à rendre vivant et stimulant l'apprentissage du français trop souvent considéré comme difficile.

Les règles de grammaire ne sont pas exhaustives mais vont à l'essentiel. Elles sont présentées et exploitées dans une perspective d'échange à l'écrit et à l'oral.

Chaque point de grammaire est abordé à la façon d'un cours de langue et non selon les classifications habituelles en parties de discours (déterminants, adjectifs, pronoms, etc.).

Les explications proposées privilégient d'abord le sens. Plusieurs sont le fruit d'une réflexion avec les étudiants.

■ La **Grammaire progressive du français** est une grammaire **d'apprentissage par étapes** qui présente :
• sur la *page de gauche* une **unité linguistique** :
– un encadré met en lumière le fait de langue avec des phrases simples et caractéristiques,
– les règles sont ensuite analysées point par point et illustrées par de nombreux exemples,
– des remarques de prononciation et d'écriture complètent la leçon ;
• sur la *page de droite*, des **exercices pratiques** :
– des encadrés avec des textes à reconstituer, des exercices de réemploi et des activités plus libres permettent l'utilisation immédiate de ce qui vient d'être étudié.

Trois pages d'exercices se succèdent pour approfondir des points plus complexes. Le professeur pourra naturellement développer certains exercices ou apporter des variantes personnelles compte tenu des besoins de la classe.

Des **exercices de récapitulation** en contexte puis des **bilans** permettent de réviser les chapitres étudiés. Un **test** général situé en fin d'ouvrage peut servir de test de placement en début d'apprentissage ou d'évaluation en fin de parcours.

■ La **Grammaire progressive du français** est une grammaire **pédagogique** : pour faciliter la découverte, la compréhension et l'acquisition, chaque point de grammaire étudié prépare le suivant. Par exemple, l'accord est d'abord étudié à travers le genre des adjectifs, puis des noms, il est repris dans les exercices sur la négation et l'interrogation, puis plus loin avec les possessifs, la profession, etc.

L'apprentissage se fait ainsi par enrichissement régulier des acquis. Certains points plus difficiles comme l'interrogation, la négation, les pronoms, sont repris dans le traitement de chacun des temps verbaux.

Les grands points grammaticaux sont découpés en unités plus petites et autonomes, les pages de gauche comportant toutes les informations nécessaires à la pratique des exercices. Ainsi, « Le temps » fait l'objet de plusieurs leçons : (*chapitre 14* : le jour, la date ; *chapitre 17* : la durée ; *chapitre 41* : l'origine, la chronologie, la succession).

Des **renvois** d'un chapitre à l'autre et des tableaux récapitulatifs permettent à l'étudiant et au professeur de reconstituer les grandes unités grammaticales. Un index détaillé et une synthèse des conjugaisons complètent l'ouvrage.

Cette grammaire peut s'utiliser en complément d'une méthode, ou plus ponctuellement pour étudier une difficulté particulière. Elle peut également servir de guide d'auto-apprentissage.

Les corrigés des exercices se trouvent dans un livret séparé.

DESCRIPTIF

L' UNITÉ GRAMMATICALE :	LES EXERCICES :
• Un encadré présentant **le point principal**.	• **Une ou trois pages d'exercices :** selon l'importance des problèmes.
• **Des explications simples** avec des exemples clairs et nombreux.	• **Des exercices variés :** découverte, réemploi, activités libres, textes, chansons, etc.
• **Des mises en garde :** difficultés particulières et interférences fréquentes.	◯1 • **Des exercices récapitulatifs :** révision des chapitres précédents.
♪ • **Des remarques phonétiques :** liaison, élision, contraction, etc.	• **Des bilans notés :** révision des points déjà étudiés.

SOMMAIRE

1

LE VERBE « ÊTRE »

LE VERBE « ÊTRE » et LE DIALOGUE DE BASE

> – **Je suis** français.
> – **Vous êtes** italien ?

En français, le verbe est en général précédé d'un nom ou d'un **pronom** sujet.

■ « **JE** » et « **VOUS** » sont les pronoms de base du dialogue :

– *Vous êtes de Paris, monsieur Ricard ?*
– *Non, je suis de Marseille.*

■ **QUELQUES NATIONALITÉS**

Je suis | anglais.
| allemand.
| grec.
| japonais.
| brésilien.
| suédois.

Vous êtes | espagnol.
| américain.
| portugais.
| russe.
| australien.
| hollandais.

■ « **À** », « **DE** », « **CHEZ** »

• « **À** » indique la ville où on est :

Je suis **à** | Berlin.
| Londres.
| Moscou.

• « **De** » indique la ville d'origine :

Je suis **de** | Rome.
| Madrid.
| Lisbonne.

• « **Chez** » s'utilise avec les personnes :

Je suis **chez** | Pierre.
| des amis.
| moi.

♪ • « **De** » + **voyelle** devient « **d'** » :

– *Vous êtes **d'**où ? – Je suis **d'**Athènes.*

(pronoms sujets, p. 10) – (« à l' », « au », etc., p. 30)

1 « Je suis » ou « Vous êtes ». Complétez. Créez d'autres dialogues.

———— Présentations ————

– Vous _____ d'où ?

– _____ suis anglais. Je _____ de Londres.

Et vous, vous _____ d'où ?

– _____ suis d'Athènes, _____ _____ grec.

– Vous _____ marié ?

– Non, _____ _____ célibataire.

Et vous, _____ _____ marié ?

– Oui, _____ _____ marié.

2 Répondez aux questions au choix.

1. – Vous êtes espagnol ou portugais, Luis ? – *Je suis espagnol.*

2. – Vous êtes de Madrid ou de Barcelone ? – _____

3. – Vous êtes étudiant ou professeur ? – _____

4. – Vous êtes marié ou célibataire ? – _____

5. – Vous êtes fatigué ou en forme ? – _____

3 Complétez le dialogue avec « à », « de », « chez ».

Paul : – Je suis en vacances *à* Nice. Et vous, vous êtes _____ Nice pour travailler ?

Aldo : – Non, je suis en vacances _____ ma tante. Vous êtes _____ l'hôtel ou _____ des amis ?

Paul : – Je suis _____ un ami d'enfance, Philippe Leroux. Vous êtes _____ quelle ville, Aldo ?

Aldo : – Je suis _____ Naples, mais je suis souvent _____ Rome pour mon travail.

Paul : – Moi, je suis _____ Lyon, mais je suis très souvent _____ Paris, pour mes affaires.

4 Faites l'exercice selon le modèle. Présentez-vous.

Nom	Nationalité	Ville d'origine	Adresse actuelle
Per Olsen	Danois	Copenhague	Paris (hôtel Bréa)
Bruno Maggi	Italien	Florence	Londres (un ami)
Anne Briand	Belge	Bruxelles	New York (Astoria Hôtel)
Clément Monier	Français	Avignon	Marseille (des cousins)

1. – *Je m'appelle Per. Je suis danois. Je suis de Copenhague. Actuellement, je suis à l'hôtel Bréa, à Paris.*

2. – _____

3. – _____

4. – _____

5 Répondez librement aux questions.

1. – Vous êtes de Boston ? de Varsovie ? d'Athènes ? – _____

2. – Actuellement, vous êtes à Oslo ? à Londres ? à Vienne ? – _____

3. – Vous êtes chez vous ? au bureau ? à l'université ? au lycée ? – _____

LE VERBE « ÊTRE » et LES PRONOMS SUJETS

Je	**suis**	italien.
Tu	**es**	américain.
Il		
Elle	**est**	à Paris.
On		
Nous	**sommes**	en vacances.
Vous	**êtes**	de Madrid ?
Ils	**sont**	de Londres.
Elles		

■ **« VOUS »** : forme de politesse ou pluriel.

   – *Vous êtes prêt, monsieur ?*
   – *Vous êtes prêts, les enfants ?*

■ **« TU »** : pour les amis, la famille…

   – *Tu es prêt, papa ?*
   – *Tu es prêt, mon chéri ?*

     • Avec les prénoms, on utilise **« vous »** ou **« tu »** selon le degré de familiarité :

        – *Vous êtes prêt, Max ?* (moins familier)
        – *Tu es prêt, Max ?*   (plus familier)

■ **« IL »** et **« ELLE »** renvoient à une personne ou à une chose :

     ***Elle est** belle, Isabelle.*   ***Il est** beau, Kevin.*
     ***Elle est** belle, la tour Eiffel.*   ***Il est** beau, le musée d'Orsay.*

⚠ • **« Ils »** renvoie à un groupe masculin ou « mixte » :

     ***Paul, Marie, Cathy et Julie sont français. Ils** sont de Nice.*

■ **« ON »** et **« NOUS »**

     • **« On »** = « nous », en langage courant :

     *Paul et moi, **nous** sommes français. **On** est de Nice.*
           verbe au pluriel   verbe au singulier

     • **« On »** signifie aussi « tout le monde » (« les gens ») :

     *En France, **on est** gourmand : **tout le monde est** gourmand.*

♪ • La liaison est obligatoire entre le pronom et le verbe :

     Vous‿êtes   *On‿est*
      z   n

(« c'est/il est », p. 32) – (accords, p. 16)

E X E R C I C E S

1   **Complétez avec le verbe « être » et les pronoms manquants.**

─────── Informations ───────

– Tu *es* célibataire ou tu _____ marié ?

– Je _____ marié.

– Ta femme _____ française ?

– Non, _____ _____ espagnole, comme moi.

– Vous _____ espagnols ! De quelle ville ?

– Nous _____ de Séville.

– Mes parents aussi _____ espagnols, mais

_____ _____ de Barcelone.

2   **Complétez avec « tu es » ou « vous êtes ».**

– *Vous êtes* suisse, madame ?

1. _____ _____ seule, mademoiselle ?

2. _____ _____ français, monsieur Dubois ?

3. _____ _____ là, papa ?

4. _____ _____ fatigué, mon chéri ?

5. _____ _____ prêts, les enfants ?

6. _____ _____ de Prague, madame ?

3   **Complétez avec « être » et les pronoms manquants.**

1. – Le professeur *est* là ? – *Oui, il est là.*

2. – La salle _____ grande ? – _____

3. – Les chaises _____ en bois ? – _____

4. – Votre livre _____ bleu ? – _____

5. – Nous _____ mardi ? – _____

6. – On _____ le 4 ? – _____

7. – Les étudiants _____ en forme ? – _____

_____

4   **Complétez avec « nous sommes » ou « on est » (plusieurs possibilités).**

Chère Marie,   Cannes, le 15/09/02.

Jean et moi, _____ _____ à Cannes. Depuis

10 heures, _____ _____ sur la plage. Comme

_____ _____ bien au soleil ! _____

_____ en pleine forme. Mais c'est normal :

quand _____ _____ en vacances, _____

_____ toujours en forme !

À bientôt.   Grosses bises ! Léa

5   **Répondez aux questions à partir du texte.**

– Allô ? Danièle ? C'est Martine. Je suis à Paris avec Jean et nos trois filles. Nous sommes à l'hôtel Saint-Michel. Tu es libre aujourd'hui ?
– Non ! Quel dommage, je suis occupée toute la journée. Je suis à Versailles, chez un client. Vous êtes à Paris pour combien de temps ?
– Nous sommes ici pour une semaine. Les filles sont en vacances : leur lycée est fermé pour travaux.

1. – Martine et Jean sont à Aix ? – _____

2. – Danièle est libre ou occupée aujourd'hui ? – _____

3. – Martine et Jean sont chez des amis ? – _____

4. – Danièle est à Paris aujourd'hui ? – _____

5. – Les filles sont au lycée ou en vacances ? – _____

L'ADJECTIF (1)

MASCULIN et FÉMININ

> Paul est grand, blond et frisé.
> Anne est grande, blonde et frisée.

■ En général, pour former le féminin des adjectifs, on ajoute « -e » au masculin :

masculin	féminin
Paul est grand.	*Anne est grande.*
Il est original.	*Elle est originale.*
Il est marié.	*Elle est mariée.*

• Si le masculin se termine par « -e », le féminin reste identique :

Il est sympathique. *Elle est sympathique.*

♪ • Les finales « -s », « -d », « -t » sont muettes au masculin mais sonores au féminin, à cause du « -e » :

François est grand, blond et intelligent.
Françoise est grande, blonde et intelligente.

■ Parfois, on double la consonne finale au féminin :

Giorgio est italien.	*Bruna est italienne.*
Il est mignon.	*Elle est mignonne.*
Il est ponctuel.	*Elle est ponctuelle.*

■ Parfois, toute la finale change au féminin :

Marc est sportif.	*Cathy est sportive.*
Il est sérieux.	*Elle est sérieuse.*
Il est rêveur.	*Elle est rêveuse.*
Il est calculateur.	*Elle est calculatrice.*
Il est étranger.	*Elle est étrangère.*

■ **Cas particuliers :**

beau/belle	*nouveau/nouvelle*	*faux/fausse*	*doux/douce*	*roux/rousse*	*jaloux/jalouse*
gentil/gentille	*vieux/vieille*	*gros/grosse*	*bas/basse*	*fou/folle*	*long/longue*
frais/fraîche	*sec/sèche*	*blanc/blanche*	*grec/grecque*	*public/publique*	

(adjectifs de couleur, p. 14) – (place de l'adjectif, p. 54)

1 **Mettez au féminin, selon le modèle.**
Michael est anglais. Cathy *est anglaise.*

1. Franz est allemand.

Petra _____

2. Mon père est français.

Ma mère _____

3. Mon frère est grand.

Ma sœur _____

4. Mon oncle est blond.

Ma tante _____

5. Le petit garçon est content.

La petite fille _____

6. Monsieur Charlus est élégant.

Madame Charlus _____

7. Paul est intelligent.

Alice _____

8. Le mari de Zoé est sympathique.

La femme de Max _____

2 **Mettez au féminin ou au masculin, selon le modèle.**
Monsieur Daudet est agréable et charmant. Madame Daudet est *agréable et charmante.*
Monsieur Daudet est *sérieux et intelligent.* Madame Daudet est sérieuse et intelligente.

1. Axel est jeune et timide.

Joanna est _____

2. Le père de Kevin est _____

La mère de Kevin est blonde et frisée.

3. Le frère de Laure est grand et bronzé.

La sœur de Kevin est _____

4. L'infirmier est _____

L'infirmière est gentille et compétente.

5. Le boulanger est souriant et bavard.

La boulangère est _____

6. Steve est _____

Nancy est intelligente, créative, originale…

7. Le serveur est mignon et sympathique.

La serveuse est _____

8. Le concierge est paresseux et agressif.

La concierge est _____

3 **Mettez au féminin, selon le modèle.**

1. Un sac neuf et une valise *neuve.*

2. Un pull bleu et une veste _____

3. Un tapis ancien et une armoire _____

4. Un poisson frais et une viande _____

5. Un projet fou et une idée _____

6. Un chapeau blanc et une robe _____

7. Un virage dangereux et une route _____

8. Un film génial et une pièce _____

4 **Classez selon le genre.**

gentille – gros – folle – stupide – longue – ~~bas~~ – intéressant – chaude – fatigué

Masculin	Féminin
bas	_____
_____	_____
_____	_____
_____	_____

5 **Mettez le texte au masculin.**

Mona est canadienne. Elle est grande, brune et sportive. Elle est belle (mais un peu superficielle).

Alain _____

SINGULIER et PLURIEL

> Paul et Marc sont blond**s**. Anne et Marie sont blonde**s**.

■ En général, pour former le pluriel des adjectifs, on ajoute « **-s** » au singulier :

singulier	pluriel
Paul est grand.	*Paul et Marc sont grand**s**.*
Anne est grande.	*Anne et Marie sont grande**s**.*

   • Quand le singulier se termine par « **-s** » ou « **-x** », le pluriel reste identique :

   Il est français.   *Ils sont français.*
   Il est roux.   *Ils sont roux.*

♪   • Le « **-s** » et le « **-x** » ne se prononcent pas :

   Ils sont grand~~s~~ et rou~~x~~.

■ Les adjectifs qui se terminent par « **-al** » ou « **-au** » ont un pluriel en « **-aux** » :

   *Paul est be**au**.*   *Paul et Marc sont be**aux**.*
   *Il est origin**al**.*   *Ils sont origin**aux**.*
   *Il est sentiment**al**.*   *Ils sont sentiment**aux**.*

Mais :

   *banal/ban**als**   fatal/fat**als**   naval/nav**als***

■ Le féminin pluriel est régulier :

   Anne est belle.   *Anne et Marie sont belle**s**.*
   Elle est originale.   *Elles sont originale**s**.*
   Elle est sentimentale.   *Elles sont sentimentale**s**.*

⚠   • Les groupes « mixtes » ont un accord masculin :

   *Paul, Anne et Marie sont brun**s** et ils sont **beaux**.*

■ **Les adjectifs de couleur** s'accordent, sauf pour certaines couleurs renvoyant à un objet :

un pull vert	*des pulls vert**s***	*des robes vert**es***
un pull bleu	*des pulls bleu**s***	*des robes bleu**es***

Mais :

*un pull **marron***	*des pulls **marron***	*des chaussures **marron***
*un pull **orange***	*une veste **orange***	*des vestes **orange***

E X E R C I C E S

1 **Mettez au pluriel, selon le modèle.**

1. Pierre est sympathique. Pierre et Alain *sont sympathiques.*

2. Stephan est réservé. Stephan et William _____

3. Arthur est petit et mince. Arthur et Bruno _____

4. Le père de Jim est roux. Les parents de Jim _____

5. Jules est amoureux. Jules et Jim _____

6. Marcello est jaloux. Marcello et Alberto _____

2 **Complétez en mettant les adjectifs soulignés au pluriel.**

─────── C'est la mode ! ───────

– J'aime bien ce pull, mais il est trop <u>court</u> et il est trop <u>serré</u>.

– C'est la mode ! Cette année, les pulls sont _____ et ils sont très _____ !

– Oui, mais moi, je suis <u>classique</u>, <u>ringarde</u> et <u>démodée</u>…

– Alors, essayez ces pantalons, ils sont vraiment _____ , _____ , et _____ !

3 **Mettez au pluriel selon le modèle.**

1. – Michel est intelligent et sa femme aussi. – *C'est vrai, ils sont intelligents, tous les deux.*

2. – Solal est beau et Ariane aussi. – _____

3. – Paul est enrhumé et Julie aussi. – _____

4. – David est gentil et Luca aussi. – _____

5. – Antoine est sentimental et Adrian aussi. – _____

4 **Mettez les phrases au féminin pluriel.**

1. – Le sac est lourd. Et les valises ?… – *Elles sont très lourdes !*

2. – L'ananas est mûr. Et les bananes ? – _____

3. – Pierre est original. Et ses amies ? – _____

4. – Le riz est salé. Et les frites ? – _____

5 **Transformez selon le modèle.**

1. Un pull marron. Des *pulls marron.*   Une robe _____   Des robes _____

2. Un plat régional. Des _____   Une spécialité _____   Des spécialités _____

3. Un poisson grillé. Des _____   Une viande _____   Des viandes _____

4. Un vélo bleu. Des _____   Une voiture _____   Des voitures _____

6 **Décrivez une collection de vêtements.** *Des pantalons larges, orange et bleus. Des pulls* _____

L'ACCORD de L'ADJECTIF avec les PRONOMS SUJETS

> – Vous êtes prête, madame, vous êtes prêts, messieurs ?
> – Oui, on est prêts.

L'accord des adjectifs varie selon les personnes remplacées par les pronoms.

■ « **JE** » et « **TU** » : accord masculin ou féminin singulier

– Tu es étudiant, Ugo ?   *– Oui, je suis étudiant.*
– Tu es étudiante, Sylvia ?   *– Oui , je suis étudiante.*

■ « **VOUS** » de politesse : accord masculin ou féminin **singulier**

– Vous êtes prêt, monsieur ?
– Vous êtes prête, madame ?

■ « **VOUS** » pluriel : accord masculin ou féminin **pluriel**

– Vous êtes prêts, messieurs ?
– Vous êtes prêtes, mesdames ?

■ « **ON** » = « tout le monde » : accord masculin **singulier**

En France, on est gourmand.
Quand on est malade, on est fatigué.

■ « **ON** » = « nous » : accord masculin ou féminin **pluriel**

Paul et moi, on est gourmands.
Anna et moi, on est fatiguées.

• Avec « on » = « nous », le **verbe** est au singulier et **l'adjectif** au pluriel :

Ugo et moi, on est grands et blonds.

■ « **ON** » = « homme » ou « femme » : accord masculin ou féminin **singulier**

Quand on est sportif, on est musclé.
Quand on est sportive, on est musclée.

(accords des adjectifs, p. 12 et 14)

1 **Mettez les accords manquants.**

Vous êtes pressée, Madame Doisnel ?

1. – Tu es prêt_____, ma chérie ?

2. – Vous êtes étudiant_____, mesdemoiselles?

3. – Eduardo et moi on est napolitain_____ .

4. – Olga: Elsa et moi, on est polonais_____ .

5. – Vous êtes satisfait_____, messieurs?

6. – Vous êtes seul_____, madame ?

7. – Mes frères et moi, on est tous blond_____.

8. – Vous êtes américain_____, mesdames ?

9. – Cathy : Linda et moi, on est irlandais_____.

10. – Tu es fatigu_____, maman?

2 **Complétez les dialogues. Accordez les adjectifs.**

– Vous êtes suédois ou norvégien, Ingmar ? – *Je suis* suédois.

– Et vous, Ingrid, vous *êtes suédoise* également?

1. – Vous êtes étudiant ou lycéen, Marc ? – _____ lycéen.

– Et vous, Anne et Suzy, vous _____ également ?

2. – Vous êtes célibataire ou marié, Jean ? – _____ marié.

– Et vous, Cathy, vous _____ également ?

3. – Vous êtes réservé ou bavard, Martin ? – En général, _____ réservé.

– Et vous, Julie et Nadia, vous _____ également ?

4. – Vous êtes optimiste ou pessimiste, Veronica ? – En général, _____ optimiste.

– Et vous, John, vous _____ également ?

5. – Vous êtes calme ou nerveux, avant un examen, Léo ? – En général, _____ nerveux.

– Et vous, Paul et Marie, vous _____ ? – Non, nous, on _____

3 **Associez les adjectifs. Faites des phrases avec « on » (plusieurs possibilités).**

jeune   malheureux

vieux   musclé

sportif   impatient

riche   prudent

Quand on est jeune, on est impatient.

Quand _____

_____

_____

4 **Mettez les accords manquants.**

———— Une famille européenne ————

– Parlez-moi de votre famille, mademoiselle Berg…

– Eh bien : ma grand-mère est anglais_____, mes parents sont espagnol_____, mes cousines sont italien_____ et moi, je suis allemand_____. Dans ma famille, on est tous blond_____, bavard_____, optimiste_____, musicien_____ et européen_____ !

3

LA NÉGATION
et L'INTERROGATION (1)

> – Vous êtes de Paris ?
> – Non, je **ne** suis **pas** de Paris.

■ LA NÉGATION SIMPLE se compose de deux éléments :

$$\boxed{\text{ne}} + \text{verbe} + \boxed{\text{pas}}$$

*Je **ne** suis **pas** en vacances.*
*Nous **ne** sommes **pas** en juillet.*

♪ • « **ne** » devient « **n'** » devant une voyelle.

Vous n̷ êtes pas fatigué ? → *Vous **n'**êtes pas fatigué ?*

■ LA QUESTION SIMPLE (réponse « oui » ou « non ») se forme avec :

• **Intonation** montante :
(forme la plus courante)

– *Vous êtes irlandais ?*
– *Patrick est irlandais ?*

• **Inversion** du verbe et du pronom :
(surtout avec « vous »)

– *Êtes-**vous** irlandais ?*

• « **Est-ce que** » en début de phrase :
(forme bien marquée, utile au téléphone)

– ***Est-ce que** vous êtes irlandais ?*
– ***Est-ce que** Patrick est irlandais ?*

• Reprise du nom par un **pronom** :
(langage formel)

– *Patrick est-**il** irlandais ?*

■ LA RÉPONSE ou la confirmation

• « **Oui** » : réponse affirmative.
– *Vous êtes marié ? – **Oui**, je suis marié.*

• « **Non** » nie toute la question :
– *Tu travailles le samedi ? – **Non**.*

• « **Moi aussi** » confirme une affirmation :
– *Je suis marié. – **Moi aussi**.*

• « **Si** » = « oui » après une négation :
– *Vous n'êtes pas marié ? – **Si**, je suis marié.*

• « **Pas** » nie une partie de la question :
– *Tu travailles le samedi ? – **Pas** le matin.*

• « **Moi non plus** » confirme une négation :
– *Je **ne** suis **pas** marié. – **Moi non plus**.*

(autres négations, p. 152) – (autres questions, p. 148)

1 **Complétez négativement.**

1. – Le mardi, le Louvre est fermé.

– Le lundi, *il n'est pas fermé.*

2. – À midi, les magasins sont ouverts.

– Le dimanche, _____

3. – En août, nous sommes en vacances.

– En janvier, _____

4. – En été, les jours sont longs.

– En hiver, _____

2 **Reposez les questions.**

1. – Vous êtes fatigué ? / *Êtes-vous fatigué ?*

– Non, *et vous, est-ce que vous êtes fatigué ?*

2. – Vous êtes pressé ? / _____

– Non, _____

3. – Vous êtes triste ? / _____

– Non, _____

4. – Vous êtes fâché ? / _____

– Non, _____

3 **« Moi aussi » / « moi non plus ». Répondez.**

—————— **Affinités** ——————

– Je suis en vacances, et vous ? – *Moi aussi.*

– Je ne suis pas français, et vous ? – *Moi non plus.*

– Je suis célibataire, et vous ? – _____

– Je suis fou de musique, et vous ? – _____

– Je suis très romantique, et vous ? – _____

– Je ne suis pas jaloux, et vous ? – _____

4 **Répondez avec « oui » ou « si ».**

—————— **Repas de fête** ——————

– Le dîner est prêt ? – *Oui.*

– Le vin n'est pas ouvert ? – *Si.*

– Il est bon ? – _____

– La salade est lavée ? – _____

– Le pain n'est pas coupé ? – _____

– Le champagne est au frais ? – _____

5 **Répondez en utilisant « non » ou « pas ».**

1. – Vous êtes belge ?

– *Non,* je suis français.

2. – Vous êtes ici avec votre femme ?

– _____ avec ma femme, avec ma fille.

3. – Vous rentrez bien lundi ?

– _____ lundi, mardi.

4. – Vous êtes libre ce soir ?

– _____, je suis occupé.

6 **Reposez les questions, selon le modèle. Répondez librement.**

1. – Le directeur est là ? – Pardon ? *– Le directeur est-il là ? – Oui, il est là./Non, il n'est pas là.*

2. – La salle est prête ? – Pardon ? – _____

3. – Les clients sont arrivés ? – Pardon ? – _____

4. – Le chauffage est allumé ? – Pardon ? – _____

7 **Répondez librement.**

1. – Vous êtes professeur de français ? _____

2. – Nous sommes en hiver ? _____

3. Vous êtes à Paris, actuellement ? _____

4. Les exercices sont difficiles ? _____

LA NÉGATION ET L'INTERROGATION

E X E R C I C E S

1 Répondez négativement, selon le modèle.

1. – Est-ce que Paul est là ? – Non, il *n'est pas là*. Il est sorti.

2. – Je suis bien au 01 43 25 50 50 ? – Non, vous _____. C'est une erreur.

3. – Ce pull est en laine ? – Non, il _____. Il est en viscose.

4. – Vous êtes en colère, monsieur Valois ? – Non, je _____. Je suis déçu.

5. – Nous sommes en retard, maman ? – Non, nous _____. On est juste à l'heure.

2 Posez des questions compatibles avec les réponses, selon le modèle.

1. – *Est-ce que vous êtes de Chicago ?*
– Oui, je suis de Chicago.

2. – _____
– Si, elle est là.

3. – _____
– Non, nous sommes le 25.

4. – _____
– Non, elle est fermée.

5. – _____
– Oui, il est en panne !

6. – _____
– Non, ils ne sont pas à Paris.

3 Utilisez la forme négative. Accordez les adjectifs.

1. Les pâtes sont cuites, mais la viande *n'est pas cuite*.

2. La salade est prête, mais le repas _____

3. Le restaurant est cher, mais la pizzeria _____

4. Paula est grande, mais son père et sa mère _____

4 Posez une question négative et donnez une réponse affirmative.

1. – Je suis surpris par le coût de la vie. *Et vous, vous n'êtes pas surpris ? – Si, je suis surpris, moi aussi.*

2. – Je suis déçu par le gouvernement. _____

3. – Je suis agacé par les médias. _____

4. – Je suis inquiet pour l'avenir. _____

5 Répondez négativement, selon le modèle.

——— Insatisfactions ———

1. – Je suis trop grosse, Paul.
– *Mais non, tu n'es pas trop grosse…*

2. – Mon nez est trop long.
– _____

3. – Mes cheveux sont horribles.
– _____

4. – Je suis trop petite.
– _____

1 Attribuez à chaque signe du zodiaque des adjectifs choisis dans la liste ci-dessous. Utilisez des formes affirmatives et négatives.

timide - courageux - paresseux - romantique - naïf - mystérieux - ambitieux - égoïste - passif - mondain - impatient - agressif - autoritaire - discret - généreux - changeant - têtu - fidèle - lent - froid - chaleureux - sensible - indépendant - désordonné - tolérant - dynamique - créatif

♈ BÉLIER (21-3/21-4)   ♉ TAUREAU (22-4/21-5)   ♊ GÉMEAUX (22-5/21-6)

♋ CANCER (22-6/21-7)   ♌ LION (22-7/21-8)   ♍ VIERGE (22-8/21-9)

♎ BALANCE (22-9/21-10)   ♏ SCORPION (22-10/21-11)   ♐ SAGITTAIRE (22-10/21-12)

♑ CAPRICORNE (22-12/21-1)   ♒ VERSEAU (22-1/19-2)   ♓ POISSONS (20-2/20-3)

--- Astrologie fantaisiste ---

Les hommes « Bélier » *sont dynamiques et généreux, mais ils ne sont pas tolérants.*

Les femmes « Bélier » *sont dynamiques et* _____

Les hommes et les femmes « Bélier » *sont* _____

_____

_____

_____

2 Décrivez-vous, selon le modèle.

Je suis français. Je suis célibataire. Je ne suis pas grand. Je suis informaticien.
Je suis assez réservé. Je suis passionné de musique classique. Je ne suis pas sportif.

_____

_____

_____

_____

3 Sur le même modèle, décrivez deux membres de votre famille (un homme et une femme).

_____

_____

_____

4 Sur le même modèle, décrivez l'homme idéal ou la femme idéale.

_____

_____

4 LE NOM et L'ARTICLE

En français, le nom est toujours masculin ou féminin, singulier ou pluriel ;
il est, en général, précédé d'un article défini ou indéfini.

*La Suède et **la** Norvège sont **des** pays voisins.*

LE NOM : MASCULIN et FÉMININ des PERSONNES

> **Un étudiant** anglais parle avec **une étudiante** anglaise.
> **Le garçon** est blond et **la fille** est brune.

■ Pour les **PERSONNES**, le genre des noms correspond au sexe :

masculin	féminin
un étudiant	*une étudiante*

- En général, pour former le féminin, on ajoute « **-e** » au masculin :

un étudiant chinois	*une étudiant**e** chinoise*
un ami adoré	*une ami**e** adorée*

- Parfois, toute la terminaison du mot change :

*un musici**en** italien*	*une musici**enne** italienne*
*un champi**on** breton*	*une champi**onne** bretonne*
*un chant**eur** prometteur*	*une chant**euse** prometteuse*
*un ac**teur** séducteur*	*une ac**trice** séductrice*

- En général, quand le masculin se termine par « **-e** », on change seulement
  l'article :

un concierge	***une** concierge*

- **Cas particuliers :**

un garçon, un fils/une fille	*un copain/une copine*
un homme, un mari/une femme	*un roi/une reine*
un monsieur/une dame	*un prince/une princesse*

 • *Madame, Mademoiselle, Monsieur* (titres) s'utilisent sans article.

(professions, p. 34) – (villes et pays, p. 44)

1 **Complétez, selon le modèle.**

Un étudiant chinois et *une étudiante chinoise.*

1. Un homme seul et _____

2. Un homme élancé et _____

3. Un chanteur grec et _____

4. Un garçon sportif et _____

5. Un joli garçon et _____

6. Un chat roux et _____

7. Un mari jaloux et _____

8. Un serveur rêveur et _____

2 **Complétez les phrases suivantes.**

Marc est un directeur compétent. Michèle *est une directrice compétente.*

1. Monsieur Yamamoto est un client important. Madame Lauder _____

2. Gérard est un acteur français. Sophie _____

3. Carlos est un chanteur cubain. Celia _____

4. Paolo est un champion de ski italien. Anna _____

3 **Complétez les phrases suivantes.**

1. Yves Montand est un chanteur français célèbre.

Édith Piaf _____

2. Yannick est un sportif émotif.

Surya _____

3. Monsieur Leroy est un électeur conservateur.

Madame Leroy _____

4. Steve est un créatif imaginatif.

Nancy _____

4 **Mettez tout le texte au féminin.**

—— C'est ma vie ——

J'ai un fils adolescent,

un mari toujours absent,

un voisin envahissant,

un copain américain,

un chien végétarien,

un arrière-grand-père normand

et un cousin germain allemand.

J'ai une fille adolescente,

_____

_____

_____

_____

_____

_____

LE NOM : MASCULIN ou FÉMININ des CHOSES

un placard	**une** armoire
un problème	**une** solution

Pour les **objets** et les **notions**, le genre est arbitraire.

■ La terminaison des mots peut parfois indiquer le genre :

Masculin :

-age	*le garage, le fromage, le ménage…*
	(Mais : *la plage, la cage, la page, la nage, l'image*)
-ment	*le gouvernement, le monument, le médicament…*
-eau	*le bureau, le couteau, le carreau…*
-phone	*le téléphone, le magnétophone…*
-scope	*le microscope, le télescope…*
-isme	*le réalisme, le socialisme…*

Féminin :

-tion	*la situation, la solution, la réalisation…*
-sion	*la décision, la télévision…*
-té	*la société, la réalité, la bonté, la beauté…*
	(Mais : *le côté, l'été, le comité, le député, le pâté*)
-ette	*la bicyclette, la trompette, la cigarette…*
-ance	*la connaissance, la dépendance, la ressemblance…*
-ence	*la référence, la différence, la présence*
	(Mais : *le silence*)
-ure	*la culture, la peinture, la nourriture…*
	(Mais : *le mercure, le cyanure*, etc.)
-ode/-ade/-ude	*la méthode, la salade, la certitude…*

⚠ • **Sont masculins :**

un problème	*un système*	*un programme*	*un volume*
un modèle	*un groupe*	*un domaine*	*un rôle*

• **Sont féminins :**

la couleur	*l'odeur*	*la saveur*	*la peur*	*la douleur*	*la fleur*

LES NOMS D'ANIMAUX sont très irréguliers :

le chat/la chatte   le chien/la chienne   le coq/la poule
le bœuf, le taureau/la vache
La mouche et *la souris* ont un genre unique.

1 Complétez avec « un » ou « une » (observez l'adjectif).

1. *une* voiture performante.

2. ____ situation gênante.

3. ____ événement important.

4. ____ attitude prudente.

5. ____ dosage précis.

6. ____ médicament dangereux.

7. ____ sculpture originale.

8. ____ fromage piquant.

9. ____ beauté éclatante.

10. ____ voyage intéressant.

11. ____ équipement complet.

12. ____ traduction précise.

13. ____ émotion forte.

14. ____ société imparfaite.

15. ____ problème permanent.

2 Complétez avec « un » ou « une ».

un garçon, ____ dame, ____ garage, ____ couteau, ____ lionne, ____ pharmacienne, ____ étudiante, ____ musicien, ____ assiette, ____ fourchette, ____ chienne, ____ monsieur, ____ téléphone, ____ bicyclette, ____ fromage, ____ télévision, ____ sculpture, ____ télescope, ____ nuage, ____ baguette, ____ image, ____ balance, ____ voiture, ____ bateau, ____ aventure, ____ couleur, ____ programme.

3 Complétez avec « le » ou « la ».

la société, ____ solution, ____ santé, ____ nature, ____ solidarité, ____ modèle, ____ sondage, ____ réalité, ____ publicité, ____ caution, ____ confiance, ____ culture, ____ nettoyage, ____ voyage, ____ gouvernement, ____ différence, ____ courage, ____ révolution, ____ conversation, ____ rangement, ____ jardinage, ____ cage, ____ côté, ____ romantisme, ____ référence, ____ peinture, ____ peur.

4 Complétez avec « le » ou « la ».

──────── Quel désordre ! ────────

– Où est *le* téléphone ?

– Sur ____ commode, sous ____ chapeau !

– Et ____ caméscope ?

– Sur ____ moquette, sous ____ télévision.

– Où est ____ cassette de mon jeu vidéo ?

– Dans ____ voiture, sur ____ banquette.

– Et ____ voiture : elle est dans ____ garage, j'espère !

5 Complétez avec « le » ou « la ».

1. *La* maisonnette est sur _____ plage près de _____ pension Beausoleil.

2. _____ problème est à _____ page 8 et _____ solution à _____ page 10.

3. _____ poussette et _____ bicyclette sont dans _____ garage.

4. _____ nourriture des bébés est importante dès _____ naissance.

5. _____ fiction est souvent plus banale que _____ réalité.

6. Marcher dans _____ nature est bon pour _____ santé.

LE NOM : **SINGULIER** et **PLURIEL**

> un étudiant espagnol   des étudiant**s** espagnol**s**
> une étudiante espagnole   des étudiante**s** espagnole**s**

■ Le pluriel des noms et des adjectifs est semblable : en général on ajoute « **-s** » au singulier.

- Quand le singulier se termine par « **-s** », « **-x** » ou « **-z** », le pluriel est identique :

un cas préci**s**	des cas préci**s**
un choi**x** malheureu**x**	des choi**x** malheureu**x**
un ga**z** dangereu**x**	des ga**z** dangereu**x**

- Quand le singulier se termine par « **-al** » ou « **-au** », le pluriel devient « **-aux** » :

un journ**al** original	des journ**aux** origin**aux**
un table**au** génial	des table**aux** géni**aux**

Mais :

un carnaval banal	des carnaval**s** banal**s**
un bal fatal	des bal**s** fatal**s**

- Quand le singulier se termine par « **-eu** », le pluriel devient « **-eux** » :

un chev**eu**	des chev**eux**
un j**eu**	des j**eux**

Mais :

un bleu un pneu	des bl**eus** des pn**eus**

- Quelques noms terminés par « **-ou** » prennent un « **-x** » au pluriel :

des bij**oux**   des caill**oux**   des ch**oux**   des gen**oux**
des hib**oux**   des jouj**oux**   des p**oux**

- Certains pluriels sont irréguliers :

un œil/des yeux
Madame/Mesdames   Monsieur/Messieurs   Mademoiselle/Mesdemoiselles

♪ - On prononce le « **-f** » des noms suivants au singulier mais pas au pluriel :

un œuf/des œuf~~s~~   un bœuf/des bœuf~~s~~

1 **Mettez les noms et les adjectifs au pluriel.**
Une pomme verte, *des pommes vertes.*

1. Un costume noir, _____

2. Une rose rouge, _____

3. Un organisme international, _____

4. Un homme précis, _____

5. Un métal précieux, _____

6. Un journal espagnol, _____

7. Un bas gris, _____

8. Un comportement anormal, _____

9. Un jeu dangereux, _____

10. Un tableau original, _____

2 **Complétez au pluriel.**

─ Brunch ─

– Alors nous avons :

1 café allongé et 2 *cafés* serrés,

1 salade verte et 2 _____ niçoises,

1 œuf au plat et 2 _____ à la coque,

1 jus d'orange et 2 _____ de pomme

1 gâteau au chocolat et 2 _____ au citron.

Et voilà 3 fourchette___, 3 cuillère___ et 3 couteau___. Bon appétit !

3 **Mettez les noms et les adjectifs au pluriel.**
Un voisin amical, *des voisins amicaux.*

1. Un cheveu blond, _____

2. Un caillou bleu _____

3. Un bureau spacieux, _____

4. Un couteau pointu, _____

5. Un noyau très dur, _____

6. Un œil noir, _____

7. Un œuf dur, _____

8. Un bœuf normand, _____

9. Un pneu crevé, _____

10. Un monsieur poli, _____

4 **Mettez les phrases au pluriel.**
L'homme est un animal très spécial. *Les hommes sont des animaux très spéciaux.*

1. Le saphir est un bijou merveilleux. _____

2. La rose est une fleur ornementale. _____

3. Le chien est un animal amical. _____

4. Le chou est un légume indigeste. _____

5. Le zèbre est un cheval sauvage. _____

5 **Vous partez un mois à la montagne. Qu'est-ce que vous emportez ?**

Des pulls, _____ , _____ , _____ , _____ .

L'ARTICLE

> **La** tour Eiffel est **une** tour immense.
> **Les** hommes sont **des** bipèdes particuliers.

L'article est masculin ou féminin, singulier ou pluriel, indéfini ou défini.

	Indéfini		Défini	
Masculin singulier	*un*	*garçon*	*le*	*garçon*
Féminin singulier	*une*	*fille*	*la*	*fille*
Pluriel	*des*	*enfants*	*les*	*enfants*

■ L'ARTICLE INDÉFINI
introduit un nom

- **non unique** (catégorie) :

  un chien noir
  une tour moderne

- exprimant l'unité (= 1) :

  *J'ai **un** chien, **un** chat*
  (et deux canaris).

■ L'ARTICLE DÉFINI
introduit un nom

- **unique** :

  le chien de Max
  la tour Eiffel

- exprimant une **généralité** :

  l'homme (= les hommes)
  la liberté, le bonheur, l'amour

- Le **défini** reprend un nom déjà mentionné :

  J'ai un chien et un chat.
  ***Le** chat est noir, **le** chien est blanc.*

- Avec les verbes de **goût** (aimer, détester, etc.), on utilise un défini :

  *J'aime **la** laine. Je déteste **le** polyester. J'adore **les** couleurs gaies.*

♪ - **La liaison** avec voyelle ou « h » muet est obligatoire :

  un‿étudiant   un‿homme   les‿étudiants   des‿hommes
     n   n   z   z

  Mais : *les │ **h**éros   les │ **H**ollandais* (« h » aspiré)

♪ - **L'élision** de « **le** » et « **la** » devant voyelle ou « h » muet est obligatoire :

  *l̶e̶ école → **l'**école*   *l̶e̶ homme → **l'**homme*

  Mais : *le │ **h**asard   la │ **H**ollande* (« h » aspiré)

(parties du corps, p. 36) – (date, p. 64) – (pays, p. 44)

1 Complétez avec « un », « une », « des » ou « le », « l' », « la », « les ».

———————— Chez « Adonis » ————————

– Je cherche *un* restaurant, sur _____ petite place avec _____ fontaine et _____ arbres...

– C'est _____ restaurant français ?

– Non, c'est _____ restaurant grec.

– Ah oui, je vois : c'est _____ restaurant « Adonis », sur _____ place Abélard !

– C'est loin ?

– Non, c'est là : juste derrière _____ arbres, à côté de _____ église !

2 Complétez et associez, selon le modèle.

J'ai acheté *une* lampe.

_____ couverture.

_____ tapis.

_____ plantes vertes.

_____ livres.

J'ai mis *la lampe* ———→ sur _____ lit.

→ sur *la* table.

_____ sur _____ balcon.

_____ sur _____ étagère.

_____ sur _____ sol.

3 Complétez avec un article défini ou indéfini (faites l'élision si c'est nécessaire).

La tour de Pise est *une* tour du XIIe siècle.

1. _____ pyramide du Louvre est _____ grande pyramide de verre.

2. Pour _____ gouvernement, _____ chômage est _____ problème numéro un.

3. Selon moi, _____ téléphone est _____ invention diabolique !

4. À Paris, _____ stationnement est _____ problème permanent.

5. J'aime _____ fruits et _____ légumes, et je déteste _____ fromage et _____ poisson.

6. Quelle est _____ hauteur de _____ tour Eiffel ? Qui est _____ auteur des « Noces de Figaro » ?

7. Chaque fois que je viens à Paris, j'achète _____ tour Eiffel pour mon neveu.

4 Complétez avec les articles manquants.

Je regarde *un* film à _____ télévision. _____ homme et _____ femme entrent dans _____ café. _____ homme est barbu, _____ femme est très jeune et elle porte _____ bébé dans les bras. Au fond du café, _____ autre femme lit _____ journal étranger. Sur _____ photo, dans _____ journal, on voit _____ homme, _____ femme et _____ bébé qui viennent d'entrer...

5 Trouvez les noms.

Véhicule privé à moteur : *une voiture*. – Brille pour tous : _____ – Égale 60 secondes : _____ – Monument parisien en fer : _____ – Circule sous terre : _____ – Égale 7 jours : _____

L'ARTICLE CONTRACTÉ

> – Je vais **au** cinéma avec la fille **des** voisins.
> – Moi, je pars **aux** sports d'hiver avec la femme **du** boulanger.

Les prépositions « **de** » et « **à** » se contractent avec « **le** » ou « **les** » :

■ « **DU** » = « de » + « le »

   *C'est la voiture **du** directeur.*
   *C'est le vélo **du** professeur.*
                ~~de le~~

■ « **AU** » = « à » + « les »

   *Il est **au** bureau.*
   *Il va **au** lycée.*
            ~~à le~~

■ « **DES** » = « de » + « les »
   *Ce sont les skis **des** enfants.*
                ~~de les~~

■ « **AUX** » = « à » + « les »
   *Ils sont **aux** sports d'hiver.*
                ~~à les~~

■ « **À la** », « **à l'** » et « **de la** », « **de l'** » ne se contractent pas :

   *– Tu vas **à la** gare ou **à l'**aéroport ?*
   *– Tu pars **de la** gare ou **de l'**aéroport ?*

⚠ • Il faut distinguer « **des** » contracté (« de » + « les ») et « **des** » indéfini :

   *Je parle **des** Français.*   *Je connais **des** Français.*
   « de » + « les » (= tous)   pluriel de « un » (= quelques)

■ Constructions courantes avec « **de** » ou « **à** » + article :

   *Le vélo **du** professeur.*
   *La couleur **de la** mer.*   (appartenance)

   *Je suis à côté **du** métro, près **de la** poste.*
   *Je suis **au** bureau. Je vais **au** café.*   (lieu)

   *Une pizza **au** jambon.*
   *Un homme **aux** yeux bleus.*   (= avec)

⚠ • *une quiche **à la** tomate*   *une salade de tomates*
      (base + tomate)   (faite uniquement de tomates)

(partitifs, p. 86) – (verbes avec « à » et « de », p. 160)

1 **Associez et complétez, selon le modèle.**

~~train~~ bateau bus avion
l'aéroport la station de bus le port ~~la gare~~

1. Pour prendre *le train, je vais à la gare.*

2. Pour prendre _____

3. Pour prendre _____

4. Pour prendre _____

2 **Complétez, selon le modèle.**

~~le déjeuner~~ le dîner
l'apéritif la sieste

1. 12 h : *C'est l'heure du déjeuner.*

2. 15 h : _____

3. 19 h : _____

4. 20 h : _____

3 **Complétez avec les articles contractés manquants.**

Je suis *au* restaurant, près _____ bureau. Je mange une quiche _____ fromage et un gâteau _____ chocolat. La pâte _____ quiche est très légère, mais le goût _____ fromage est un peu fort. Le gâteau _____ chocolat et _____ amandes est une merveille : c'est une spécialité _____ chef.

4 **Complétez avec des articles définis ou contractés.**

——————— Lisez « Global » ———————

– *La* mode, _____ informatique, _____ sport, _____ cinéma, _____ voyages, _____ sciences : qu'est-ce qui vous intéresse ?

– Je m'intéresse surtout _____ informatique, _____ cinéma et _____ sciences.

– Alors, pour tout savoir sur le monde _____ informatique, _____ cinéma et _____ sciences (et sur le reste) : lisez « Global » !

– C'est nouveau ? Et ça coûte combien ?

– Un euro : c'est le prix _____ papier !

5 **Complétez avec les éléments manquants. Faites une élision si c'est nécessaire.**

*L'*appartement de Chloé est vraiment _____ appartement extraordinaire : _____ éclairage _____ couloir est vert fluorescent. _____ milieu _____ salon, il y a _____ petit lac. _____ eau _____ lac est chaude en hiver et froide en été. _____ plafond _____ salle de bains est ouvert sur _____ étoiles. _____ placards _____ cuisine sont transparents. _____ lit _____ fils de Chloé est _____ hamac pendu aux branches _____ arbre. _____ hamac est jaune d'or, _____ arbre est _____ palmier véritable. Tout est parfait à mon avis, sauf _____ couleur beige _____ moquette !

6 **Imaginez des plats.**

Une pizza *aux champignons*

Un sandwich _____

Un gâteau _____

Une quiche _____

Une tarte _____

Une soupe _____

« C'EST » et « IL EST »

5

> – **C'est** Paul Mazot. **C'est** mon voisin.
> – **Il est** sympathique.

L'IDENTIFICATION et LA PRÉSENTATION

■ Pour **identifier** ou **présenter** une chose ou une personne, on utilise :

- « **C'est** » + nom singulier :

  C'est <u>un</u> fruit.
  C'est <u>mon</u> voisin.

- « **Ce sont** » + nom pluriel :

  Ce sont <u>des</u> fruits.
  Ce sont <u>mes</u> voisins.

- La question est toujours au singulier :

  – ***Qu'est-ce que c'est ?***
  (pour identifier une
  ou plusieurs choses)

        – *C'est un dessin de ma fille.*
        – *Ce sont des dessins de ma fille.*

  – ***Qui est-ce ?***
  (pour identifier une
  ou plusieurs personnes)

        – *C'est mon cousin.*
        – *Ce sont mes cousins.*

⚠   • Dites :   – *Qui est-ce ?*   – *C'est Peter Kirov.*
     Ne dites pas : – *Qui est-i̸l̸?*   – *I̸l̸ est Peter Kirov.*

■ On utilise « **c'est** » invariable pour s'annoncer (par exemple à l'interphone) :

     – *Qui est-ce ?*   – ***C'est** nous ! **C'est** Anna et Peter !*

- La négation se place avant et après le verbe : – *Ce **n'**est **pas** Max.*

LE COMMENTAIRE

- Pour décrire **en général**, on utilise « **c'est** » + adjectif :

  *Les roses, **c'est beau**.*
  *Les glaces, **c'est bon**.*   (pas d'accord de l'adjectif)

 • Pour décrire en **particulier**, on utilise « il/elle est » + adjectif :

     ***Elle** est **belle**, cette rose.*   (accord de l'adjectif)

1 Complétez avec « c'est » ou « ce sont ».

– Ouvrez votre cadeau ! Qu'est-ce que c'est ? – *C'est* un disque !

– _____ un téléphone !   _____ des livres !   _____ des gants !   _____ un sac !

– _____ une montre !   _____ un parfum !   _____ des gâteaux   _____ des jeux vidéo

2 Associez les objets et les personnes, selon le modèle.

1. livre de grammaire	**2.** casquette rouge	**3.** rollers	**4.** jeux vidéo
professeur	petit garçon	étudiant	enfants

1. – *C'est un livre de grammaire. C'est le livre du professeur ?*

2. – _____

3. – _____

4. – _____

3 Posez des questions avec « qui est-ce ? » ou « qu'est-ce que c'est ? ».

───────── Album de photos ─────────

– *Qui est-ce ?*   – C'est ma grand-mère.

– *Qu'est-ce que c'est ?*   – C'est un éléphant, c'est une sculpture de Calder.

– _____   – C'est ma cousine Juliette.

– _____   – C'est moi à 20 ans…

– _____   – C'est un ticket de train, c'est un souvenir !

– _____   – Ce sont des copains grecs.

– _____   – C'est un coquillage.

4 Donnez votre avis, selon le modèle.

reposant, ~~compliqué~~, beau, simple, stressant, nécessaire, ennuyeux, passionnant, fatigant, difficile

1. Les femmes, *c'est compliqué* !   **5.** Le football, _____

2. La mer, _____   **6.** L'argent, _____

3. La gymnastique, _____   **7.** Les embouteillages, _____

4. Les exercices, _____   **8.** Les hommes, _____

5 Donnez votre avis avec « c'est » ou « ce n'est pas ».

1. Le bruit, _____ agréable.   **3.** Le vin rouge, _____ bon pour la santé.

2. La grammaire, _____ passionnant.   **4.** Le coton, _____ chaud.

LA PROFESSION

> Paul est médecin. **Il est** pédiatre.
> **C'est un** pédiatre renommé.

■ Dans certains cas, on ne met **pas d'article** devant les noms de profession :

> *Je suis **secrétaire**. Tu es **ingénieur**. Vous êtes **professeur**.*

• L'absence d'article concerne la nationalité, la religion, la profession, etc., qui sont traitées comme des adjectifs :

> *Paul est **professeur**.*
> *Il est **anglais**. Il est **protestant**. Il est **marié**.*

■ On met un article pour apporter une **précision** :

> *Paul est **un** professeur <u>exceptionnel</u>.*
> *Paul est **un** <u>bon</u> professeur.*

• On ne met pas d'article quand la précision indique une **catégorie professionnelle** :

> *Paul est **professeur d'anglais**.   Paul est **un** bon professeur.*
> (« Professeur d'anglais » est une catégorie professionnelle, mais pas « bon professeur ».)

 • On utilise « **c'est** » au lieu de « **il est** » devant un **nom déterminé** :

> – ***C'est mon*** *voisin.*   – ***Il est*** *sympathique ?*
> – ***C'est un*** *professeur.*   – ***Il est*** *professeur de quoi ?*
> – ***C'est un*** *jeune professeur d'anglais.* – *Ah, **il est** prof d'anglais !*
> « C'est » + **nom** déterminé   « Il est » + **adjectif** ou profession

 • Dites :   Ne dites pas :

> ***C'est un*** *bon professeur.*   *Il est ~~un~~ ...*
> ***C'est mon*** *voisin.*   *Il est ~~mon~~ ...*

■ Beaucoup de noms de professions n'ont pas de féminin :

Paul est	*professeur.*		*Marie est*	*professeur.*	
	médecin.			*médecin.*	
	ingénieur.			*ingénieur.*	

■ **Questions :** – *Quelle est votre profession ? / – Qu'est-ce que vous faites (comme travail) ?*

1 **Répondez aux questions, selon le modèle.**

– Quelle est la profession de monsieur Dupond ? (chirurgien compétent)

– *Il est chirurgien. C'est un chirurgien compétent.*

1. – Quelle est la profession de monsieur Bocuse ? (cuisinier renommé)

– _____

2. – Quelle est la profession de madame Beretta ? (styliste originale)

– _____

3. – Quelle est la profession de monsieur Holmes ? (détective perspicace)

– _____

4. – Quelle est la profession de monsieur Livingstone ? (explorateur imprudent)

– _____

5. – Quelle est la profession de monsieur et madame Verdon ? (comptables précis)

– _____

2 **Complétez avec « il est »/« elle est » ou « c'est », selon le modèle.**

Vous connaissez : **1.** Robert Doisneau ? – Oui, *il est* photographe. *C'est* un très grand photographe.

2. Marie Ravel ? – Oui, _____ architecte d'intérieur. _____ notre architecte.

3. Patricia Kaas ? – Oui, _____ une chanteuse. _____ très douée.

4. Monsieur Jones ? – Oui, _____ le chat du voisin. _____ adorable.

3 **Complétez le dialogue avec « il est »/« elle est » ou « c'est ». Continuez librement.**

--- Mondanités ---

– Qui est cet homme ?

– *C'est* Paul Marat. _____ un ami de Julie.

– Qu'est-ce qu'il fait ?

– _____ journaliste : _____ un journaliste très connu.

– Et cette femme : qui est-ce ?

– _____ la mère de Julie.

– _____ jeune ! Qu'est-ce qu'elle fait ?

– _____ pédiatre.

– Julie est mariée ?

– Non, _____ célibataire.

– Qu'est-ce qu'elle fait maintenant ?

– Maintenant, _____ professeur de yoga.

– Ah oui, _____ bouddhiste, je crois.

– Oui, et _____ une végétarienne convaincue.

– Et la jolie brune là-bas, qui est-ce ?

– _____ ma femme.

4 **Donnez deux noms de personnalités de votre pays. Faites deviner leur profession.**

_____

6

LES POSSESSIFS

> – C'est **mon** fils. C'est **ma** femme. Ce sont **mes** enfants.
> – C'est **le mien**. C'est **la mienne**. Ce sont **les miens**.

L'ADJECTIF POSSESSIF s'accorde avec le **nom** et change avec le **possesseur** :

	masculin		féminin		pluriel	
Je	**mon**	père	**ma**	mère	**mes**	parents
Tu	**ton**	fils	**ta**	fille	**tes**	enfants
Il/Elle	**son**	cousin	**sa**	cousine	**ses**	cousins
Nous	**notre**	père	**notre**	mère	**nos**	parents
Vous	**votre**	fils	**votre**	fille	**vos**	enfants
Ils/Elles	**leur**	cousin	**leur**	cousine	**leurs**	cousins

⚠ • *On est chez **notre** grand-mère.* (« on » = « nous »)
*Quand on est vieux, on parle de **son** passé.* (« on » = « tout le monde »)

■ Pour les parties du corps, on remplace le possessif par l'article défini quand il est évident que le possesseur est le sujet de la phrase :

Ma tête est brûlante.   *J'ai mal à **la** tête. (à ~~ma~~ tête)*

♪ • **La liaison** avec une voyelle est obligatoire, sauf devant « h » aspiré :

mon‿ami   *mes‿étudiants*   *mes | h́éros préférés*
    n   z

♪ • « **Ma, ta, sa** » deviennent « **mon, ton, son** » devant voyelle ou « h » muet :

***mon** amie*   ***ton** erreur*   ***son** hésitation*

LE PRONOM POSSESSIF s'accorde avec le **nom** et change avec le **possesseur** :

	singulier		pluriel	
	masculin	féminin	masculin	féminin
Je	**le mien**	**la mienne**	**les miens**	**les miennes**
Tu	**le tien**	**la tienne**	**les tiens**	**les tiennes**
Il/Elle	**le sien**	**la sienne**	**les siens**	**les siennes**
Nous	**le nôtre**	**la nôtre**	**les nôtres**	**les nôtres**
Vous	**le vôtre**	**la vôtre**	**les vôtres**	**les vôtres**
Ils/Elles	**le leur**	**la leur**	**les leurs**	**les leurs**

⚠ • *notre* : adjectif   *le nôtre* : pronom

E X E R C I C E S

1 Complétez avec « mon », « ma », « mes ».

┌─────────── Distraction ───────────┐

– J'ai trouvé un sac, un stylo, des clés, des lunettes et une écharpe !

– Oh ! *c'est mon sac ! C'est* _____

_____

_____

– Tu es vraiment trop distraite !

└────────────────────────────────────┘

2 Complétez avec « mon », « ma », « mes ».

1. *Ma* mère est à Paris.

2. _____ frère est aux Bahamas.

3. _____ sœur est dentiste.

4. _____ enfants sont à la plage.

5. _____ école est fermée.

6. _____ ami Pierre est en voyage.

7. _____ amie Lola est malade.

3 Complétez en utilisant « son », « sa », « ses ».
beauté humour musique ~~sourire~~ romans

1. La Joconde est célèbre pour *son sourire*.

2. Apollon est célèbre pour _____

3. Woody Allen est célèbre pour _____

4. Mozart est célèbre pour _____

5. Balzac est célèbre pour _____

4 Complétez avec « votre » ou « vos ».
chien ~~enfants~~ plantes linge papiers

1. Je garde *vos enfants*.

2. J'arrose _____

3. Je repasse _____

4. Je promène _____

5. Je range _____

5 Complétez avec « son », « sa », « ses », « leur(s) » ou « le », « la », « les ».

┌─────────── Voyage de noces ───────────┐

Marc et Sylvie sont prêts à partir en voyage de noces : *leurs* places d'avion sont réservées, _____ valises sont faites. _____ arrivée à Venise est prévue pour le 15 février. Sylvie est nerveuse parce que _____ cheveux sont trop longs (_____ coiffeur est malade), _____ habits sont trop grands (depuis _____ régime) et _____ amie Nathalie n'est pas à Paris. Elle a mal à _____ tête et à _____ estomac, et _____ nervosité est terrible. Marc lui prend _____ main. Il trouve _____ attitude un peu enfantine, mais si charmante…

└────────────────────────────────────┘

6 Complétez avec les possessifs manquants. Continuez librement.
Prête-moi *ton* stylo, *le mien* est cassé.

1. Prête-moi _____ moto, _____ est en panne.

2. Prête-moi _____ briquet, _____ est vide.

3. Prête-moi _____ portable, j'ai oublié _____

4. Prête-moi _____ veste, _____ est au pressing.

5. Prête-moi _____ notes, je ne trouve plus _____

6. Prête-moi _____

7 Au café. Imaginez des dialogues.

– C'est ton verre ou *c'est le mien* ? – C'est ma serviette ou _____ ? – C'est ton couteau ou _____ ? – C'est mon portable ou _____ ? _____

7 LES NOMS de PARENTÉ et de GROUPE

LA PARENTÉ

le père/la mère	=	*les parents*
le fils/la fille	=	*les enfants*
le grand-père/la grand-mère	=	*les grands-parents*
le petit-fils/la petite fille	=	*les petits-enfants*
l'oncle/la tante		
le neveu/la nièce	=	*les neveux*
le grand-oncle/la grand-tante		
le petit-neveu/la petite nièce	=	*les petits-neveux*

- « **Grand** » qualifie les ascendants au deuxième degré, « **petit** » les descendants.

- « **Les parents** » = le père et la mère, « **des parents** » = autre parenté (cousins, oncles, tantes, etc.).

■ Pour la parenté par alliance, on dit :

	le mari	**la femme**	
(père du mari/de la femme)	*le beau-père*	*la belle-mère*	(mère du mari/de la femme)
(frère du mari/de la femme)	*le beau-frère*	*la belle-sœur*	(sœur du mari/de la femme)
(mari de la fille)	*le gendre*	*la belle-fille*	(femme du fils)

- La « belle-mère » est aussi la femme du père et le « beau-père » le mari de la mère en cas de remariage.

- « **Beau** » est une ancienne marque de respect.

 • « **Mon** ami(e) » = compagnon ou compagne ; « **un(e)** ami(e) » = relation amicale.

LES NOMS DE GROUPE

- « **Des gens** » = nombre indéterminé d'individus

  *Il y a **des gens** dans la rue.*
  ***Les gens** pensent que...*

- « **Des personnes** » = nombre déterminé d'individus

  *Il y a **dix personnes** dans la rue.*
  ***Quelques personnes** pensent que...*

- « **Tout le monde** » = « les gens »

  ***Tout le monde** aime les vacances.*

- « **Le monde entier** » = tous les pays

  *Max voyage dans **le monde entier**.*

 • *Les gens **pensent** que...*
   verbe au pluriel

*Tout le monde **pense** que...*
   verbe au singulier

1 Observez le tableau. Complétez avec le terme de parenté correspondant.

Pierre + Marie

Élisabeth (+ François)   Catherine (+ Bernard)   Jean (+ Corinne)

Gilles   Guillaume   Clément   Léo   Quentin   Élise   Manon   Fanny

1. – Qui est Élise pour Quentin ? – *C'est sa sœur.* – Qui est Léo ? – *C'est son frère.*

2. – Qui est Jean pour Manon ? – _____ – Qui est Pierre ? – _____

3. – Qui sont Léo, Quentin et Élise pour Catherine ? – _____

4. – Qui sont Léo, Quentin et Élise pour Pierre et Marie ? – _____

5. – Qui est Élisabeth pour Élise ? – _____ – Qui est Jean pour Quentin ? – _____

2 Complétez avec les relations de parenté et les possessifs manquants.

1. – Qui étaient les _____ de Louis XIII ?

– Je crois que Marie de Médicis était _____ mère et Henri IV était _____ père.

2. – Napoléon Ier n'était pas le père de Napoléon III ?

– Non, c'était le frère de _____ père, c'est-à-dire _____.

3. Le cinéaste Jean Renoir était le _____ du peintre impressionniste Auguste Renoir ?

– Oui, Auguste Renoir était _____ père.

3 Complétez avec « gens », « personnes », « tout le monde » ou « le monde entier ».

––––––––– Un grand reporter –––––––––

Mon beau-père est un grand journaliste : il voyage dans _____. Il parle souvent à la télévision et, dans la rue, _____ le reconnaît. Il parle cinq ou six langues couramment et il peut interviewer plusieurs _____ à la fois en plusieurs langues.

Les _____ pensent en général qu'il est français, mais, en réalité, il est roumain. Il connaît très bien plusieurs _____ du monde de la politique et du spectacle, et il a des amis dans _____. Il s'appelle Radulescu mais _____ l'appelle « Radu ».

4 Photos de famille. Présentez vos parents et amis, selon le modèle.

C'est Chris : c'est mon frère, il est ingénieur. C'est Anne : c'est ma sœur, elle est lycéenne.
Ce sont mes parents, Monique et André. Mon père est assureur. Ma mère est diététicienne.

_____

_____

8   LES DÉMONSTRATIFS

> – Je voudrais **ce** gâteau, **cette** brioche et **ces** croissants.
> – Moi, je voudrais **celui-ci, celle-ci** et **ceux-ci**.

L'ADJECTIF DÉMONSTRATIF s'accorde avec le nom.

■ Il désigne des choses ou des personnes **présentes**, proches ou lointaines :

– *Regarde,* | *ce pont !*
| *cette église !*
| *ces statues !*

- Pour marquer l'éloignement, on ajoute « là-bas » :

    – *Ce monument, **là-bas**, c'est l'Opéra.*

■ Il désigne une période de **temps** proche ou en cours :

ce matin   cette semaine   cet été

- Avec « jours » et « mois », on ajoute « **-ci** » : *ce mois-**ci***.

- Pour marquer l'éloignement, on ajoute « **-là** » : *ce mois-**là***.

♪ - La liaison avec voyelle ou « h » muet est obligatoire :

ces_amis   ces_étudiants   Mais : *ces | héros* (« h » aspiré)
   z   z

- « Ce » devant voyelle ou « h » muet devient « **cet** » :

~~ce~~ *ami* → **cet** *ami*   ~~ce~~ *homme* → **cet** *homme*   Mais : *ce | héros* (« h » aspiré)

LE PRONOM DÉMONSTRATIF s'utilise surtout composé avec « -ci »
et « -là », en alternance avec l'adjectif (pour éviter la répétition) :

	Adjectifs démonstratifs			Pronoms démonstratifs	
masculin	**Ce**	*vélo est à Paul.*	**Celui**	*-ci/-là*	*est à Léa.*
féminin	**Cette**	*moto est à Paul.*	**Celle**	*-ci/-là*	*est à Léa.*
pluriel {	**Ces**	*vélos sont à Paul.*	**Ceux**	*-ci/-là*	*sont à Léa.*
	Ces	*motos sont à Paul.*	**Celles**	*-ci/-là*	*sont à Léa.*

■ « **Celui de** », « **celle de** », etc., expriment la possession :

– *À qui est ce vélo ?* – *C'est **celui de** Léa.*

1   **Complétez avec un démonstratif.**

Ce café est excellent !

1. _____ problème est complexe.

2. _____ poires sont trop mûres.

3. _____ acteur est insupportable.

4. _____ bijoux sont très beaux.

5. _____ histoire est terrible !

6. _____ homme est dangereux.

7. _____ alcool est trop fort.

2   **Complétez avec un démonstratif.**

Paysage tropical

– Regarde *ce* paysage : _____ ciel, _____ mer, _____ palmiers, _____ fleurs !

– C'est magnifique ! Mais _____ animal horrible, là-bas, qu'est-ce que c'est ?

– C'est un iguane. Il est magnifique !

– Regarde _____ oiseau vert et bleu !

– Et sens _____ odeur de jasmin…

---

3   **Complétez avec un adjectif ou un pronom, selon le modèle.**

1. J'adore *cette* maison, à gauche. – Moi je préfère *celle-là*, à droite, la bleue.

2. N'achète pas _____ vin, il est trop fort, achète _____, il est meilleur.

3. Ne prenez pas _____ chaise. Prenez _____, elle est plus confortable.

4. Faites retirer _____ photos, mais pas _____. Elles sont floues.

5. Ne mets pas _____ robe, je préfère _____. Elle est plus gaie.

4   **Complétez avec des démonstratifs et des possessifs, selon le modèle.**

1. – *Ce* vélo est à vous ?   – *Non, ce n'est pas le mien. C'est celui de mon* voisin.

2. – _____ voiture est à vous ?   – _____ mari.

3. – _____ clés sont à vous ?   – _____ enfants.

4. – _____ anorak est à vous ?   – _____ fils.

5. – _____ gants sont à vous ?   – _____ amie.

5   **Répondez selon le modèle.**

1. – Vous partez la <u>semaine</u> prochaine ?

– Non, *cette semaine.*

2. – Vous fêtez vos 30 ans l'<u>année</u> prochaine ?

– Non, _____

3. – Vous entrez à la fac le <u>mois</u> prochain ?

– Non, _____

6   **Complétez avec des démonstratifs.**

– Tu as vu *cette* voiture de sport ?

– _____ qui est garée sur le trottoir ?

– Oui, c'est _____ de mon voisin, _____ qui est acteur.

– Et _____ vieux vélo, là : ce n'est pas _____ du prof de français ?

7   **Vous achetez un gâteau, une brioche, une baguette, etc. Imaginez des dialogues.**

– Je voudrais ce gâteau. – Celui-ci ? – Non, pas celui-ci, celui-là… _____

9 « IL Y A » et « C'EST »

> Dans la rue, **il y a** une voiture verte. **C'est** une Jaguar.

À la différence d'autres langues (comme l'anglais, l'italien, etc.), le français n'utilise pas le verbe « être » pour signaler l'existence d'une chose ou d'une personne, mais la construction impersonnelle « il y a ».

L'EXISTENCE et L'IDENTIFICATION

■ « **IL Y A** » signale l'existence d'une personne ou d'une chose dans un lieu :

Dans la rue,
Sur la place, | *il y a des arbres en fleurs.*
Dans mon jardin,

• Dites :   Ne dites pas :

    Dans la rue, il y a un…   *Dans la rue, ~~c'est~~ un…*

• « **Il y a** » + nom est une construction impersonnelle toujours au **singulier** :

Dans la rue, il y a | *un homme.*
                 dix hommes.

• Le lieu n'est pas nécessairement exprimé :

    À huit heures, il y a un match de football. (à la télévision/au stade, etc.)

■ « **C'EST** » (singulier) et « **CE SONT** » (pluriel) identifient une chose ou une personne présente (ou présentée par le discours) :

– Regarde, | *c'est un cerisier du Japon.*
            ce sont des cerisiers du Japon.

À Budapest, il y a un fleuve : c'est le Danube.

Dans le bureau, il y a une dame blonde : c'est la secrétaire.

(« il y a » et la négation, p. 50)

1 **Complétez par « il y a » ou « c'est »/« ce sont », selon le modèle.**
Dans le journal, *il y a* la photo d'une très belle femme : *c'est* une actrice américaine.

1. Dans la cour, _____ deux enfants, _____ les enfants de la concierge. – **2.** Dans mon quartier, _____ un restaurant très connu : _____ un restaurant russe. – **3.** Au musée d'Art moderne, _____ une très belle exposition : _____ une exposition sur les impressionnistes allemands. – **4.** Devant l'hôtel, _____ une dizaine de personnes : _____ des touristes italiens.

2 **Complétez les phrases, selon le modèle.**
Dans mon portefeuille, *il y a une photo : c'est la photo de ma fille.*
il y a des photos : ce sont les photos de mes enfants.

Sur mon bureau, _____
_____

Dans ma chambre, _____
_____

Dans mon sac, _____
_____

3 **Complétez les phrases, selon le modèle.**
Au centre de Londres, *il y a* un très grand parc : *c'est* Hyde Park.

1. À New York, _____ un musée important : _____ le musée Guggenheim.
2. En Grèce, _____ des trésors archéologiques : _____ des monuments de l'époque classique.
3. En Suisse, _____ beaucoup de stations de ski : _____ des stations très animées en hiver.
4. Sur la Seine, _____ bateaux pour les touristes : _____ les bateaux-mouches.
5. Près de Paris, à Marne-la-Vallée, _____ un grand parc d'attractions : _____ Euro-Disney.

4 **Complétez avec « c'est »/« ce sont », « il y a », « il est »/« elle est », selon le cas.**

——— Un petit hôtel ———

Dans ma rue, _____ un hôtel. _____ un petit hôtel. Il n'est pas très moderne, mais _____ vraiment charmant. Dans certaines chambres, _____ un balcon et sur la table, _____ toujours des fleurs, _____ en général des roses. L'hôtel est souvent complet car _____ très connu et _____ toujours beaucoup d'étudiants français et étrangers. La propriétaire est une vieille dame, _____ un peu bavarde, mais _____ très gentille.

5 **Sur le modèle de l'exercice 3, donnez des informations sur votre ville, votre région, votre pays.**

10 LA SITUATION dans L'ESPACE (1)

> Je suis **à** Madrid, **en** Espagne. Vous êtes **à** Tokyo, **au** Japon.

LES VILLES, LES PAYS, LES CONTINENTS

■ **Les villes** n'ont en général **pas d'article** :

Paris
Vienne   Mais : *Le Havre, Le Caire, La Haye…*
Tokyo

■ **Les pays et les continents** ont en général **un article** :

la France
le Japon
les États-Unis   Mais : *Chypre, Haïti, Israël, Cuba…*
l'Afrique

■ En général, les pays qui se terminent par « -e » sont **féminins** :

la Suisse	*le Japon*	Mais : *le Mexique*
la Russie	*le Canada*	*le Cambodge*
la Hollande	*le Brésil*	*le Mozambique*

■ « **À** », « **EN** », « **AU(X)** » indiquent la ville, le pays, le continent où on **est**/où on **va**.

• « **à** » + ville ou pays sans article :	• « **en** » + pays féminin ou continent :	• « **au** » + pays masculin, « **aux** » + pays pluriel :
Je suis **à** | *Paris. Lisbonne. Madrid.*	*Je suis* **en** | *France. Italie. Russie.*	*Je suis* **au** | *Brésil. Canada. Japon.*
Je vais **à** / **à** | *Cuba. Hawaï.*	*Je vais* **en** | *Europe. Afrique.*	*Je vais* **aux** | *États-Unis. Pays-Bas.*

Mais : **en** *Israël.*

• On utilise « **en** » devant un pays singulier qui commence par une **voyelle** :

~~à~~ *Iran* → **en**_*Iran*   ~~à~~ *Angola* → **en**_*Angola*
        n   n

• Villes avec article : *Je vais* **à La** *Havane et* **au** *Caire.*

1   **Complétez, si c'est nécessaire. Citez trois pays d'Europe.**

───────── Un grand voyageur ─────────

– Quels pays connaissez-vous ?

– Je connais ____ Japon, ____ Chine, ____ Russie, ____ Finlande, ____ Chili, ____ États-Unis ____ Canada, ____ Mexique et ____ Cuba.

– C'est vrai ? Vous êtes allé ____ Japon, ____ Chine, ____ Russie, ____ Finlande, ____ Chili, ____ États-Unis, ____ Canada, ____ Mexique et ____ Cuba !

– Oui, et je repars demain.

2   **Situez les villes dans leur pays, selon le modèle.**

1. Caracas (Venezuela)

   Caracas est au Venezuela.

2. Athènes (Grèce)

   _____

3. Osaka (Japon)

   _____

4. Copenhague (Danemark)

   _____

5. Oslo (Norvège)

   _____

6. Bahia (Brésil)

   _____

7. Munich (Allemagne)

   _____

8. Bagdad (Irak)

   _____

3   **Situez les lieux dans leur pays, avec « à », « en » ou « aux ».**

1. Le Grand Canyon est _____ États-Unis, _____ Amérique du Nord. – **2.** Le Fuji-Yama est _____ Japon, _____ Asie. – **3.** Les chutes du Niagara sont _____ Amérique du Nord, _____ Canada et _____ États-Unis. – **4.** Le Kilimandjaro est _____ Afrique, _____ Kenya et _____ Tanzanie. – **5.** Le canal de Suez est _____ Égypte, _____ Afrique du Nord. – **6.** Le « Pain de sucre » est _____ Rio, _____ Brésil.

4   **Complétez avec « être », les possessifs, et « à », « en », « au(x) », si nécessaire.**

1. *Mon* frère *est à* Alexandrie, *en* Égypte. – **2.** _____ sœur et moi, nous _____ _____ Boston, _____ États-Unis. – **3.** _____ oncle _____ _____ La Havane, _____ Cuba. – **4.** _____ cousine Beth _____ _____ Nicosie, _____ Chypre. – **5.** _____ cousins _____ _____ Téhéran, _____ Iran. – **6.** _____ parents _____ _____ Espagne, _____ Madrid.

5   **Faites des phrases selon le modèle. Continuez librement.**

Inde : Le Taj Mahal (tombeau célèbre) – Pérou : Machu Pichu (site archéologique très visité)
Italie : Etna et Vésuve (deux volcans impressionnants) – Écosse : Loch Ness (lac mystérieux)

En Inde, il y a un tombeau célèbre : c'est le Taj Mahal. _____

Dans mon pays _____

QUELQUES EXPRESSIONS DE LIEU

> **Dans** le bus, il y a des enfants. **Sur** le bus, il y a des affiches.

■ « DANS », « SUR », « SOUS »

- « **dans** » + espace fermé :
  - ***dans** la maison*
  - ***dans** le tiroir*

- « **sur** » + une surface :
  - ***sur** le toit*
  - ***sur** la photo*

- « **à l'extérieur de** » ≠ « dans »
  - ***à l'extérieur de** la maison*

- « **sous** » ≠ « sur »
  - ***sous** le parapluie*

- Dites : *Je suis dans le train.*   Ne dites pas : *Je suis ~~sur~~ le train.*

- **Quelques expressions :**

dans la rue	*sur la place*	*sur le boulevard*	*dans un fauteuil*
sur une chaise	*dans le journal*	***à la** radio*	***à la** télévision*

- Dites :   Ne dites pas :
  ***À la** télévision, il y a Madonna.*   *~~Sur~~ la télévision il y a Madonna.*

- « **Dedans** » ≠ « **dehors** », « **dessus** » ≠ « **dessous** » ne sont pas suivis d'un nom :
  - *– Le chat est sur le lit ?* *– Oui, il est **dessus**.*
  - *– La balle est sous le lit ?* *– Oui, elle est **dessous**.*
  - *– Le chat est dans la maison ? – Oui, il est **dedans**. (Non, il est **dehors**.)*

■ « AU-DESSUS (de) »
= un niveau plus haut :

***Au-dessus du** 5e étage : au 6e.*
*Nous volons **au-dessus de** l'Atlantique.*

■ « AU-DESSOUS (de) »
= un niveau plus bas :

***Au-dessous du** 5e étage : au 4e.*
***Au-dessous de** nos pieds coule la Seine.*

- « **Sous** » peut signifier aussi « au-dessous » :
  *Le chat est **sous** la table.*

■ « À CÔTÉ (de) »/« PRÈS (de) »
= proximité

*Versailles est **près de** Paris. (10 km)*

■ « LOIN (de) »
= éloignement

*Moscou est **loin de** Paris. (2 500 km)*

(« à », « de », « chez », p. 8) – (« ici/là », « là-bas », p. 40 et 84)

1 Complétez en utilisant « dans », « sur » ou « sous », selon le modèle.

——— Déjeuner au soleil ———

– Les assiettes sont *dans* le placard ?

– Non, elles sont _____ le lave-vaisselle.

– Les verres sont _____ la table ?

– Non, ils sont _____ l'étagère.

– On mange _____ la cuisine ?

– Non : _____ la terrasse, il fait beau !

– Il y a des tas de journaux _____ la table…

– Jette-les _____ la poubelle, _____ l'évier.

2 Complétez avec « dans », « sur », « sous » et « à la ».

Enveloppe (adresse, lettre) *Sur l'enveloppe, il y a une adresse. Dans l'enveloppe, il y a une lettre.*

1. Bouteille (étiquette, cognac) _____

2. Lac (bateaux, poissons) _____

3. Télévision (livre, reportage) _____

4. Avion (voyageurs, James Bond) _____

5. Radio (autocollant, concert de jazz) _____

3 Complétez avec « dans », « sur », « sous » et « à la ».

1. Le chat est *dans* la cuisine ou _____ le balcon ? – **2.** Il y a beaucoup de monde _____ la rue. – **3.** Le père de Charlie est toujours assis _____ un gros fauteuil en cuir jaune et sa mère _____ une petite chaise en paille. – **4.** Regarde, il y a Sharon Stone _____ télévision. – **5.** Le cinéma Le Champo est _____ la rue des Écoles ou _____ le boulevard Saint-Michel ? – **6.** Nous déjeunons souvent _____ l'herbe, _____ les arbres. – **7.** Ce soir il y a un bon concert _____ radio et un bon film _____ télé.

4 Complétez avec « dessus », « dessous », « dedans » et « dehors ».

– Les enfants sont dans la maison ? – Oui, ils sont *dedans*.

1. Le prix est marqué sous le vase : regarde, il est collé _____

2. – Ma veste n'est pas dans l'armoire ! – Mais si, regarde bien, elle est _____

3. – Il y a une étiquette sur ta valise ? – Oui, regarde, elle est collée _____

4. Le chien n'a pas le droit d'entrer dans ce restaurant, laissez-le _____

5. Un cadeau est caché sous ta serviette : regarde vite _____

5 Faites des phrases en utilisant « dans », « sur », « sous », « au-dessus », « au-dessous ».

Table (Vase/Lustre/Tapis/Chat)   Lit (Balle/Couverture/Pantoufles)

Le vase est sur la table. Le lustre _____

11 LE VERBE « AVOIR »

J'	**ai**	un passeport.
Tu	**as**	une carte d'identité.
Il		
Elle	**a**	vingt ans.
On		
Nous	**avons**	un garçon et une fille.
Vous	**avez**	des enfants ?
Ils	**ont**	froid.
Elles		

Après le verbe « avoir », on utilise en général un **nom** :

> J'ai une moto.   Vous avez un vélo.

L'ÂGE

• Pour indiquer l'âge, on utilise le verbe « **avoir** » :

> J'**ai** vingt ans.
> Mon père **a** quarante ans.

• **Il est** jeune. (« être » + adjectif)   **Il a** vingt ans. (« avoir » + nom)

« AVOIR FAIM », « AVOIR FROID », etc.

• Pour exprimer une sensation de **manque** ou de **douleur**, on utilise « avoir » suivi d'un **nom sans article** :

J'ai		J'ai		J'ai mal	
	chaud.		*besoin de…*		*à la tête.*
	froid.		*envie de…*		*au dos.*
	faim.				*aux dents.*
	soif.				
	sommeil.				
	peur (de).				

 • Avec ces expressions, on utilise « **très** » au lieu de « beaucoup ».

Dites : *J'ai très faim.*   Ne dites pas : *J'ai ~~beaucoup~~ faim.*
Mais, avec « besoin », on dit : *J'ai **vraiment** besoin de repos.*

(« avoir beau », p. 254) – (« besoin »/« envie » et les partitifs, p. 88)

1 Répondez aux questions, selon le modèle.

— Sondage : le logement —

- Vous avez un appartement ou une maison ? — *J'ai un appartement.*
- Vous avez une, deux ou trois chambres ? — _____
- Vous avez des meubles anciens ou modernes ? — _____
- Vous avez un grand ou un petit salon ? — _____
- Vous avez un chauffage électrique ou au gaz ? — _____
- Vous avez des voisins calmes ou bruyants ? — _____

2 Complétez les phrases avec « avoir », les pronoms sujets et les articles manquants.

– Vous *avez* un stylo bleu ? – Non, *j'ai un* stylo noir.

1. Cathy _____ moto ? – Oui, _____ Yamaha. – **2.** Les voisins _____ chien ? – Oui, _____ chien et deux chats. – **3.** Jean _____ appartement dans le centre ? – Non, _____ appartement en banlieue. – **4.** Les étudiants _____ examen en décembre ? – Non, _____ examen en mars. – **5.** Paul et toi, vous _____ diplômes ? – Oui, _____ licence d'histoire.

3 Complétez avec les verbes ci-dessous.

avoir faim, ~~avoir sommeil~~
avoir peur, avoir mal

1. Il est tard, le bébé est fatigué : il *a sommeil.*

2. Il est midi : nous _____

3. Mon chien n'est pas courageux : il _____ des souris !

4. Mon mari est chez le kiné : il _____ au dos.

4 Faites des dialogues.

1. – Vous avez besoin d'un café ?
   – *Oui, j'ai besoin d'un café ! Pas vous ?*

2. – Vous avez envie d'une glace ?
   – _____

3. – Vous avez peur des serpents ?
   – _____

5 Posez des questions avec « avoir besoin de », selon le modèle.

| partir en voyage | écrire | rester en forme | travailler en France |
| visa | dictionnaire | faire du sport | parler français |

– *Pour partir en voyage, vous avez besoin d'un visa ?* _____
_____

6 Faites des phrases avec « avoir envie de », selon le modèle.

thé/café/glace   manger au restaurant/chez sa mère/au McDo   lire/dormir/sortir

– *J'ai envie d'un thé. Mon mari a envie d'un café. Les enfants* _____
_____

> Elle a **les** yeux bleus, **les** cheveux bruns et **un** petit nez.
> Elle a l'air sympathique. Elle n'a **pas d'**enfant.

« AVOIR LES YEUX BLEUS », etc.

- Pour indiquer une **caractéristique physique**, on utilise « avoir » + article **défini** :

    *Elle a **les** yeux bleus et **les** cheveux bruns.*

- Quand l'adjectif est devant le nom, on utilise un **indéfini** :

    *Elle a **un** petit nez et **une** jolie bouche.*

« AVOIR LE TEMPS », « AVOIR L'HABITUDE », etc.

- Pour exprimer une **disposition**, on utilise « avoir » + article :

avoir	*le temps (de)*	*avoir*	*l'intention de*	*avoir **du** mal (à)*
	l'habitude (de)		*l'occasion de*	*avoir **de la** chance*

- **Autres expressions :**

    *Elle **a** l'air en forme/fatiguée/triste.*   *Il **a** bon/mauvais caractère.*
    *Il **a** raison. Elle **a** tort.*   *La réunion **a** lieu vendredi, à Lyon.*

« AVOIR » et la NÉGATION de L'ARTICLE

- La négation de l'article **indéfini** est « de » :

– Vous avez	**un** chien ?	– Non, je n'ai	**pas de** chien.
	une voiture ?		**pas de** voiture.
	des enfants ?		**pas d'**enfants.

    – *Est-ce qu'il y a **un** livre dans le tiroir ? – Non, il n'y a **pas de** livre.*
    – *Est-ce qu'il y a **des** lampes dans la salle ? – Non, il n'y a **pas de** lampe.*

- Quand on apporte une **précision**, on conserve l'article indéfini :

    – *Vous avez une Clio ? – **Pas une** Clio, une Duo.*

- La négation de l'article défini est régulière :

    *Je n'ai **pas le** permis de conduire.*

(articles, p. 30) – (place de l'adjectif, p. 54)

EXERCICES

1 Décrivez le personnage.

Portrait de Jules

âge :	45 ans
cheveux :	bruns/blonds/<u>châtains</u>/blancs
yeux :	<u>bleus</u>/noirs/verts/marron
visage :	rond/<u>carré</u>/allongé/ovale
particularités :	<u>gros nez</u>/<u>longue barbe</u>/ <u>lunettes rondes</u>

Il a quarante-cinq ans.
Il a les cheveux châtains.

_____

_____

_____

_____

2 Répondez aux questions, à la forme affirmative ou négative.

1. – Cet été, vous avez l'intention de partir ? – Oui, _____
2. – Vous avez l'intention de partir en charter ? – Non, _____
3. – Vous avez l'habitude de voyager seul ? – Oui, _____
4. – Vous avez le temps de lire des guides ? – Non, _____
5. – Vous avez souvent l'occasion de voyager ? – Oui, _____

3 Répondez à la forme positive ou négative.

– Vous avez une voiture ?
– Non, je n'ai pas de voiture.

1. – Vous avez un chien ? – Oui, _____
2. – Vous avez des enfants ? – Non, _____
3. – Vous avez une piscine ? – Non, _____
4. – Vous avez un garage ? – Non, _____
5. – Vous avez la télé ? – Oui, _____
6. – Vous avez le satellite ? – Non, _____

4 Posez des questions selon le modèle.

~~avoir froid~~ – avoir faim – avoir chaud – avoir soif – avoir peur – avoir sommeil

1. – Il fait 15° ! *Vous n'avez pas froid ?*
2. – Il est midi passé ! _____
3. – Ce plat est trop salé ! _____
4. – Il est 2 heures du matin. _____
5. – Cette rue est très sombre ! _____
6. – Il fait plus de 30° ! _____

5 Répondez affirmativement ou négativement.

Dans la salle de classe, est-ce qu'il y a :

Des rideaux ? – Non, *il n'y a pas de rideaux.*
Des chaises ? – Oui, _____
Un canapé ? – Non, _____
Une télévision ? – Oui, _____
Un miroir ? – Non, _____

Des fenêtres ? – Oui, _____
Des plantes vertes ? – Non, _____
Des posters – Oui, _____
Un téléphone ? – Non, _____
Un fauteuil ? – Non, _____

LE VERBE « AVOIR »

EXERCICES

1 Complétez avec « avoir » et répondez aux questions.

───── Mes voisins ─────

Franck et Brigitte sont mes voisins. Ils *ont* deux enfants : Lou et Marcus. Marcus _____ huit ans, comme mon fils Antoine. Il _____ les yeux bleus et les cheveux noirs, comme lui. Lou _____ trois ans. Elle _____ aussi les yeux bleus, mais elle _____ les cheveux blonds. Brigitte et moi, nous _____ la même baby-sitter, Jouba. Elle _____ seulement dix-neuf ans, mais elle _____ beaucoup d'expérience, car elle _____ cinq frères et sœurs. Mon fils _____ un petit chien, Bill. Les enfants de Brigitte _____ un chat, un singe et un perroquet, mais Jouba _____ beaucoup de patience et elle _____ bon caractère.

1. – Est-ce que Franck et Brigitte ont des enfants ? – _____

2. – Quel âge ont Antoine et Marcus ? – _____

3. – Quel âge a la baby-sitter ? – _____

4. – Les enfants ont-ils des animaux domestiques ? – _____

5. – Est-ce que la baby-sitter a mauvais caractère ? – _____

2 Répondez selon le modèle en utilisant « être » et « avoir ».

– En général, vous êtes nerveux/nerveuse, avant un examen ?
– Oui, quand j'ai un examen, je suis nerveux/nerveuse.

1. – Vous êtes à l'heure, en général, quand vous avez un rendez-vous ?

– _____

2. – Quand vous êtes en retard, vous avez toujours une bonne excuse ?

– _____

3. – Est-ce que vous êtes de mauvaise humeur, quand vous êtes fatigué(e) ?

– _____

4. – Vous avez de la température, quand vous êtes enrhumé(e) ?

– _____

3 Complétez avec « être », « avoir » et les pronoms manquants.

Paul *est* blond, il *est* grand et *il a* les yeux bleus.

1. Je _____ marié, _____ trente ans et _____ deux enfants.

2. Mon fils et ma fille _____ à la maison : _____ la grippe.

3. Eva _____ très riche ; _____ une Rolls et un chauffeur.

4. Je _____ pressée : _____ rendez-vous à 10 heures chez le dentiste.

5. Il _____ minuit, je _____ fatiguée et _____ sommeil.

1 Mettez le texte à la forme affirmative puis négative, selon le modèle.

un petit studio	une maison de campagne
une vieille voiture	un garage
des jeans	un costume
des écharpes	une cravate
des meubles en pin	des meubles en acajou
le temps de lire	le temps d'écrire à sa famille
envie de voyager	envie de travailler dans un bureau
besoin de faire du sport	besoin de maigrir

Franck a un petit studio.   *Il n'a pas de maison de campagne.*

_____   _____

_____   _____

_____   _____

_____   _____

_____   _____

_____   _____

2 D'après ces offres d'emploi, faites des phrases en utilisant « être » et « avoir ».

1. Secrétaire commerciale. Bilingue. 30 ans environ. 5 ans minimum d'expérience en entreprise. Organisée. Sens des responsabilités. Autonome. Disponible.

2. Directeur des ventes. 40 ans environ. Expérience internationale dans le domaine de la vente. Dynamique. Goût des relations humaines.

3. Comédien. 25 ans environ. Petit. Brun. Yeux clairs. Cheveux longs. Athlétique.

1. *Vous êtes secrétaire commerciale, vous êtes bilingue, vous* _____

_____

2. _____

_____

3. _____

_____

3 Trouvez les questions :

1. – *Qu'est-ce que vous avez comme stylo ?*

   – J'ai un Waterman.

2. – _____

   – J'ai un fox-terrier.

3. – _____

   – J'ai un PC portable.

4. – _____

   – J'ai une Renault.

12 L'ADJECTIF (2)

LA PLACE de L'ADJECTIF

> un **jeune** homme **brun** avec une bicyclette **verte**

■ On place en général l'adjectif **après** le nom :

> une chemise **blanche**   un livre **intéressant**   un exercice **difficile**

■ Quelques adjectifs **fréquents** et assez courts se placent **devant** le nom : beau/joli, bon/mauvais, petit/grand/gros, nouveau/jeune/vieux, double/demi, autre/même :

> une **petite** maison   une **jolie** robe   un **gros** livre

- **Les nombres** se placent toujours **devant** le nom :

> les **trois** mousquetaires   les **sept** nains   le **septième** art

- Quand il y a plusieurs adjectifs, les nombres se placent **avant** les autres :

> les **trois** petits cochons   les **dix** dernières années

■ « Premier », « dernier », « prochain » se placent **devant** le nom pour les **séries** :

> le **premier** candidat   le **prochain** candidat   le **dernier** candidat

⚠ - « Dernier » et « prochain » se placent **après** le nom pour les **dates** :

> mardi | **dernier**   le mois | **dernier**
> | **prochain** | **prochain**

♪ - « Beau », « vieux », « nouveau » deviennent « bel », « vieil », « nouvel » devant voyelle ou « h » muet :

> un **bel** acteur   un **vieil** homme   un **nouvel** ordinateur
> un ~~beau~~ acteur   un ~~vieux~~ homme   un ~~nouveau~~ ordinateur

- En général, devant un adjectif, « des » devient **« de »** :

> **de** bons amis   **de** beaux livres
> ~~des~~ bons amis   ~~des~~ beaux livres

- Quand l'adjectif est devant le nom, on fait la liaison :

> un petit‿enfant   de bons‿amis
>   t   z

(« demi », p. 66)

1 **Décrivez, selon le modèle.**

garçon (petit) yeux (immenses)   *Un petit garçon avec des yeux immenses*

1. monsieur (vieux) barbe (blanche)

_____

2. homme (sportif) visage (carré)

_____

3. dame (brune) lunettes (noires)

_____

4. poisson (gros) ventre (jaune)

_____

5. fille (belle) jambes (longues)

_____

6. voiture (grosse) coffre (grand)

_____

7. livre (précieux) illustrations (belles)

_____

8. whisky (double) glaçons (deux)

_____

9. appartement (beau) terrasse (petite)

_____

10. soirée (bonne) amis (vieux)

_____

2 **Mettez les adjectifs à la bonne place.**

Le *vieil* oncle ____✕____ de Charles est encore un *bel* homme ____✕____.   (vieux/beau)

1. Mon _____ appareil photo _____ est un _____ appareil.   (nouveau/très bon)

2. Le _____ jour _____ de la semaine est un_____ jour_____   (premier/difficile)

3. Les _____ trois _____ exercices sont des _____ exercices_____   (dernier/faciles)

4. La _____ station de métro _____ est la _____ station _____   (prochaine/dernière)

3 **Transformez, selon le modèle.**

1. – Cet immeuble est très vieux !

– *Oui, c'est un vieil immeuble.*

2. – Cet acteur est très beau !

_____

3. – Cet ordinateur est nouveau ?

_____

4. – Cet avion est très vieux !

_____

4 **Décrivez, en accordant.**

1. voiture (vieux/anglais)

Une vieille voiture anglaise

2. maison (grand/blanc)

_____

3. homme (beau/brun)

_____

4. étudiantes (nouveau/américain)

_____

5 **Complétez avec « des », « de » ou « d' ».**

1. La styliste Emmanuelle Kahn a toujours _____ grosses lunettes. – **2.** Les contes de Leo Perutz sont _____ histoires étranges. – **3.** Les contes de Perrault sont _____ belles histoires. – **4.** Apportez-moi _____ autres photos de votre famille. – **5.** Les vieux bistrots de Paris sont _____ endroits magnifiques.

ADJECTIFS PARTICULIERS

■ Certains adjectifs changent de sens selon leur **place**. Les adjectifs placés devant le nom sont en général plus subjectifs :

(valeur physique)	*un homme **grand***	*un **grand** homme* (valeur morale)
(indiscret)	*un voisin **curieux***	*un **curieux** voisin* (bizarre)
(sans argent)	*un homme **pauvre***	*un **pauvre** homme* (malheureux)
(sans amis)	*une femme **seule***	*une **seule** femme* (pas d'autres)
(valeur marchande)	*un collier **cher***	*mon **cher** collier* (valeur affective)
(nettoyée)	*une chambre **propre***	*ma **propre** chambre* (personnelle)
(époque passée)	*un immeuble **ancien***	*mon **ancien** immeuble* (précédente adresse)
(variés)	*des livres **différents***	***différents** livres* (plusieurs)

■ Parfois, « **grand** », « **petit** », « **vieux** » ont une valeur quantitative :

*un **grand** voyageur*
(qui voyage beaucoup)

*un **petit** consommateur*
(qui consomme peu)

*un **vieux** client*
(de longue date)

■ « NEUF » ou « NOUVEAU » ?

- « **Neuf** » = de fabrication récente :
  (se place après le nom)

  – *Paul a une voiture **neuve** ?*
  – *Oui, c'est la dernière Citroën.*

- On utilise « neuf » pour les **objets** :

  *un stylo **neuf***
  *des chaussures **neuves***

- neuf/neuve ≠ vieux/vieille :

  *une **vieille** voiture*
  *de **vieilles** chaussures*

- « **Nouveau** » = différent d'avant :
  (se place avant le nom)

  – *Paul a une **nouvelle** voiture ?*
  – *Oui, c'est une vieille Jaguar magnifique.*

- On utilise « nouveau » pour tout **changement** :

  *une **nouvelle** adresse*
  *un **nouveau** mari*

- nouveau/nouvelle ≠ ancien/ancienne :

  *un **ancien** professeur*
  *une **ancienne** adresse*

- Mais pour avoir des « nouvelles », on dit :

  – *« Quoi de **neuf** ?* = – Qu'est-ce qui est nouveau dans votre vie ?

1 **Faites l'exercice selon le modèle.**

Médor (chien, animal) (gros, très doux) *Médor est un gros chien, mais c'est un animal très doux.*

1. Dustin Hoffman (homme, acteur) (petit, grand)

_____

2. Alexandre (enfant, écolier) (agité, studieux)

_____

3. Madame Claude (femme, voisine) (seule, bruyante)

_____

4. Les ordinateurs portables (appareils, objets) (pratiques, chers)

_____

5. Le mari de Nadia (mari, sculpteur) (mauvais, bon)

_____

6. Kitty (femme, actrice) (belle, mauvaise)

_____

7. Monsieur Barlou (maire, voyou) (respecté, ancien)

_____

8. Mademoiselle Éléonore (voisine, femme) (réservée, curieuse)

_____

2 **Complétez les phrases avec « neuf »/« nouveau », « vieux »/« ancien ».**

Ma voiture est une Peugeot de 1962 : c'est une *vieille* voiture !

1. Je dois vous donner mon _____ numéro de téléphone.

2. J'ai mal aux pieds parce que mes chaussures sont _____.

3. Je connais Patricia depuis hier, c'est ma _____ copine !

4. Ma grand-mère est une _____ dame de quatre-vingt-dix ans.

5. Paul a vingt-cinq ans. On se connaît depuis 15 ans : c'est un _____ copain !

6. Je n'aime pas les meubles _____ : ils brillent trop !

7. Je regrette souvent mon _____ travail, si agréable.

8. – Quoi de _____ aujourd'hui, monsieur Duranton ?

3 **Décrivez les appartements à partir de la fiche de l'agence immobilière.**

1. appartement : 250 m^2 immeuble : 1800   ascenseur : non   terrasse : oui

2. studio : 30 m^2 immeuble : 2000   ascenseur : oui   terrasse : non

13 LES NOMBRES

LES NOMBRES CARDINAUX

0	Zéro		

1	Un	11 Onze	
2	Deux	12 Douze	
3	Trois	13 Treize	
4	Quatre	14 Quatorze	
5	Cinq	15 Quinze	
6	Six	16 Seize	
7	Sept	17 Dix-sept	
8	Huit	18 Dix-huit	
9	Neuf	19 Dix-neuf	
10	Dix		

20	Vingt	Vingt **et** un	Vingt-deux, vingt-trois…
30	Trente	Trente **et** un	Trente-deux…
40	Quarante	Quarante **et** un	Quarante-deux…
50	Cinquante	Cinquante **et** un	Cinquante-deux…
60	Soixante	Soixante **et** un	Soixante-deux…
*70	Soixante-**dix**	Soixante **et onze**	Soixante-**douze**…
80	Quatre-vingt**s**	Quatre-vingt-un	Quatre-vingt-deux…
*90	Quatre-vingt-**dix**	Quatre-vingt-**onze**	Quatre-vingt-**douze**…

100	Cent	Cent dix
200	Deux cent**s**	Deux cent cinquante
300	Trois cent**s**	Trois cent vingt

1 000	Mille	1 000 000	Un million
10 000	Dix mille	10 000 000	Dix million**s**
100 000	Cent mille	1 000 000 000	Un milliard
200 000	Deux cent mille	10 000 000 000	Dix milliard**s**

* En Suisse romande et en Belgique, on dit septante (70) et nonante (90). Plus rarement octante ou huitante (80).

E X E R C I C E S

1 Écrivez en lettres les numéros de téléphone. Ajoutez votre numéro personnel.

Aéroport de Roissy : 01 48 62 22 80   Police : 17   Renseignements : 12
Pharmacies de garde : 01 45 62 02 41   Pompiers : 18   Urgences médicales (SAMU) : 15

Le numéro de l'aéroport de Roissy, c'est le zéro un, quarante-huit, _____
_____
_____

2 Transcrivez en chiffres les résultats du jeu.

─────── Qui a gagné ? ───────

Paul : Trois cent cinquante-neuf   = *359*   points
Max : Cinq cent quarante-trois   = _____ points
Jules : Mille cent dix-huit   = _____ points
Pierre : Sept cent cinquante-cinq   = _____ points
Ivan : Quatre-vingt-quinze   = _____ points

3 Complétez les phrases selon le modèle.
Dans une année, *il y a douze mois.*

Dans un mois, _____
Dans une semaine, _____
Dans une journée, _____
Dans une heure, _____
Dans une minute, _____

4 Écrivez en lettres, selon le modèle.
(94.3) France Culture, *c'est*
quatre-vingt-quatorze point trois.

(89.4) RFI, _____
(87.8) France Inter, _____
(105.9) France Info, _____
(92.6) France Musique, _____
(101.5) Radio Classique _____

5 Faites les opérations (addition, soustraction, multiplication et division) selon le modèle.

```
   6  six                  125 _____          75  soixante-quinze         26 _____
+ 25  plus vingt-cinq    +  51 _____        ×  2  multiplié par deux     ×  3 _____
= 31  égale trente et un  = 176 _____        = 150 ça fait cent cinquante  = 78 _____


  45  quarante-cinq        69 _____          44  quarante-quatre         72 _____
− 15  moins quinze        − 18 _____        :   4  divisé par quatre     :  6 _____
= 30  égale trente         = 51 _____        = 11  ça fait onze          = 12 _____
```

À L'ÉCRIT

■ Les nombres cardinaux sont en général invariables :

*« Les **Quatre** Saisons »*   *« Les **Sept** Samouraïs »*

■ **« VINGT »** et **« CENT »** **multipliés** par un autre nombre prennent un **«-s »** :

quatre-*vingts*   **trois** *cents*

♪   • La liaison met en évidence le pluriel :

*quatre-vingt**s**_ans*   *trois cent**s**_heures*   Mais : *cent_ans*
        z   z   t

   • « Vingt » et « cent » sont invariables s'ils sont **suivis** d'un autre nombre :

*quatre-vingt-**trois***   *trois cent **cinquante***

■ **« MILLE »** est toujours **invariable**, **« MILLION »** et **« MILLIARD »** s'accordent :

trois mille   trois millions   dix milliards

■ Jusqu'à **cent**, les nombres composés sont reliés par un **tiret** :

Dix-sept   cinquante-cinq   soixante-douze

⚠   • 21, 31, 41, 51, 61, 71 sont reliés par **« et »** :

*vingt **et** un   trente **et** un   soixante **et** onze.*

À L'ORAL

♪   • De « cinq » à « dix », on prononce la finale. Le « x » de « six » et « dix » se prononce « **s** » :

5 *cinq*   7 *sept*   8 *huit*   9 *neuf*   6 *six* [si**s**]   10 *dix* [di**s**]

   • Le « x » de « six » et « dix » se prononce « z » devant voyelle ou « h » muet :

six_adultes   dix_amis   dix-huit jours
   z   z   z

   • La finale de « huit », « six » et « dix » est muette devant consonne :

huit jours   six livres   dix personnes   Mais : *dix-neuf* [diz neuf]

   • « Neuf » se prononce « neuv » devant « heures » et « ans » :

neuf_heures   *neuf_ans*
      v   v

   • La consonne finale de « vingt » est muette, sauf de 21 à 29 :

vingt   quatre-vingt-onze   cent quatre-vingt-un
Mais :   *vingt-sept*   *cent vingt-quatre*

E X E R C I C E S

1 **Rédigez des chèques, selon le modèle.**
Gants (21 euros) *Vingt et un euros*

1. Chaussures (50 €) _____
2. Pull (41€) _____
3. Manteau (200 €) _____
4. Robe (100 €) _____
5. Veste (170 €) _____
6. Ordinateur (2 000 €) _____

2 **Transcrivez les chiffres en lettres.**

La tour Eiffel

Elle mesure (300) *trois cents* mètres de haut et elle pèse plus de (7 000) _____ tonnes. Elle se compose de (2,5 millions) _____ de rivets que (300) _____ monteurs-acrobates ont assemblés de (1887) _____ à (1889) _____

3 **Écrivez en lettres, selon le modèle.**
« Les (39) *Trente-Neuf* Marches » est un film d'Alfred Hitchcock.

1. « Les (400) _____ Coups » est un joli film de François Truffaut.
2. « Les (24) _____ Heures du Mans » est une compétition automobile.
3. « Les (4) _____ Saisons » de Vivaldi est une musique très joyeuse.
4. « Les (101) _____ Dalmatiens » est un dessin animé de Walt Disney.
5. « (20 000) _____ Lieues sous les mers » est un roman de Jules Verne.

4 **Complétez les phrases, selon le modèle. Comparez avec votre pays.**

_____ En France _____

En France, il y a seulement (6) *six* chaînes de télévision publiques.

En moyenne, les Français partent à la retraite à (60) _____ ans.

Il y a plus de (200) _____ cinémas à Paris. Le prix du billet coûte environ (7) _____ euros. Un bon repas dans un restaurant parisien coûte autour de (50) _____ euros. Le journal « Le Monde » est tiré à (600 000) _____ exemplaires. Il coûte (1,20) _____ euro et _____ centimes.

5 **Prononcez les phrases suivantes.**

Le 5 et le 9 sont mes numéros fétiches. – Neuf enfants de 9 ans, le 9 août à 9 heures.

10 personnes vous attendent depuis 10 heures. – Il y a 6 erreurs à la page 6.

Le 23 juin pour mes 21 ans, je reçois 82 personnes à 22 heures.

J'ai 10 neveux de 19 ans et 6 oncles de 88 ans.

6 **Décrivez la monnaie en France et dans votre pays.**

En France, il y a des pièces de cinq, dix, _____
et des billets de _____

■ LES NOMBRES ORDINAUX

1er	Premier	11e	Onzième	21e	Vingt **et** unième
2e	Deuxième/second	12e	Douzième	30e	Trentième
3e	Troisième	13e	Treizième	31e	Trente **et** unième
4e	Quatrième	14e	Quatorzième	40e	Quarantième
5e	Cin**qui**ème	15e	Quinzième	50e	Cinquantième
6e	Sixième	16e	Seizième	60e	Soixantième
7e	Septième	17e	Dix-septième	70e	Soixante-dixième
8e	Huitième	18e	Dix-huitième	71e	Soixante et onzième
9e	Neuvième	19e	Dix-neuvième	80e	Quatre-vingtième
10e	Dixième	20e	Vingtième	91e	Quatre-vingt-onzième

100e : centième   1 000e : millième   1 000 000e : millionième

- une diz**aine** = environ 10   une douz**aine** = douze   une cent**aine** = environ 100

- 1/2 = un demi   1/3 = un tiers   1/4 = un quart   1/5 = un cinquième

- 10 % : dix pour cent   50 % : cinquante pour cent

■ NOMBRE et NUMÉRO

- **Nombre** = quantité comptable :
  - *Quel est le **nombre** d'abonnés ?*
  - *Quel est le **nombre** de joueurs ?*

- « **Numéro** » = élément d'une **série** :
  - *Quel est votre **numéro** de téléphone ?*
  - *Quel est le **numéro** du gardien de but ?*

■ AN et ANNÉE

- « **An** » : **unité** de temps
  (+ nombres cardinaux)

  *Il a <u>vingt</u> **ans**.*
  *Cette église a <u>deux cents</u> **ans**.*
  *Je suis à Londres <u>deux</u> fois par **an**.*

- « **Année** » : **durée**
  (+ ordinaux ou adjectifs)

  *Il est en <u>deuxième</u> **année**.*
  *C'est une <u>bonne</u> **année** pour le vin.*
  *Je suis là <u>toute</u> l'**année**.*

- On dit aussi :

trois **jours**	toute la **journée**	une belle **journée**
ce **soir**	toute la **soirée**	une agréable **soirée**

 • Avec des quantités indéfinies, on utilise « année » :

  *Combien d'**années** ? Des millions d'**années**.*
  *Chaque **année**. Plusieurs **années**.*

- Pour exprimer la fréquence, on dit :

  *tous les ans/**tous les** quatre ans.   tous les jours/**tous les** deux jours*

(date, p. 64)

1 Répondez, selon le modèle.

1. – La concierge est au 1er étage ?...
– *Oui, elle est au premier.*

2. – Le docteur est au 2e étage ?
– _____

3. – Les bureaux sont au 32e étage ?
– _____

4. – Le directeur est au 41e étage ?
– _____

2 Complétez.

1. – Jeudi est le 3e jour de la semaine ?
– Non, c'est le *quatrième.*

2. – Novembre est le 12e mois de l'année ?
– Non, c'est le _____

3. – C'est la 20e page du livre ?
– Non, c'est la _____

4. – C'est le premier exercice ?
– Non, c'est le _____

3 Complétez avec « nombre » ou « numéro ».

– Quel est le *numéro* d'immatriculation de votre voiture ?   – 345 VX 65.
– Quel est le *nombre* de kilomètres ?   – 12 000 kilomètres.

1. J'habite au _____ 46 de la rue Henri-Barbusse. Et vous ?

2. Quel est le _____ de personnes prévu pour le dîner ?

3. Un grand _____ d'animaux sauvages est en voie d'extinction.

4. Quel est le _____ de votre passeport ?

5. Le _____ de naissances diminue en Europe.

6. C'est fou le _____ de choses qu'il faut emporter en vacances.

7. Le _____ gagnant est le 23 !

8. Nous avons les places _____ 12 et 13 en deuxième classe.

4 Complétez avec « an » ou « année ».

1. Je vais en Grèce chaque *année*, depuis dix _____

2. Je connais Paul depuis plusieurs _____

3. C'est notre dixième _____ de mariage.

4. J'ai quarante _____ cette _____

5 Choisissez, selon le modèle.

1. Au mois de mai il y a trente *jours/~~journées~~*.

2. Passez me voir dans *le matin/la matinée*.

3. Il pleut depuis trois *jours/journées*.

4. Tu as vécu combien d'*ans/années* au Chili ?

6 Complétez avec « an »/« année », « nombre »/« numéro », « il y a »/« c'est ».

—————— Le numéro 1 000 ——————

Notre magazine a vingt _____ cette _____. Dans le _____ 1 000 du 6 septembre, _____ un supplément de 20 pages : _____ notre album souvenir qui commence par la rencontre de trois vieux amis, un 14 juillet, au milieu d'un grand _____ d'inconnus. C'est cette _____-là que notre magazine est né...

14 LE TEMPS (1)

> Aujourd'hui, **nous sommes le** 3 février. **C'est** l'hiver.

LE JOUR, LA DATE et LES SAISONS

■ Pour indiquer une date, on utilise « **nous sommes** »/« **on est** » + jour :

> *Nous sommes le 21 juin.*
> *On est lundi*   *C'est lundi.* (à l'oral)

- L'article précède toujours la date : *Paris, le 8 novembre 1988.*

- Quand on précise le jour et la date, l'article se place avant le jour :
  Nous sommes le mercredi 18 août.

- On dit « le premier », mais « le deux », « le trois », etc. :
  Nous sommes le premier ou le deux ?

■ **Les jours de la semaine :** lundi, mardi, mercredi, jeudi, vendredi, samedi, dimanche.

- Lundi = ce lundi :   • **Le** lundi = tous les lundis :
  Lundi, je suis à Berlin.   *Le lundi et le jeudi, je suis à Lyon.*

- « **Le** » + matin/après-midi/soir = pendant :
  Je dors le matin.   Je travaille l'après-midi.   Je sors le soir.

■ **Les mois de l'année :** janvier, février, mars, avril, mai, juin, juillet, août, septembre, octobre, novembre, décembre.

> *Nous sommes en mars.*   *Nous sommes au mois de mars.*
> *Nous sommes début mars/mi-mars/fin mars.* (sans article)

■ **Les saisons :** le printemps, l'été, l'automne, l'hiver.

- On utilise « **au** » devant consonne, « **en** » devant voyelle ou « h » muet :
  Nous sommes au printemps, en été, en automne, en hiver.

■ Pour les années, on utilise « **en** » ; pour les siècles, on utilise « **au** » :

> *Nous sommes en 2003, au XXIe siècle/en 1789, au XVIIIe siècle.*

(an/année, p. 62)

1 **Écrivez la date selon le modèle.**

1. mardi 25/06   *Aujourd'hui, c'est mardi. Nous sommes le 25. Nous sommes en juin.*

2. jeudi 21/01   _____

3. dimanche 15/08   _____

4. vendredi 12/12   _____

2 **Transcrivez la date en lettres (documents officiels).**

1. Paris, 5/10/1983   *Fait à Paris, le cinq octobre mille neuf cent quatre-vingt-trois.*

2. Marseille, 19/11/1978   _____

3. Nice, 30/1/1925   _____

4. Aix, 12/08/2002   _____

3 **Complétez le texte avec « le », « en », « au », si c'est nécessaire.**

— De bonnes nageuses —

Ma mère n'est pas jeune (elle est née _____ 31 août 1930), mais c'est une excellente nageuse et, _____ été, nous passons _____ dimanche au bord de la mer. En Bretagne, _____ août, il y a beaucoup de monde, surtout _____ week-end : nous partons _____ matin et nous rentrons _____ soir après la chaleur. En revanche, _____ printemps et _____ automne, nous sommes seules sur la plage. Nous prenons le dernier bain _____ septembre ou même, parfois, _____ début octobre et nous recommençons _____ mois de mai.

4 **Écrivez en lettres, selon le modèle.**

1. Simone de Beauvoir (9/01/1908). *Elle est née en janvier, au vingtième siècle.*

2. Marcel Proust (10/07/1871) : _____

3. Marilyn Monroe (1/06/1926) : _____

4. Napoléon (15/08/1769) : _____

5 **Répondez librement aux questions.**

1. – Quel jour êtes-vous né(e) ? – _____

2. – Quel jour sommes-nous ? – _____

3. – Nous sommes au début ou à la fin du mois ? – _____

4. – Donnez la date complète avec le jour, le mois, l'année, le siècle. – _____

L'HEURE et **LE TEMPS** (la météo)

> – Quelle heure **est-il** ? – **Il est** 10 heures.
> – Quel temps **fait-il** ? – **Il fait** beau.

■ L'HEURE

- Pour dire l'heure, on utilise « **il est** », toujours au singulier, + heure :

  – **Il est** | **une** heure.
  | **dix** heures.

- On indique les minutes après l'heure :

8 h 00	*huit heures*	9 h 00	*neuf heures*
8 h 05	*huit heures cinq*	8 h 55	*neuf heures moins cinq*
8 h 10	*huit heures dix*	8 h 50	*neuf heures moins dix*
8 h 15	*huit heures **et** quart*	8 h 45	*neuf heures moins **le** quart*
*8 h 30	*huit heures **et** demie*	9 h 45	*dix heures moins **le** quart*
12 h = *midi*		24 h = *minuit*	

- « **Demi** » s'accorde **après** le nom : *une **demi**-heure/une heure et **demie***.

- Pour les horaires officiels, on dit :

  20 h 25 : *vingt heures vingt-cinq*   17 h 15 : *dix-sept heures quinze*

- **Expressions utiles :**

  – *Quelle heure **est-il** ?/**Vous avez** l'heure ? – Il est 7 h.*
  – *Tu as rendez-vous **à** quelle heure ? – **À** 8 h (du matin/du soir).*

  – *J'ai rendez-vous à 8 h.* ⟨ *Il est 7 h 45 : je suis **en avance***
  *Il est 8 h : je suis **à l'heure**.*
  *Il est 8 h 15 je suis **en retard**.*

  *Il est 5 h du matin : il est **tôt**. Il est minuit : il est **tard**.*

■ LE TEMPS (la météo)

- Pour décrire le temps, on utilise les constructions impersonnelles :

	+ adjectif		+ nom		+ verbe
Il fait	*chaud.*	**Il y a**	*du soleil.*	**Il**	*pleut.*
	froid.		*du vent.*		*neige.*
	beau.		*des nuages.*		*fait 10°.*
	mauvais.		*du brouillard.*		

⚠ • Dites :   Ne dites pas :

  Aujourd'hui, il fait froid.   *Aujourd'hui, c'est froid, il est froid.*

E X E R C I C E S

1 Transcrivez l'heure. Donnez l'horaire usuel, puis officiel.

19 h 45   *Il est huit heures moins le quart. Il est dix-neuf heures quarante-cinq.*

14 h 15 : _____   15 h 45 : _____

16 h 30 : _____   20 h 50 : _____

19 h 10 : _____   22 h   : _____

12 h 25 : _____   24 h 00 : _____

13 h 55 : _____   10 h 15 : _____

2 Complétez en utilisant « tard » ou « tôt », « en retard » ou « en avance ».

1. Il est une heure et demie du matin, viens te coucher : *il est tard.*

2. – Pierre n'est pas encore arrivé ? – Non, il _____ comme d'habitude.

3. Le film commence à dix heures : c'est _____ pour les enfants.

4. – Nous sommes en retard, Paul ? – Non, au contraire, nous _____ !

5. Le bébé se réveille toujours très _____ : à cinq heures du matin !

6. Il est dix heures et le facteur n'est pas passé : il _____ ce matin !

3 Complétez les phrases avec « il y a », « il fait », « il est », etc.

1. Quand _____ 8 heures à Paris, _____ 4 heures à São Paulo.

2. Aujourd'hui, _____ très froid et _____ du brouillard.

3. Dans les îles grecques, en été, _____ chaud, mais _____ toujours du vent.

4. C'est l'heure du journal télévisé : _____ huit heures.

5. C'est le premier jour du printemps : _____ pleut, mais _____ très doux.

6. Couvrez-vous bien : dehors _____ froid et _____ du vent.

4 Répondez aux questions. (exercice libre)

1. Quelle heure est-il ? _____

2. Quel temps fait-il ? _____

3. Nous sommes en quelle saison ? _____

4. Nous sommes en quelle année ? _____

5. Il fait froid ou il fait chaud dans votre pays en janvier ? _____

6. Il fait froid au Brésil, en février ? _____

7. En août dans votre pays, quel temps fait-il ? _____

8. Quelle est la température de la salle ? _____

15 LES INDÉFINIS

> J'ai lu **plusieurs** romans de Duras, **quelques** romans de Camus, **tous les** romans de Modiano. Je n'ai lu **aucun** roman de Zola.

L'ADJECTIF INDÉFINI exprime souvent une quantité :

	quelques *étudiant(e)s.*	petit nombre
	plusieurs *étudiant(e)s.*	nombre plus important
Je connais	***chaque*** *étudiant(e).*	individu en particulier
	tous *les étudiants/****toutes*** *les étudiantes.*	totalité des éléments
	tout *le groupe/****toute*** *la classe.*	totalité de l'ensemble
	certain(e)s *étudiant(e)s/****d'autres*** *étudiant(e)s*	partie de l'ensemble

*Je **ne** connais **aucun**(e) étudiant(e).*   quantité zéro

■ **« Chaque »** = **tous** les éléments d'un ensemble, pris séparément :

> ***Chaque*** *étudiant a un livre.* (= Tous les étudiants ont un livre.)

■ **« Tout »** s'accorde avec le nom :

	masculin	féminin
singulier	***tout*** *le groupe*	***toute*** *la classe*
pluriel	***tous*** *les étudiants*	***toutes*** *les étudiantes*

• **« Tous »**/**« toutes »** + expression de temps = « chaque » :

> *tous les jours* (= chaque jour)   *toutes les nuits* (= chaque nuit)

⚠ • Dites : *tous les deux jours.*   Ne dites pas : ~~chaque~~ *deux jours.*

■ **« Aucun »** (= « pas un seul ») ne peut pas s'utiliser avec « pas » :

> *Je **ne** connais **aucun** étudiant.*
> ***Aucun*** *étudiant **n**'est venu.*

■ **« Quelques »** (adjectif) est toujours au pluriel :   *quelques amis*
                                                                      z

■ **« D'autres »** est le pluriel de « un(e) autre » :

⚠ • Dites :   Ne dites pas :
> *J'attends d'autres étudiants.*   *J'attends ~~des autres~~ étudiants.*

E X E R C I C E S

1   Commentez le sondage en utilisant « plusieurs », « quelques », « tous » et « aucun ».

```
┌──────────── Logement ────────────┐
│ Sur 30 étudiants :                │
│ – habitent chez leurs parents   12│
│ – habitent à la cité universitaire  4│
│ – cohabitent avec des amis      14│
│ – habitent dans le centre       30│
│ – habitent à l'hôtel             0│
└───────────────────────────────────┘
```

Dans la classe,
plusieurs étudiants habitent chez leurs parents.
_____
_____
_____
_____

Distinguez des groupes en utilisant « certains » et « d'autres ».

habitent dans un studio/un deux-pièces   vivent seuls/en couple   sont propriétaires/locataires

Certains étudiants habitent dans un studio, d'autres habitent _____
_____

2   Complétez avec « tout », « toute », « tous », « toutes ».

1. *Tous* les documents et _____ les lettres sont sur votre bureau. – **2.** _____ vos idées et _____ vos propositions sont intéressantes. – **3.** Je reçois le journal _____ les jours , mais je n'ai pas le temps de lire _____ les articles. – **4.** _____ les employés ont une augmentation. _____ le monde est content. – **5.** Je sors _____ les samedis et je passe _____ le dimanche au lit.

3   Complétez avec « chaque »/« tous »/« toutes ».

1. – Vous vous lavez les cheveux *chaque* jour ?

     – Non, *tous les* deux jours.

2. – Vous changez de voiture _____ année ?

     – Non, _____ trois ans environ.

3. – Vous allez chez le coiffeur _____ mois ?

     – Non, _____ deux semaines.

4   Complétez.

Tou*t* le groupe.

Tou*s* les étudiants.

1. Tou____ le temps.   **5.** Tou____ les habitants.

2. Tou____ les nuits.   **6.** Tou____ la région.

3. Tou____ les jours.   **7.** Tou____ le pays.

4. Tou____ la vie.   **8.** Tou____ les villes.

5   Écrivez les indéfinis correspondants. Continuez librement.

1. – Je connais *plusieurs* acteurs américains (une dizaine) et _____ acteurs français (2 ou 3).

2. – Je connais _____ chansons françaises (3 ou 4) et _____ chansons anglaises (une vingtaine).

3. – Je ne connais _____ poème de Baudelaire (0) et _____ pièce de Marivaux. (0). Et vous ?

4. – Je connais _____

> Parmi mes étudiants, **certains** sont très jeunes.
> **Quelques-uns** sont bilingues. Ils sont **tous** sympathiques.

LE PRONOM INDÉFINI de quantité est identique à l'adjectif sauf
« quelques-un(e)s » et « chacun(e) » :

*Parmi mes étudiant(e)s, **plusieurs** sont scandinaves,*   ***quelques-un(e)s** sont bilingues,*
*   **certain(e)s** sont danois(e)s,*   ***chacun(e)** est intéressant(e),*
*   **d'autres** sont suédois(e)s,*
*   **aucun(e) n'**est français(e).*

■ **« Tous »/« toutes »** se placent le plus souvent après le verbe :

*Ils sont **tous** sympathiques.*
*Elles sont **toutes** sympathiques.*

♪ • On prononce le « s » du pronom, mais pas le « s » de l'adjectif :

*Tou**s** les étudiants sont là. Ils sont tou**s** là.*

⚠ • **« Tout »** pronom neutre renvoie à des **choses** :

***Tout** va bien. Je comprends **tout**.*

• On dit : *Merci pour **tout**.*   (= toutes les choses)
    *Merci à **tous**.*   (= toutes les personnes)

« QUELQU'UN », « QUELQUE CHOSE », « QUELQUE PART »
indiquent une personne, une chose ou un lieu non identifiés :

pronoms	questions	contraires
*J'attends **quelqu'un**.*	Qui ?	Personne
*Je cherche **quelque chose**.*	Quoi ?	Rien
*Je vais **quelque part**.*	Où ?	Nulle part

• Quand ces pronoms sont suivis d'un adjectif, on ajoute « **de** » :

quelqu'un   *bien*
quelque chose   **de**   *nouveau*
rien   *spécial*

⚠ • Ces pronoms sont invariables :

*Paul est **quelqu'un** d'intelligent.*   (Paul = homme)
*Marie est **quelqu'un** d'intelligent.*   (Marie = femme)

(« beaucoup »/« peu », p. 82)

1 Transformez avec des pronoms, selon le modèle.

—— Photos de vacances ——

Voilà vos photos :

plusieurs photos sont ratées,

quelques photos sont réussies,

certaines photos sont originales,

d'autres photos sont bizarres,

aucune photo n'est banale,

chaque photo coûte 20 centimes.

Voilà vos photos :

plusieurs sont ratées,

_____ réussies,

_____ originales,

_____ bizarres,

_____ banale,

_____ 20 centimes.

2 Complétez avec « quelques » ou « quelques-uns », « chaque » ou « chacun ».

Nous avons *quelques* nouveaux produits. *Quelques-uns* sont révolutionnaires.

1. _____ produit est écologique. _____ a un label de qualité.

2. J'ai _____ pièces de monnaie anciennes. _____ sont de 1850.

3. – Vos enfants ont _____ leur télévision ? – Oui, nous avons une télé dans _____ pièce.

4. Attendez ! _____ son tour ! _____ passager a un ticket avec un numéro.

5. Je ne connais pas tous les professeurs, mais seulement _____ d'entre eux.

3 Répondez en utilisant « tous »/« toutes » ou « aucun(e) ».

1. – *Tous les* étudiants sont arrivés ?   – Oui, *ils sont tous arrivés.*   (– Non, *aucun n'est arrivé !*)

2. – _____ dossiers sont complets ? – Oui, _____   (– Non, _____)

3. – _____ salles sont occupées ?   – Oui, _____   (– Non, _____)

4. – _____ tests sont corrigés ?   – Oui, _____   (– Non, _____)

4 Complétez avec « quelqu'un », « quelque chose » ou « quelque part ».

1. Il y a *quelqu'un* à côté de vous ? – **2.** – Vous avez soif ? Vous voulez boire _____ ? – **3.** Si _____ appelle, dites-lui de laisser un message. – **4.** Qu'est-ce que vous cherchez ? Vous avez perdu _____ ? – **5.** Je ne trouve plus mes clés : j'ai dû les oublier _____.

5 Complétez avec « quelque chose de », « quelqu'un de ». Continuez librement.

– Un sac, *c'est quelque chose d'*utile.

– Charlie Chaplin, _____ amusant.

– Ma tante, _____ spécial.

– Un revolver, _____ dangereux.

– La liberté, _____ précieux.

– Un milliardaire, _____ riche.

1 « Être », « avoir », « c'est »/« ce sont », « il y a », « il fait », « il est », prépositions de lieu et de temps. Complétez et faites l'élision si c'est nécessaire. (40 points)

──────── Un Brésilien à Paris ────────

Je m'appelle Roberto Bastos. Je _____ brésilien. Je _____ trente-quatre ans. Je _____ grand, brun, et je _____ les yeux noirs. Je _____ professeur de littérature. Je _____ marié et je _____ trois enfants. Ma femme _____ vingt-huit ans. Elle _____ dessinatrice publicitaire. _____ une artiste connue dans notre pays.

Ma femme et moi, nous _____ de Rio, mais actuellement, nous _____ Paris pour un an. Je _____ en congé sabbatique : les vacances, à Paris, _____ merveilleux ! Nous _____ un petit appartement dans le quartier du Marais. Dans ce quartier, _____ beaucoup de choses inté-ressantes. À côté de _____ nous, _____ le musée Picasso : _____ un très beau musée. Quand _____ beau, nous allons pique-niquer _____ la place des Vosges, _____ un banc, avec les pigeons (_____ des pigeons partout à Paris, _____ des pigeons gris comme le ciel...). En ce moment, _____ midi à Paris et _____ huit heures à Rio. Nous sommes _____ février. _____ l'hiver. _____ France, _____ froid, mais _____ Brésil, _____ très chaud. _____ les rues de Rio, _____ beaucoup de monde : _____ le Carnaval. La nuit, _____ les places, _____ des orchestres très populaires : _____ les écoles de samba. Le matin, _____ les plages, _____ beaucoup de surfistes et de footballeurs.

2 « Être », « avoir » « il fait », « il y a », « c'est »/« il est », articles, possessifs, démonstratifs, date. Complétez et faites l'élision si c'est nécessaire. (20 points)

──────── Automne en Provence ────────

Mon anniversaire est _____ 16 novembre et _____, Paul ? Ah ! c'est vrai, tu es Taureau comme _____ mari : il est né _____ 18 mai. Il _____ trente ans, comme toi. _____ année, je fête mon anniversaire à _____ campagne, en Provence : chez _____ parents. _____ souvent très beau, _____ novembre, _____ l'été de la Saint-Martin.

Dans les vignes, _____ beaucoup de monde : c'est _____ époque des vendanges. Mon oncle est agriculteur, mais _____ aussi apiculteur (_____ un très bon apiculteur : _____ miel est connu dans tout _____ département). Oh, comme je _____ envie de partir ! Je _____ besoin de retrouver tout cela. Mais je n'ai pas _____ vacances avant le mois prochain.

1 **Complétez les phrases (avec élision si c'est nécessaire).** (40 points)

1. Christian est pédiatre : _____ un très bon médecin et _____ très doux avec _____ enfants. | _____

2. _____ Lune tourne autour _____ Terre. _____ Terre tourne autour _____ Soleil. | _____ _____

3. Je vais _____ plage quand _____ beau et _____ cinéma quand _____ froid. | _____ _____

4. Je suis _____ restaurant, à côté _____ cinéma Rex, avec _____ cousine. | _____

5. Regarde _____ oiseau, _____ cette image : _____ un albatros ? | _____

6. J'habite _____ dernier étage : il n'y a pas _____ voisins au-dessus de chez moi. | _____

7. Viens chez moi _____ soir : _____ un beau film _____ télévision. | _____

8. J'adore Buster Keaton, _____ magnifique avec _____ grands yeux tristes : _____ un très grand acteur. | _____ _____

9. J'ai beaucoup d'amis _____ France, _____ Espagne et _____ Portugal. | _____

10. Dans ton rapport, il y a un grand _____ de fautes et tu as oublié d'insérer les _____ de pages. | _____ _____

11. – Pouvez-vous attendre _____ minutes en ligne ? Monsieur Dupond est occupé.
    – Mais ça fait _____ fois que j'appelle ! | _____

12. Aujourd'hui, nous _____ 25 janvier. C'est l'hiver et _____ froid. | _____

13. – Je peux vous poser _____ questions ? Ça ne sera pas long…
    – Je suis désolé, je n'ai pas _____ temps de vous répondre. | _____

14. – Aujourd'hui, il y a un grand _____ de personnes qui possèdent un portable.
    – Tous les _____ de téléphones portables commencent par 06 ? | _____ _____

15. Bravo ! Vous avez 20 sur 20 ! _____ vos réponses sont justes : vous n'avez fait _____ faute. | _____ _____

16 LES VERBES en « -ER » au PRÉSENT

Je	dîn-**e**	tôt.
Tu	dîn-**es**	tard.
Il		
Elle	dîn-**e**	à neuf heures.
On		
Nous	dîn-**ons**	au restaurant.
Vous	dîn-**ez**	chez Pierre.
Ils		
Elles	dîn-**ent**	à dix heures.

Les verbes en « -er » sont très nombreux en français. (La plupart des verbes « récents » appartiennent à ce groupe : *téléphoner, faxer, photocopier*, etc.)

CONJUGAISON

• La conjugaison des verbes du premier groupe est très régulière. Elle se forme à partir d'un seul **radical** : l'infinitif sans **«-er »**.

    Parl-er : *je **parl**-e*   *vous **parl**-ez*

    Dîn-er : *je **dîn**-e*   *vous **dîn**-ez*

• Négation :   *Je **ne** parle **pas**.*   *Vous **ne** parlez **pas**.*

PRONONCIATION

♪

• Pour toutes les personnes, sauf « nous » et « vous », la finale est muette et on prononce seulement le radical :

    *Je **parl**e̸   Tu **parl**e̸s̸   Il **parl**e̸   Ils **parl**e̸n̸t̸*

• Pour « nous » et « vous », la finale est sonore :

    *Nous **parl**-ons*   *Vous **parl**-ez*

• Attention à ne pas oublier le « i » des verbes qui se terminent par « -ier » :

    Étudi-er : *j'**étudi**-e*   **Appréci**-er : *j'**appréci**-e*

• « Je » devient « j' » devant une voyelle ou un « h » muet :

    J̸e̸ arrive → J'arrive   *J̸e̸ habite → J'habite*

1 Répondez personnellement aux questions, selon le modèle.

– Vous parlez français, anglais, espagnol, grec ?

– *Je parle allemand.*

1. – En général, vous déjeunez à midi, à une heure, à deux heures ?

– _____

2. – En général, vous dînez à sept heures et demie, à huit heures, à neuf heures ?

– _____

3. – Vous habitez à Paris, à Londres, à Amsterdam ?

– _____

4. – Vous habitez dans le centre, en banlieue, à la campagne ?

– _____

5. – Vous étudiez le français seul ou avec un professeur ?

– _____

2 Posez les questions, selon le modèle.

– En général, je marche beaucoup, et vous, *vous marchez beaucoup ?*

1. – En général, je commence le travail à 9 heures, et vous _____

2. – Normalement, je termine à 18 heures, et vous, _____

3. – En général, je dîne pendant le journal télévisé, et vous _____

4. – D'habitude, je mange légèrement le soir, et vous _____

5. – En général, je regarde la télévision après le dîner, et vous _____

3 Commentez à la forme affirmative ou négative.

Quiz
---

1. Les Colombiens parlent espagnol.

2. La tour Eiffel mesure 50 mètres.

3. Le printemps commence le 21 mars.

4. La Terre tourne autour de la Lune.

5. Les enfants marchent à 6 mois.

6. Les Brésiliens parlent espagnol.

C'est vrai. Ils parlent espagnol.
C'est faux. Elle ne mesure pas 50 mètres.

_____

_____

_____

_____

4 Complétez avec les terminaisons manquantes. Répondez librement.

1. Vous dans*ez* ? – **2.** On dîn _____ à quelle heure dans votre pays ? – **3.** Nous aim _____ le poisson. Et vous ? – **4.** Vous travaill _____ tard le soir ? – **5.** Vos amis oubli _____ parfois votre anniversaire ?

LES VERBES en « -ER » : ÉCRIT et PRONONCIATION

> Je **jette** tout et je recommence à zéro.
> Nous **jet**ons tout et nous recommençons à zéro.

■ **À L'ÉCRIT,** les finales muettes varient, même si la prononciation est identique :

> *– Je parle mal français, et toi, tu parle**s** bien ?*
> *– Je parle assez bien, mais mes parents parl**ent** très bien.*

- Quand un radical se termine par « -g » ou « -c », il s'écrit « **-ge** » ou « **-ç** » devant « **-o** » :

Voya**g**-er :	*Nous voyageons*	**g → ge**
Commen**c**-er :	*Nous commençons*	**c → ç**

■ **LA PRONONCIATION** et **L'ÉCRIT** peuvent varier selon les **finales** :

Infinitif	Finales sonores « nous », « vous »	Finales muettes « je », « tu », « il(s) », « elle(s) », « on »	
Acheter	*Nous achetons*	*J'achète*	
Lever	*Nous levons*	*Elle lève*	**e/é → è**
Préférer	*Vous préférez*	*Il préfère*	
Espérer	*Nous espérons*	*Elle espère*	
Appeler	*Vous appelez*	*J'appelle*	**l → ll**
Jeter	*Nous jetons*	*Je jette*	**t → tt**
Envoyer	*Vous envoyez*	*J'envoie*	**y → i**
Essuyer	*Nous essuyons*	*On essuie*	
Verbes en «-ayer »	*Nous payons* *Vous essayez*	*Je paie/Je paye* *J'essaie/J'essaye*	(deux formes possibles)

E X E R C I C E S

1 **Complétez avec les terminaisons manquantes.**
Ils *dînent* et tu *danses*.

1. Tu fum _____

3. Il bavard _____

5. Elle étud_____

7. Tu chant_____

2. Elles travaill_____

4. Tu pleur_____

6. J'écout _____

8. On continu _____

2 **Mettez le texte au pluriel.**

─── « Mélomane(s) » ───

Mon fils aime beaucoup la musique.

Il achète plusieurs disques par mois.

Il mange et il travaille avec la radio allumée.

Il chante des airs d'opéra sous la douche

et il joue du rock dans le garage.

Mes enfants aiment beaucoup la musique.
_____
_____
_____
_____

3 **Remplacez « je » par « nous » et « nous » par « je ».**
Je commence un roman. Je change d'adresse. J'espère avoir du succès.
Nous commençons un roman. Nous changeons d'adresse. Nous espérons avoir du succès.

1. Je partage un appartement. Je nettoie la cuisine. J'essuie la vaisselle. Je jette les vieux papiers.
Nous _____

2. Nous rejetons ces propositions. Nous suggérons des modifications. Nous appelons un juriste.
Je _____

3. Je dirige une entreprise. J'engage des employés. Je place de l'argent.
Nous _____

4. Nous essayons un nouvel ordinateur. Nous changeons de matériel. Nous payons par chèque.
J' _____

5. Nous voyageons. Nous emmenons des amis. Nous envoyons des cartes postales.
Je _____

4 **Complétez avec les verbes manquants.**

1. Je parle seulement français, mais mes enfants _____ français, anglais et italien.

2. Vous commencez le travail à 9 heures, mais nous, nous _____ à 7 h 30.

3. Nous achetons souvent des roses et vous, vous _____ parfois des fleurs ?

4. Ma cousine et moi, nous avons le même prénom, nous nous _____ « Éléonore ».

5. Max change de voiture chaque année. Nous, nous _____ de voiture tous les cinq ans.

E X E R C I C E S

1 Répondez aux questions selon le modèle.

– Vous travaillez le samedi, en ce moment, Annette ?

– Oui, *en ce moment, je travaille le samedi.*

1. – Vous aimez la cuisine chinoise, François ? – Oui, _____

2. – Vous cherchez un appartement dans le centre, Julie ? – Oui, _____

3. – Vous restez deux mois à Paris, Roger ? – Oui, _____

4. – Vous jouez aux échecs, Antoine ? – Oui, _____

5. – Vous fumez beaucoup, Jacqueline ? – Oui, _____

6. – Vous étudiez le chinois, John ? – Oui, _____

7. – Vous parlez italien, Christine ? – Oui, _____

8. – Vous recopiez vos notes, Marie ? – Oui, _____

2 Ajoutez les terminaisons manquantes.

1. – Je regard _____ rarement la télévision ; je préfèr _____ écouter la radio.

2. – Mes enfants ador _____ jouer au tennis et parfois ils jou _____ tout le week-end.

3. – Tu travaill _____ beaucoup trop et tu ne mang _____ pas assez.

4. – Les voisins parl _____ fort et se disput _____ souvent.

5. – À midi, nous mang _____ souvent à la cantine et nous bavard _____ entre amis.

6. – Mon mari fum _____ le cigare et moi, je fum _____ des cigarillos.

7. – Tu regard _____ les petites annonces ? Tu cherch _____ un appartement ?

8. – Je parl _____ avec des amis français et ils me corrig _____ quand je prononc _____ mal.

9. – Vous pass _____ vos vacances à Moscou, ou vous rest _____ à Paris ?

10. – Nous étud _____ la règle de grammaire et nous recommen _____ les exercices.

3 Répondez librement aux questions.

———— Vie quotidienne ————

– Où habitez-vous actuellement ?

– Vous travaillez ou vous étudiez ?

– Quelle langue parlez-vous en classe ?

– Quel journal achetez-vous, le plus souvent ?

– Où passez-vous vos vacances habituellement ?

– En général, où dînez-vous le soir ?

– Où déjeunez-vous à midi ?

– Vous étudiez des langues étrangères ?

– *J'habite* _____

_____

_____

_____

_____

_____

_____

_____

EXERCICES

1 Complétez les phrases avec les verbes manquants.

1. Je joue mal au tennis, mais toi, tu _____ bien. – **2.** Mon mari travaille dans le centre, mais moi, je _____ en banlieue. – **3.** Mes amis apprécient le calme de la campagne, mais moi, _____ l'animation de la ville. – **4.** Vous étudiez le japonais ? Mon fils _____ le chinois ! – **5.** Je paye 600 euros de loyer par mois, et toi, tu _____ combien ?

2 Complétez le texte avec les verbes manquants. Faites l'élision si c'est nécessaire.

dîner   écouter   téléphoner   regarder   jouer   ~~rentrer~~   préférer   préparer   aimer   enlever

─── Le soir ───

Le soir, quand je *rentre* à la maison, je _____ mon manteau et mes chaussures et je _____ mon répondeur téléphonique. Ensuite, je _____ à un ou deux amis, puis je _____ quelque chose pour le dîner. Mon mari et mes enfants _____ les pâtes, moi, je _____ la soupe. Nous _____ rapidement, puis nous _____ la télévision quand il y a quelque chose d'intéressant ou nous _____ au scrabble en famille.

3 Répondez aux questions. Continuez le dialogue sur le même modèle.

Pharmacie : 9 h 15/20 h   Bus : 6 h 15/23 h 45   Film : 20 h 30/22 h 15   Musée : 10 h/18 h 45

1. – La pharmacie ouvre à quelle heure ?   – *Elle ouvre à neuf heures et quart.*

– Elle ferme à quelle heure ?   – _____

2. – Le premier bus passe à quelle heure ?   – _____

– Le dernier bus passe à quelle heure ?   – _____

3. – Le film commence à quelle heure ?   – _____

– Il se termine à quelle heure ?   – _____

4. – _____   – _____

– _____   – _____

4 Commentez ce sondage (Sofres) sur les préférences alimentaires des Français en écrivant les pourcentages.

	Gigot	Steak au poivre	Bœuf bourguignon	Cassoulet
Hommes	41 %	27 %	31 %	23 %
	Gigot	Sole	Turbot	Pot au feu
Femmes	45 %	31 %	28 %	22 %

Quarante et un pour cent des hommes aiment le gigot. _____

_____

17   LE TEMPS (2)

LA DURÉE au PRÉSENT

> Je travaille **depuis** 1982.   Je suis à Paris **pour** trois mois.

■ « **DEPUIS** » indique l'origine d'une action ou d'une situation toujours actuelle :

Je suis professeur | ***depuis** 1981.*   (avec une date
                    | ***depuis** 15 ans.*   ou une durée)

- En début de phrase, on dit :

Il y a** 15 ans **que |
Ça fait** 15 ans **que | *je suis professeur.*

- Devant un verbe, on dit « **depuis que** » :

***Depuis que** je fais du sport, je dors mieux.*

■ « **POUR** » indique une durée prévue :

*Je suis en stage **pour** trois jours.*
*J'ai un traitement **pour** six mois.*

■ « **PENDANT** » indique la durée d'une action :

*Le matin, je me brosse les cheveux **pendant** cinq minutes.*

- « **Pendant** » est souvent supprimé, sauf en début de phrase :

Je dors huit heures, je me repose deux heures.
***Pendant** deux heures, je ne pense à rien.*

■ « **EN** » indique une durée de **réalisation** :

*Je fais huit kilomètres **en** une heure.*
*En général, je déjeune **en** 10 minutes.*

 - « **Pendant** » met l'accent sur l'action, « **en** » sur le temps nécessaire à l'action :

*Tous les jours je nage **pendant** 1 h.*   (Je nage et je nage et je nage…)
*Je fais 3 km **en** 1 h.*   (Je mets 1 h pour faire 3 km.)

(voir aussi p. 198)

1 **Répondez personnellement aux questions avec « depuis ».**

– Vous êtes en France depuis un mois, six mois, un an ?

– *Je suis en France depuis trois mois.*

1. – Vous êtes à la même adresse depuis dix ans, cinq ans, trois ans ?

– _____

2. – Vous êtes dans cette salle depuis dix minutes, deux heures, une demi-heure ?

– _____

3. – Vous avez ce livre depuis combien de temps ?

– _____

4. – Vous êtes au lycée (à l'université) depuis 1995, 1999, 2001 ?

– _____

2 **Complétez avec une date et une durée.**

1945   1994   ~~1889~~   2002

1. La tour Eiffel existe *depuis 1889,*
c'est-à-dire depuis cent quatorze ans.

2. En France, les femmes votent _____

_____

3. Le tunnel sous la Manche existe _____

_____

4. L'euro est une monnaie européenne _____

_____

3 **Refaites l'exercice 2 avec « Ça fait... que »/« Il y a... que » :** *Ça fait cent cinq ans que* _____

_____

4 **Complétez avec « depuis (que) », « pour », « pendant » ou « en » (si c'est nécessaire).**

Ma mère cuisine *(pendant)* cinq ou six heures et elle fait à manger *pour* trois jours.

1. _____ deux heures, tous les matins, j'étudie le français. – **2.** Mon mari ne fume plus _____ trois semaines, c'est incroyable ! – **3.** En France, le président de la République est élu _____ cinq ans. – **4.** Mon fils travaille comme serveur _____ huit jours et il est déjà fatigué. – **5.** Certains enfants regardent la télévision _____ deux à trois heures par jour ! – **6.** Notre promotion est valable _____ les deux mois à venir. – **7.** Nous développons vos photos _____ une heure ! – **8.** J'ai fait des progrès _____ j'étudie le français. – **9.** Le taxi a traversé tout Paris _____ dix minutes. – **10.** _____ je suis ici, il pleut !

5 **Faites des phrases en utilisant les expressions de temps étudiées.**

trois exercices (5 minutes)   de la gymnastique (2 heures)   du rock acrobatique (2001)

Je fais _____

18

L'ADVERBE

L'ADVERBE et L'ADJECTIF

> Il comprend **vite**. Il parle **bien**. Il a un **bon** accent.

L'adjectif modifie un nom. L'adverbe modifie un verbe, un adjectif ou un adverbe.

■ **« Bon »** : adjectif

*Alain est un **bon** acteur.*
*≠ Lili est une **mauvaise** actrice.*

■ **« Bien »** : adverbe

*Il joue **bien**.*
*≠ Elle joue **mal**.*

⚠ • « C'est bon » = goût et sensation **physique**, et « c'est bien » = tout le reste :

C'est bon, | *le chocolat.*
          | *le soleil.*

C'est bien, | *le cinéma.*
          | *le français.*

• **Autres sens** :

– *Vous pouvez venir demain ?*
– *Le Louvre est fermé mardi.*
– *Ça fait bien 50 euros ?*

– *Oui, **c'est bon** !* (= ça va)
– ***Ah bon** ?* (= surprise)
– *Oui, **c'est bien ça**.* (= confirmation)

• **« C'est mal »** = jugement moral négatif. *« Mentir, **c'est mal**. »*

■ **« Rapide » :** adjectif

*Ce train est **rapide**.*
*≠ Ces trains sont **lents**.*

■ **« Vite »** : adverbe

*Il roule **vite**.*
*≠ Ils roulent **lentement**.*

■ **« Très »** modifie un adjectif
ou un adverbe :

*Il est **très** bavard. Il parle **très** bien.*
*≠ Il est **peu** bavard.*

■ **« Beaucoup »** modifie un verbe :

*Il parle **beaucoup**.*
*≠ Il parle **peu**.*

⚠ • « Beaucoup » et « très » sont
incompatibles :

Dites : *Il dort beaucoup*
Ne dites pas : *Il dort ~~très~~ beaucoup.*

• Avec « froid », « chaud », « mal »,
« soif », « peur », etc.

Dites : *J'ai **très** froid.*
Ne dites pas : *J'ai ~~beaucoup~~ froid.*

• Les adverbes « bien » et « beaucoup » atténuent la valeur du verbe « aimer » :

*J'aime **bien** Marie.*   *J'aime **beaucoup** Marie.*   *J'aime Marie.*
(sympathie)   (amitié)   (amour)

1 Complétez avec « bon », « mauvais », « bien » ou « mal ».

1. J'ai envie d'aller voir un *bon* film et de dîner dans un _____ restaurant. – **2.** Gérard est un _____ ami, mais il a _____ caractère. – **3.** Sébastien danse _____ : attention à vos pieds, mademoiselle ! – **4.** – Jean est un _____ plombier ? – Oui : il travaille vite et _____. – **5.** J'ai passé une _____ soirée au théâtre : la pièce était horrible et les acteurs jouaient _____ !

2 Complétez avec « c'est bon » ou « c'est bien ».

1. – Tu aimes le « tiramisu » ?

– Oh oui, *c'est bon* !

2. – Je vous félicite pour vos résultats.

Continuez, _____ !

3. – Tu aimes ma coiffure ?

– Oui, _____ : ça te rajeunit.

4. – Que penses-tu de cette recette ?

– Mmmm : _____ !

3 Complétez avec « vite », « rapide », « lent » ou « lentement ».

1. Ce journaliste parle trop *vite*, je ne le comprends pas. – **2.** Dans une partie de ping-pong, les joueurs sont très _____ – **3.** Il ne faut pas conduire _____ en ville. – **4.** Épelez _____ votre nom, s'il vous plaît : je vais le noter. – **5.** Les trains de campagne sont très _____. – **6.** Communiquer par mail, c'est plus _____ que par la poste : ça va beaucoup plus _____ !

4 Complétez avec « beaucoup » ou « très ».

────── Fatiguée ──────

– Vous êtes *très* nerveuse en ce moment, vous travaillez _____ ?

– Oui, je commence _____ tôt le matin et je voyage _____ à l'étranger.

– Vous vous couchez _____ tard, le soir ? Vous dormez _____ ?

– Oui, mais la nuit, je rêve _____ et le matin, je suis _____ fatiguée.

5 Complétez avec « bon », « bien », « mal », « vite », « lentement », « lent », « rapide ».

Chers parents,

Je vais _____ et je m'amuse _____. Giorgio a plein de _____ copains et de _____ idées ! On fait des concours de vélo et de natation : Giorgio nage _____ mais je suis plus _____ à vélo (on chronomètre !). La mère de Giorgio est napolitaine : elle parle très _____ et je ne comprends presque rien de ce qu'elle dit. Mais elle est gentille et elle cuisine _____ : la cuisine italienne, c'est _____ ! J'apprends l'italien mais je ne suis pas doué, mes progrès sont _____ et je parle très _____. Ce n'est pas grave, tout le reste va _____. Je termine _____ ma lettre parce qu'il y a un _____ match à la télé !

Grosses bises. Loulou

> Je mange **rarement** chez moi. Je dîne **souvent dehors**.

LES ADVERBES en « -MENT »

■ Un grand nombre d'adverbes se terminent par « **-ment** » :

- En général, on ajoute « -ment » au **féminin** de l'adjectif :

lent	lente	**lente**ment
doux	douce	**douce**ment
heureux	heureuse	**heureuse**ment
sec	sèche	**sèche**ment

Mais : gentil → **genti**ment

- On ajoute « -ment » au **masculin** de l'adjectif terminé par une voyelle :

poli	**poli**ment
absolu	**absolu**ment
vrai	**vrai**ment

Mais : gai → **gaie**ment

- Quand l'adjectif masculin se termine par « **-ent** » ou « **-ant** », l'adverbe se termine par « **-emment** » ou « **-amment** » :

récent	ré**cemment**
fréquent	fré**quemment**
suffisant	suffis**amment**

♪ On prononce : a-ment.

■ **Cas particuliers :**

précis	précisément	énorme	énormément
profond	profondément	intense	intensément

QUELQUES ADVERBES de TEMPS et de LIEU

■ **Adverbes de temps :**

toujours	> ne... pas toujours	> de temps en temps	> rarement	> ne... jamais
souvent	> ne... pas souvent	> de temps en temps	> rarement	> ne... jamais
quelquefois/parfois		> de temps en temps	> rarement	> ne... jamais

tôt → assez tôt → assez tard → tard

■ **Adverbes de lieu :**

– Il fait chaud **dedans** ! – Oui, mais **dehors**, il fait froid.
– Paul est **ici** ? – Oui, il est **là** ! (ici = là)

(adjectifs féminins, p. 12)

1 Transformez les adjectifs en adverbes, selon le modèle.

Doux → *doucement*

Chaud _____	Long _____	Poli _____	Léger _____	Fou _____
Sec _____	Sincère _____	Pauvre _____	Passif _____	Absolu _____
Rare _____	Vrai _____	Discret _____	Suffisant _____	Méchant _____
Régulier _____	Mou _____	Franc _____	Secret _____	Récent _____
Gentil _____	Énorme _____	Simple _____	Fréquent _____	Rapide _____

2 Complétez les phrases selon le modèle.

Ce camion est lent. Il roule *lentement*.

1. Cet enfant est bruyant. Il joue _____
2. Cet élève est attentif. Il écoute _____
3. Cette femme est patiente. Elle attend _____
4. Ce garçon est sérieux. Il travaille _____
5. Ce chauffeur est prudent. Il conduit _____

3 Transformez selon le modèle.

Parlez- lui :   Parlez-lui :

avec sincérité   *sincèrement*

avec douceur   _____

avec franchise   _____

avec gentillesse   _____

avec fermeté   _____

4 Comment signez-vous votre lettre ? Choisissez.

tendrement   ~~respectueusement~~   cordialement   amicalement

À un supérieur : *Respectueusement*

À votre mari (femme) : _____

À un(e) ami(e) : _____

À un(e) collègue : _____

5 Donnez les adverbes. Complétez librement chaque phrase.

rare *rarement*   Nous sortons *rarement le soir.*

1. énorme _____ J'aime _____
2. fréquent _____ Je téléphone _____
3. lent _____ Parlez _____
4. régulier _____ Je vais _____

6 Répondez librement aux questions.

tôt   tard   souvent   rarement   de temps en temps   quelquefois

1. – Vous dînez tard le soir ? — *Non, je dîne tôt. (Oui, je dîne tard.)*
2. – Vous dansez souvent ? – _____
3. – Vous regardez souvent la télévision ? – _____
4. – Vous parlez de temps en temps français ? – _____
5. – Vous regardez parfois la BBC ? – _____

19

L'EXPRESSION de LA QUANTITÉ

LES QUANTITÉS INDÉTERMINÉES (ou non exprimées)

> Je mange **du** poisson avec **de la** salade et **des** légumes.

■ LES PARTITIFS

• Pour indiquer une **quantité** indéterminée, on utilise :

« **de** » + article défini

J'achète
de la	*viande.*
de l'	*huile.*
du	*poisson.* (de + le → du)
des	*fruits.* (de + les → des)

• L'article défini désigne un ensemble, le partitif une **partie** de cet ensemble :

***Le** lait est bon pour la santé.*   (= tout)
*Buvez **du** lait.*   (= partie)

• Dites :   Ne dites pas :

*Le matin, je bois **du** thé.*   *Le matin, je bois l̶e̶ thé.*
*À midi, je mange **des** pâtes.*   *À midi, je mande l̶e̶s̶ pâtes.*

• Le partitif s'utilise avec toutes les quantités globales non comptables :

*Quand j'ai **de la** fièvre, je bois **de l'**eau.*
*Dans la rue, il y a **des** gens, **du** bruit et **de la** musique.*
*Aujourd'hui, il y a **du** soleil et **du** vent.*

• « Des » peut être un article indéfini (pl. de « un ») ou un partitif (« de » + « les ») :

*Il y a **des** tomates dans le frigo.*   (deux, trois)
*Il y a **des** rillettes dans le frigo.*   (« de » + « les » rillettes)

• *Je mange **de la** salade avec **de l'**huile, **du** vinaigre et **des** épices.*
                                    d̶e̶ l̶e̶   d̶e̶ l̶e̶s̶

Mais : *Je mange de la salade **sans** huile et **sans** vinaigre.*

(« en » partitif, p. 90) – (« sans », p. 154)

1 Complétez le texte avec les partitifs manquants.

Le matin, je mange *du* pain avec _____ beurre et _____ confiture. Mon mari boit _____ café et mange _____ fromage ! Ma fille mange _____ biscuits et boit _____ Coca. Le soir, nous mangeons _____ riz, _____ pâtes ou _____ soupe. Ma fille mange _____ frites avec _____ ketchup, ou _____ crêpes avec _____ chocolat et _____ bananes. D'après elle, il y a _____ magnésium dans le chocolat, _____ calcium dans les crêpes et _____ potassium dans les bananes. Ça donne _____ force et _____ tonus (mais aussi _____ kilos) !

2 Faites des dialogues, selon le modèle. Imaginez la composition des plats.

────── MENU ──────

Entrées : Potage
          Salade

Plats :   Thon grillé
          Poulet basquaise

Desserts : Crème caramel
           Salade de fruits

– Qu'est-ce que *vous avez comme entrées ?*
– *Nous avons du potage ou de la salade.*
– Qu'est-ce que _____
  _____
– Qu'est-ce que _____
  _____

3 Complétez les phrases, selon le modèle.

air ~~lait~~ eau essence

1. Dans le biberon, *il y a du lait.*

2. Dans le ballon, _____

3. Dans l'aquarium, _____

4. Dans le réservoir, _____

4 Transformez avec des partitifs.

énergie ~~ambition~~ argent goût

Il est ambitieux. *Il a de l'ambition.*

Il est riche. _____

Il est élégant. _____

Il est dynamique. _____

5 Complétez les informations météo.

Il fait froid, *il y a du vent.*

❄ On peut skier, _____

Le temps est gris, _____

☼ Il fait chaud, _____

6 Décrivez les ressources agricoles des pays, selon le modèle. Imaginez des ressources minières.

France : blé, orge, raisins   Brésil : sucre, café, maïs, bananes   Grèce : raisins, olives, tabac...
Japon : riz, sucre, mandarines   Togo : manioc, coton, cacao   Dans mon pays : _____

En France, on produit _____
_____
_____

LES QUANTITÉS EXPRIMÉES

> Je mange **beaucoup de** viande. Je bois **un peu de** vin.
> Je ne mange **pas de** gâteaux. Je ne bois **jamais de** café.

■ « **De** » remplace « du », « de la, « des » quand la quantité est **exprimée** :

un kilo		beaucoup		un morceau	
cent grammes	*de* sucre	un peu	*de* sucre	une cuillerée	*de* sucre
un demi-kilo		assez		un paquet	
(= quantité précise)		(= quantité globale)		(= quantité-forme)	

⚠ • Dites :   Ne dites pas :

Il a beaucoup d'amis.   *Il a beaucoup des amis.*

LA NÉGATION

■ « **De** » remplace « du », « de la », « des » avec la négation :

	pas de *viande.*	
Je n'achète	**jamais de** *poisson.*	(= quantité zéro)
	plus de *fruits.*	

⚠ • Mais on conserve le partitif avec une opposition :

*– C'est du miel ? – Non, ce n'est **pas du** miel, c'est **de la** confiture.*

RÉSUMÉ

Il y a	**de la** viande ? **du** café ? **des** pommes ?	Quantité non exprimée
Il y a	un kilo **de** viande. un paquet **de** café. beaucoup **de** pommes.	Quantité exprimée ou négative
– Non, il n'y a pas plus	**de** viande. **de** café. **de** pommes.	

⚠ • « Besoin de » et « envie de » ne sont jamais suivis d'un partitif :

*J'ai besoin **d'**argent. J'ai envie **de** vacances.*

1 Complétez avec « du », « de la » ou « de ».

1. Le panaché, c'est *de la* bière, avec un peu _____ limonade. Le café liégeois, c'est _____ café avec _____ glace au café et un peu _____ chantilly. La mauresque, c'est _____ pastis avec un peu _____ sirop d'orgeat et beaucoup _____ eau.

2. Dans la soupe au pistou, il y a un demi-kilo _____ courgettes, quatre cents grammes _____ haricots verts, trois cents grammes _____ haricots blancs et rouges, deux cents grammes _____ carottes, six cuillerées _____ huile d'olive, _____ sel, _____ poivre, _____ basilic et quatre gousses _____ ail ; dans ma recette, il n'y a pas _____ pommes de terre.

2 Complétez avec « du », « de la », « de l' », « des ». Répondez en utilisant « beaucoup de » (+++), « un peu de » (+) ou « pas de » (0).

1. Vous avez *du* travail ? (+++) – Oui, j'ai *beaucoup de* travail...

2. Vous avez _____ argent de côté ? (+) – Oui, j'ai _____ argent, pour partir en vacances.

3. Vous avez _____ chance au jeu ? (0) – Non, je n'ai _____ chance, je perds toujours.

4. Vous avez fait _____ progrès en français ? (+) – Oui, je crois que j'ai fait _____ progrès.

5. Votre professeur a _____ patience ? (+++) – Oui, il a _____ patience.

3 Quels sont les ingrédients des salades ? Continuez les dialogues, selon le modèle.

— Sandwichs et salades —

• Salade « Niçoise »
Tomates, thon, olives, huile d'olive

• Salade « Indienne »
Poulet, maïs, soja, salade, curry

• Salade du Chef
Avocats, carottes, vinaigrette

– Qu'est-ce qu'il y a dans la salade « Niçoise » ?
– _____
– Il y a de la mayonnaise dans la « Niçoise » ?
– _____
– Est-ce qu'il y a du fromage ?
– _____

4 Complétez et précisez, selon le modèle.

boîte   paquet   tube   ~~pot~~   bouteille

Achète : *de la* moutarde   *un pot de moutarde*

_____ dentifrice   _____
_____ eau   _____
_____ petits pois   _____
_____ biscuits   _____

5 Complétez avec « beaucoup de »/« peu de ».

Un bon régime c'est *beaucoup de* légumes et _____ graisses.

Une ville agréable c'est _____ pollution et _____ espaces verts.

Un bon couple, c'est _____ amour, _____ complicité et _____ agressivité.

6 Dites ce que vous aimez, ce que vous mangez dans la journée et en quelle quantité.

20   LE PRONOM « EN »

> – Vous avez des disques de jazz ?   – Oui, j'**en** ai beaucoup.
> – Vous avez des disques de Chet Baker ? – J'**en** ai deux.

« En » remplace en général un nom précédé par « **de** ».

« EN » exprime une quantité indéterminée (partitif).

– *Vous mangez **de la** <u>viande</u> ?*	– *Oui, j'**en** mange.*
– *Vous buvez **du** <u>vin</u> ?*	– *Oui, j'**en** bois.*
– *Vous achetez des <u>surgelés</u> ?*	– *Oui, j'**en** achète.*

⚠ • À la question :   Répondez :   Ne répondez pas :
      – *Il y a du pain ?*   – *Oui, il y en a.*   – *Oui, ~~il y a~~.*

« En » est nécessaire même quand la quantité est exprimée :

– *Vous avez combien de CD ?*	– *J'**en** ai **beaucoup**.* – *J'**en** ai **quelques-uns**.* – *J'**en** ai **un** (deux, trois…).*

⚠ • « Un(e) » est considéré comme une quantité (= 1).

À la question :   Répondez :   Ne répondez pas :
      – *Vous avez une voiture ?*   – *Oui, j'**en** ai une.*   – *Oui, j'~~ai une~~*

LA NÉGATION

• La négation se place **avant** et **après** le bloc formé par le pronom et le verbe.

⚠   – *Vous avez des brioches ? – Non, je **n**'en ai **pas**. Il **n**'y en a **plus**.*

• « Un(e) » disparaît à la forme négative.

À la question :   Répondez :   Ne répondez pas :
      – *Vous avez un stylo ?*   – *Non, je n'en ai pas.*   – *Non, je n'en ai pas ~~un~~.*

(partitifs, p. 86) – (indéfinis, p. 68)

E X E R C I C E S

1 **Répondez aux questions.**

– Vous mangez de la viande ? – *Oui, j'en mange. Et vous ?*

1. – Vous achetez des surgelés ? – _____

2. – Vous mangez des produits bio ? – _____

3. – Vous portez des fibres synthétiques ? – _____

4. – Vous consommez de l'alcool ? – _____

5. – Vous avez du cholestérol ? – _____

2 **Répondez librement aux questions, selon le modèle.**

Abondance

– Votre mari a neuf sœurs ?

– Vos parents ont deux télés ?

– Vos enfants ont un ordinateur ?

– Vous avez trois chats ?

– Vous avez une carte de crédit ?

– *Non, il en a dix !*

– _____

– _____

– _____

– _____

3 **Posez la question et répondez selon le modèle.**

| tomates (2) | eau (1 bouteille) | yaourts (quelques-uns) | beurre (un peu) |
| viande (100 grammes) | glaçons (beaucoup) | lait (0) | coca (0) |

– *Dans le frigo, il y a des tomates ?* – *Oui, il y en a deux.* _____

– _____

– _____

4 **Complétez à la forme négative.**

Il y a du pétrole en Norvège, mais en France, *il n'y en a pas.*

1. J'ai des lunettes, mais mon fils _____

2. Léa a une voiture, mais son mari _____

3. Max a de la chance au jeu. Moi, je _____

4. Il y a de l'eau sur la Terre, mais sur Mars, _____

5. Je mange de la viande, mais mes enfants _____

6. J'ai des cheveux blancs, mais vous _____

5 **Devinez de quoi il s'agit. Et trouvez d'autres devinettes.**

~~thé~~ aspirine ketchup cirage confiture argent

1. J'en bois le matin. *Du thé.*

2. J'en mets sur mes chaussures. _____

3. J'en mets sur les frites. _____

J'en prends à la banque. _____

J'en mets sur mes tartines. _____

J'en prends quand j'ai mal à la tête. _____

> – Elle parle souvent **de** son travail ? – Oui, elle **en** parle souvent.

■ « EN » s'utilise avec des constructions avec « **de** ».

– *Il parle **de** son projet ?*	– *Oui, il **en** parle souvent.*	parler de
– *Il rêve **de** son travail ?*	– *Oui, il **en** rêve la nuit.*	rêver de
– *Il s'occupe **de** la gestion ?*	– *Oui, il s'**en** occupe.*	s'occuper de
– *Il est content **du** produit ?*	– *Oui, il **en** est content.*	être content de
– *Il est fier **du** résultat ?*	– *Oui, il **en** est fier.*	être fier de
– *Il a besoin **de** repos !*	– *Oui, il **en** a besoin.*	avoir besoin de
– *Il a envie **de** partir ?*	– *Oui, il **en** a envie.*	avoir envie de

• Pour les **personnes**, on utilise « de » + **pronom tonique**.

– *Vous parlez **de** votre père ?*	– *Oui, je parle souvent **de lui**.*
– *Tu te souviens **des** Duval ?*	– *Oui, je me souviens **d'eux**.*

■ « En » remplace « de » + nom de lieu :

     – *Tu viens **de** la piscine ?*   – *Oui, j'**en** viens, ça se voit ?* venir de

 • « En » dépend de la construction du verbe :

     *J'aime le chocolat et j'**en** mange souvent.*
     (aimer le/la/les…)   (manger du/de la/des)

■ **Expressions courantes** avec « en » :

     – *Au revoir : **je m'en vais** !*

     – *Ça suffit !* | ***J'en ai assez !***
               | ***J'en ai marre !***   (familier)

     *Je suis fatigué : **je n'en peux plus**.*

     *Je ne lui pardonne pas : **je lui en veux**.*

     *Ce n'est pas grave, ne vous inquiétez pas, **ne vous en faites pas**.*

(tableau des pronoms, p. 128) – (verbes avec « de », p. 160)

1 Faites des dialogues, selon le modèle.

1. école/fils   – *Vous parlez souvent de l'école ? – Oui, j'en parle avec mon fils.*

2. travail/collègues   – _____

3. passé/psychanalyste – _____

4. avenir/astrologue   – _____

5. France/professeur   – _____

2 Complétez les phrases, selon le modèle. Faites l'élision si c'est nécessaire.

avoir besoin de   ~~se souvenir de~~   rêver de   avoir peur de   être content de

1. – Je me *souviens de* mon premier amour, et toi ?   – Oh oui, je m'*en souviens*, bien. Il s'appelait Steve.

2. – Mes enfants _____ avoir un chien !...   – Tous les enfants _____, je crois !

3. – Tu _____ chômage ?   – Bien sûr, je _____, comme tout le monde !

4. – Vous _____ la photocopieuse ?   – Oui, je _____, je n'ai pas terminé.

5. – Paul _____ son nouvel ordinateur ?   – Oui, il _____ , je crois.

3 Complétez. Faites des dialogues, selon le modèle.

Boire *du* vin   – *Vous buvez du vin ?*   – *Oui, j'en bois.*
(à midi)   – *Vous en buvez à midi ?*   – *Non, je n'en bois pas à midi.*

1. Manger _____ viande – _____ – _____
(tous les jours)   – _____ – _____

2. Boire _____ café   – _____ – _____
(le soir)   – _____ – _____

3. Faire _____ sport   – _____ – _____
(régulièrement)   – _____ – _____

4. Manger _____ bonbons – _____ – _____
(beaucoup)   – _____ – _____

5. Acheter _____ revues   – _____ – _____
(souvent)   – _____ – _____

4 Répondez librement à la forme positive ou négative.

– Vous mettez une cravate pour aller au bureau ? _____

– Vous mettez une cravate pendant le week-end ? _____

– Vous avez une voiture ? _____

– Vous avez une moto ? _____

21

LA SITUATION
dans L'ESPACE (2)

> Je passe mes vacances **en** Provence ou **dans le** Cantal.
> Je viens **de** Corrèze. Mon mari vient **du** Var.

LES RÉGIONS, LES DÉPARTEMENTS, LES ÉTATS

« EN », « DANS LE », « DANS LES »

- **« En »** + nom **féminin**

en	Bretagne
	Bavière
	Californie

- **« Dans le »** + nom **masculin**

dans le	Cantal
	Wisconsin
	Devonshire

- **« Dans les »** + nom **pluriel**

dans les	Alpes
	Abruzzes
	Andes

L'ORIGINE GÉOGRAPHIQUE : « DE » ou « DU »

- **« Du »** + nom **masculin**
  de pays, de région, d'État

Je viens du	Maroc.
	Brésil.
	Poitou.

- **« De »** + nom **féminin**
  de pays, de région ou d'État

Je viens de	Belgique.
	Suède.
	Californie.

- On dit aussi :

  le café **du** Brésil

  le foie gras **du** Périgord

  le consulat **du** Maroc

  le café **de** Colombie

  les fruits **de** Provence

  le consulat **de** France

♪ - On utilise « **d'** » devant une voyelle :

  les oranges **d'**Espagne

  les citrons **d'**Israël

- On ne fait pas d'élision devant « h » aspiré.

  les tulipes de **H**ollande

1 Complétez avec « en », « dans le », « dans les ».

1. Beaucoup d'Anglais ont des résidences secondaires *en* Normandie, _____ Dordogne ou _____ Périgord. Les Américains préfèrent s'installer _____ Bourgogne ou _____ Bretagne. Les Belges, eux, vont _____ Provence, _____ Var ou _____ Bouches-du-Rhône.

2. Les coureurs du Tour de France sont aujourd'hui _____ Cévennes ; ils vont aller aussi _____ Alpes, _____ Massif central, _____ Vosges et _____ Alsace.

3. Le Mont-Saint-Michel est _____ Bretagne ou _____ Normandie ?

2 Répondez selon le modèle.
– Vos parents sont suédois ?
– Oui, ils viennent *de Suède.*

1. – Panaït est roumain ?
– Oui, il vient _____

2. – Votre cousin est espagnol ?
– Oui, il vient _____

3. – Vos amis sont brésiliens ?
– Oui, ils viennent _____

4. Michael est australien ?
– Oui, il vient _____

3 Indiquez l'origine du produit.
Poires (Provence)
Ce sont des poires de Provence.

Café (Colombie)	Morue (Portugal)
Avocats (Israël)	Tomates (Maroc)
Riz (Thaïlande)	Beurre (Normandie)
Tulipes (Hollande)	Tabac (Hongrie)

4 Complétez avec « du », « de la », « de l' », « d' » ou « des ».
Tu préfères le café *de* Colombie ou *du* Brésil ?

1. Notre société exploite le gaz _____ Norvège, _____ Nigeria et _____ Italie.

2. L'ambassade _____ Allemagne se trouve près du consulat _____ Brésil.

3. Les oranges _____ Maroc coûtent moins cher que les oranges _____ Espagne.

4. D'après moi, les mangues _____ Antilles et _____ Brésil sont les meilleures.

5 Complétez avec « du », « de », « d' », « des », « à », « en », « au ».

1. Je cherche des tapis anciens *d'*Afghanistan, _____ Chine et _____ Pakistan.

2. L'équipe _____ Hongrie doit rencontrer l'équipe _____ Brésil _____ Rio, dimanche prochain.

3. Albert est un médecin anglais qui a soigné les Indiens _____ Amazonie, les Esquimaux _____ Groenland et les Aborigènes _____ Australie avant de se retirer _____ Californie.

4. Mes cousines visitent l'Europe : elles sont aujourd'hui _____ Angleterre, elles viennent _____ Portugal et elles vont aller _____ Belgique et _____ Danemark.

5. L'ambassadeur _____ États-Unis a rencontré l'ambassadeur _____ Russie _____ Helsinki.

22 LE COMPARATIF et LE SUPERLATIF

> Paul est **plus** riche **que** Jean, mais il travaille **moins**.

LE COMPARATIF

■ La comparaison porte sur un **adjectif** ou sur un **adverbe** (on compare des qualités) :

Jean est | *plus* / *aussi* / *moins* | *rapide* **que** *Max.*   Jean travaille | *plus* / *aussi* / *moins* | *vite* **que** *Max.*

■ La comparaison porte sur un **verbe** ou sur un **nom** (on compare des quantités) :

Max travaille | *plus* / *autant* / *moins* | **que** *Jean.*   Max a | *plus de* / *autant de* / *moins de* | *travail* **que** *Jean.*

⚠ • Dites :   Ne dites pas :

  *Jean est aussi rapide **que** Max.*   *Jean est aussi rapide ~~comme~~ Max.*

⚠ • « **Comme** » : ressemblance sans idée de quantité.

  *Elle est belle **comme** le jour.*
  *Elle est blonde **comme** sa mère (mais elle est <u>plus</u> grande <u>qu'</u>elle).*

LE SUPERLATIF se forme en plaçant « **le** », « **la** » ou « **les** » devant le comparatif et « **de** » devant le groupe de comparaison (facultatif) :

  *Zoé est **la** plus grande **de** la classe.*
  *Marc est **le** moins grand (de la classe).*

⚠ • Avec les superlatifs, on utilise souvent « c'est… qui » (mise en relief) :

  ***C'est** Paul **qui** est le plus grand.*
  ***C'est** Annie **qui** écrit le mieux.*

♪ • On prononce le « s » de « **plus** » en fin de phrase :

  *C'est Jean qui gagne le plu**s** (mais il travaille beaucoup plu**s**).*

1   Comparez en utilisant « plus… que », « moins… que », « aussi… que ».

Aujourd'hui, les travaux ménagers sont *moins* durs *qu'*autrefois.

1. (+) Le niveau de vie est _____ élevé _____ autrefois.

2. (–) Les aliments sont _____ naturels _____ avant.

3. (+) Les femmes sont _____ indépendantes _____ autrefois.

4. (–) Les voyages sont _____ dangereux _____ dans le passé.

5. (–) La nature est _____ sauvage _____ avant.

6. (=) L'être humain est _____ mystérieux _____ autrefois.

7. (+) Les informations circulent _____ vite _____ au siècle dernier.

8. (+) Les gens vivent _____ longtemps _____ avant.

9. (=) Les hommes se battent _____ aveuglément _____ avant.

2   Comparez en utilisant « plus… que », « moins… que », « aussi… que ».

1. Les garçons sont *aussi* intelligents *que* les filles.

2. Les femmes sont en général _____ grandes _____ les hommes.

3. Il fait toujours _____ froid la nuit _____ le jour.

4. Le mois de mars est _____ long _____ le mois de mai.

5. Un kilo de plumes est _____ lourd _____ un kilo de plomb !

3   Complétez avec « aussi », « autant » ou « autant de ».

────────────── Moderato ! ──────────────

– Ne cours pas *aussi* vite !

– Ne mange pas _____ bonbons !

– Ne fais pas _____ bruit !

– Ne regarde pas _____ la télé.

– Ne parle pas _____ fort !

– Ne pose pas _____ questions !

– Ne bois pas _____ Coca !

– Ne te couche pas _____ tard !

4   Faites des phrases en utilisant « aussi » et « autant (de) ».

sociable/amis   Léo est *aussi sociable que* Léa. Il a *autant d'amis qu'*elle.

beau/charme   Il est _____ Léa. Il a _____ elle.

vêtements/élégant   Il a _____ Léa. Il est _____ elle.

cultivé/livres   Il est _____ Léa. Il a _____ elle.

argent/riche   Il a _____ Léa. Il est _____ elle.

5   Continuez. Imaginez d'autres comparaisons.

Paul est comme son père : il est aussi grand que lui, aussi têtu que lui, _____

E X E R C I C E S

1 **Faites des comparaisons. Accordez les adjectifs, selon le modèle.**

huile/eau   (+ lourd)   *L'huile est beaucoup plus lourde que l'eau.*

1. argent/or   (– précieux) _____

2. acier/fer   (+ résistant) _____

3. soie/lin   (+ léger) _____

4. essence/électricité   (+ polluant) _____

5. pétrole/uranium   (– rare)_____

6. laine/polyester   (+ chaud) _____

7. pommes/pêches   (– cher) _____

8. fusée/avion   (+ rapide) _____

2 **Créez des phrases, selon le modèle, en utilisant le vocabulaire ci-dessous.**

tôt   ~~chaud~~   vieux   près   cher   vite

1. Il fait 25° à Paris et il fait 20° à Lisbonne.

Il fait plus chaud à Paris qu'à Lisbonne.

2. Pierre arrive au bureau à 8 h 30 et Claire à 10 heures.

_____

3. La voiture roule à 150 km/heure et la moto à 180 km/heure.

_____

4. Alain a soixante ans et Adrien quarante.

_____

5. La pizzeria est à environ 100 mètres et le restaurant à 500 mètres.

_____

6. Le CD coûte 20 euros et la cassette 10 euros.

_____

3 **Comparez avec « aussi » ou « autant ».**

Les adultes et les enfants

Les enfants jouent beaucoup.

Les enfants sont beaux.

Les enfants bougent beaucoup.

Les enfants sont confiants.

Les enfants pleurent beaucoup.

Les enfants sont amusants.

Les adultes ne jouent pas autant.
Les adultes ne sont pas aussi beaux.

_____

_____

_____

_____

E X E R C I C E S

1 **Comparez avec « plus » ou « moins », selon le modèle.**
L'argent, c'est important. – *Oui, mais la santé, c'est encore plus important.*

1. – La mer, c'est reposant. – Oui, mais la montagne, _____

2. – Le lin, ce n'est pas chaud. – Oui, mais le coton, _____

3. – La soie, c'est doux. – Oui, mais le satin, _____

4. – Le veau, ce n'est pas gras. – Oui, mais le poisson, _____

5. – Les hommes, c'est compliqué. – Oui, mais les femmes, _____

2 **Faites des phrases au comparatif puis au superlatif, selon le modèle.**

	Salaire mensuel	Temps de travail
Marie	2 000 euros	35 h par semaine
Claire	1 500 euros	44 h par semaine
Julie	3 000 euros	37 h par semaine
Rachel	2 000 euros	39 h par semaine

Claire gagne moins que Marie. _____

_____

C'est Julie qui gagne le plus. C'est _____

_____

_____

3 **Imaginez des superlatifs positifs, selon le modèle.**
Chanteur belge connu. *À mon avis, Jacques Brel est le chanteur belge le plus connu.*

1. Grand pays. *Je crois que la Russie* _____

2. Homme politique célèbre. *Je pense* _____

3. Profession intéressante. *À mon avis,* _____

4. Sport difficile. _____

5. Beau prénom de fille. _____

6. Beau prénom de garçon. _____

7. Grand océan. _____

8. Bel acteur. _____

4 **À partir de l'exercice 3, imaginez des superlatifs négatifs.**

Jo Bidochon est le chanteur français le moins connu. _____

_____

« MIEUX » et « MEILLEUR »

> Le gâteau est **meilleur** que la tarte. Julie cuisine **mieux** que Paula.

Les comparatifs de supériorité de « bon » et de « bien » sont irréguliers.

■ « MEILLEUR » est le comparatif de supériorité de « **bon** » :

> *Le bordeaux blanc est **bon**.*   *Le bordeaux rouge est **meilleur**.*
> *La tarte de Sonia est **bonne**.*   *La tarte de Magda est **meilleure**.*
>
> *Les sorbets au citron sont **bons**.*   *Les sorbets à la fraise sont **meilleurs**.*
> *Les glaces au café sont **bonnes**.*   *Les glaces au chocolat sont **meilleures**.*

- « **Le meilleur** » est le superlatif de « bon » :

> *Ce vin est **le meilleur**.*
> *Ces glaces sont **les meilleures**.*

- Pour les contraires, on dit :

> *Ce vin est **plus mauvais que** l'autre.*
> *C'est **le plus mauvais** (ou **le pire**).*

■ « MIEUX » est le comparatif de supériorité de « **bien** » :

> *John chante **bien**.*   *Cathy chante **mieux**.*

- « **Le mieux** » est le superlatif de « bien » :

> *C'est Luis qui chante **le mieux**.*

- Pour les contraires, on dit :

> *Bruno chante **plus mal que** John.*
> *C'est Bruno qui chante **le plus mal**.*

- « **Il vaut mieux** » est préférable à « c'est mieux » en début de phrase :

> *– Réserver avant de partir, **c'est mieux**.*
> *– Oui, **il vaut mieux** réserver avant de partir.*

Dites :   Ne dites pas :
> *Il vaut mieux…*   *Il ~~faut~~ mieux…*

(« bon/bien », p. 82)

E X E R C I C E S

1 Complétez avec « c'est bon », « c'est bien », « c'est mieux » ou « c'est meilleur ».

La crème caramel, *c'est bon*, mais les profiteroles, *c'est meilleur !*

1. Le poisson surgelé, _____, mais le poisson frais, _____

2. Visiter Paris en bus _____, mais visiter Paris à pied, _____

3. Le vin blanc, _____, mais le champagne, _____

4. Les crêpes au sucre, _____, mais les crêpes au chocolat, _____

5. Parler deux langues, _____, mais parler trois langues, _____

2 Donnez le superlatif, selon le modèle.

Selon Michel, l'alcool de poire est le digestif *le meilleur du monde.*

1. D'après Federico, les rigatoni sont les pâtes _____

2. À mon avis, la vodka polonaise est la vodka _____

3. D'après Philip, le whisky irlandais est le whisky _____

4. Selon moi, le Dom Pérignon est le champagne _____

3 Complétez avec « mieux »/« le mieux », « meilleur(e)(s) »/« le meilleur », « la meilleure ».

1. – On mange mieux à la cafétéria qu'au restaurant : le steak est _____ et les frites sont _____ ! –
2. Mon père danse _____ que moi : de toute la famille, c'est lui qui danse _____. – **3.** Le café italien
est sans aucun doute _____. – **4.** Pierre travaille _____ que Paul et ses résultats sont _____. –
5. Votre gâteau est _____ que le mien, vous cuisinez _____ que moi ! – **6.** De tous les étudiants, c'est
John qui parle _____ et qui a _____ accent. – **7.** Cette année, les cerises sont _____ que l'année
dernière. – **8.** La pizza de « Pietro » est vraiment _____ de Paris !

4 Complétez les phrases, selon le modèle.

– Partir quinze jours, *c'est bien, mais partir un mois, c'est mieux.*
– Oui, *il vaut mieux partir un mois.*

1. – Dormir six heures par nuit, _____
    – Oui, _____

2. – Faire une heure de gymnastique, _____
    – Oui, _____

3. – Partir en week-end le samedi, _____
    – Oui, _____

4. – Travailler seul, _____
    – Oui, _____

23

LE VERBE « ALLER »

Je	**vais**	à Paris.
Tu	**vas**	à Rome.
Il		
Elle	} **va**	en Grèce.
On		
Nous	**allons**	au Maroc.
Vous	**allez**	au cinéma.
Ils		
Elles	} **vont**	à la piscine.

Comme les verbes très usuels, le verbe « aller » est irrégulier :

Je vais à Rome.   Vous allez à Madrid.   Ils vont à Berlin.

« ALLER » + LIEU

• Le verbe « aller » est en général suivi d'un **lieu** :

Je vais | *à Berlin.*
à l'hôtel.
chez des amis.

• Avec des personnes, on utilise « chez » :

Je vais à la boucherie/chez le boucher.

• Quand le lieu n'est pas précisé, on utilise le pronom « **y** » :

*– On **y** va ? – Allons-**y** !*

« EN TRAIN », « EN AVION »…

• Avec **la plupart** des moyens de transport, on utilise « **en** » :

*Je vais **à** Berlin* | *en voiture.*
en avion.
en train.

• Mais : *Il va au village **à** pied, **à** bicyclette et **à** cheval.*

(« au », « à la », « à l' », p. 30)

E X E R C I C E S

1 Répondez aux questions, selon le modèle.

– Vous allez à la montagne en hiver ? – *Oui, je vais à la montagne en hiver.*

1. – Vous allez à la mer en été ? – _____

2. – Vous allez parfois au théâtre ? – _____

3. – Vous allez régulièrement au cinéma ? – _____

4. – Vous allez au restaurant le samedi ? – _____

5. – Vous allez quelquefois à la campagne ? – _____

2 Faites des phrases en utilisant « avoir mal à » et « aller », selon le modèle.

gorge   dentiste   *Quand j'ai mal à la gorge, je vais chez le médecin.*

dents   ophtalmo(logue)   _____

yeux   médecin   _____

dos   kiné(sithérapeute)   _____

3 Complétez les phrases, selon le modèle.

Je *vais au* Danemark *en* avion.

1. Ils _____ _____ Angleterre _____ ferry.   **4.** Elles _____ _____ Mexique _____ avion.

2. Vous _____ _____ Belgique _____ train ?   **5.** Tu _____ _____ Hollande _____ car ?

3. Il _____ _____ Angola _____ bateau.   **6.** Nous _____ _____ Portugal _____ voiture.

4 Complétez le texte avec « aller » et les prépositions manquantes.

1. Ma femme et moi, nous *allons au* bureau _____ voiture, mon fils _____ _____ université _____ bus et ma fille _____ _____ école _____ pied.

2. Quand nous _____ _____ Grèce, nous _____ d'Athènes à Héraklion _____ avion, d'Héraklion à Santorin _____ bateau et nous _____ du port _____ village _____ cheval, ou plutôt _____ dos d'âne. Ensuite, nous circulons dans l'île _____ jeep, _____ bicyclette ou _____ pied.

3. L'hiver, les enfants _____ _____ montagne, _____ Alpes. Au printemps, ils _____ _____ campagne, _____ Provence ou _____ Cévennes.

5 Décrivez vos déplacements habituels.

À 8 heures, je vais au bureau.

À midi, _____

À 18 h, _____

6 Complétez avec « à la », « au », « chez le ».

Toutes les semaines, je vais _____ marché, _____ boucher, _____ pharmacie, _____ supermarché, _____ coiffeur, _____ boulangerie, _____ fleuriste.

24

LE PRONOM « Y »

> – Vous allez **à** Rome en train ? – Non, j'**y** vais en avion.

« Y » remplace des compléments de **lieu** :

Paul va à Lyon.	*Il **y** va en voiture.*
Anne habite à Lisbonne.	*Elle **y** habite depuis un an.*
Jean est sur les Champs-Élysées.	*Il **y** est depuis midi.*
Je suis chez moi.	*J'**y** suis jusqu'à six heures.*

« Y » remplace des noms de **choses** précédés de la proposition **« à »** :

*Je pense **à** mon pays.*	*J'**y** pense souvent.*
*Je participe **à** ce projet.*	*J'**y** participe.*
Je réfléchis à sa proposition.	*J'**y** réfléchis.*

■ Pour les **personnes**, on utilise un pronom tonique :

*Je pense **à** Paul.*	*Je pense à **lui**.*
*Je m'intéresse **à** Paul.*	*Je m'intéresse à **lui**.*

• Avec les verbes de communication, on utilise un pronom complément :

*Je téléphone **à** Paul.*   *Je **lui** téléphone.*

LA NÉGATION se place avant et après le bloc formé par le(s) pronoms(s) et le verbe.

*Il n'**y** va pas.*   *Je n'**y** pense pas.*   *Il n'**y** en a plus.*

■ Expressions idiomatiques :

*Paul est un connaisseur en vin : **il s'y connaît**.*
*Je ne suis pas responsable : **je n'y suis pour rien**.*
*– Venez me voir demain ! – **Je n'y manquerai pas !***
*Voilà, **ça y est**, c'est fini !*

(pronoms toniques, p. 132) – (pronoms compléments, p. 128)

1 **Répondez aux questions, au choix.**

– Vous restez à Genève combien de jours ? – *J'y reste deux jours.*

1. – Vous habitez à Paris depuis combien de mois ? – _____

2. – Vous êtes à l'université pour un ou deux ans ? – _____

3. – Vous retournez à Berlin en mars ou en avril ? – _____

4. – Vous allez à l'aéroport en bus ou en taxi ? – _____

5. – Vous allez en Allemagne seul ou accompagné ? – _____

2 **Répondez en utilisant « y », selon le modèle.**

— Coïncidences —

– Je *vais à la* piscine à 16 h. Et vous ?

– Nous _____ théâtre jeudi soir. Et vous ?

– Mon frère _____ Grèce en juin. Et vos amis ?

– Mes amis _____ États-Unis à Noël. Et Max ?

– Nous _____ cinéma samedi. Et Paula ?

– *J'y vais aussi à 16 h.*

– Nous _____

– Ils _____

– Il_____

– Elle _____

3 **Répondez aux questions à partir du texte en utilisant « y ».**

— Arts et Sciences —

Ce soir, Antoine va au Grand Palais avec son amie Isabelle. Ils s'intéressent tous les deux à la peinture et ils vont toujours ensemble voir les expositions. Il fait beau aujourd'hui. Antoine et Isabelle vont marcher le long de la Seine jusqu'au Grand Palais. La femme d'Antoine, Gloria, ne s'intéresse pas à l'art. En général, elle s'intéresse plutôt à la science et aux techniques. Ce soir, Gloria va à la Villette à bicyclette avec François, le mari d'Isabelle.

1. Antoine va au Grand Palais avec Gloria ? – _____

2. Gloria s'intéresse à la science ? – _____

3. Elle s'intéresse à la peinture ? – _____

4. Antoine va au Grand Palais en voiture ? – _____

5. Gloria et François vont à la Villette en métro ? – _____

4 **Répondez à la forme négative, puis complétez librement.**

1. – Vous allez à la piscine le samedi ? – *Non, je n'y vais pas le samedi. J'y vais le dimanche.*

2. – Vous allez à la montagne en décembre ? –_____

3. – Vous allez à la mer le matin ? – _____

25

LA SITUATION
dans L'ESPACE et LE TEMPS (3)

> Je travaille **environ** dix heures : **de** huit heures **à** dix-huit heures.

■ « **À** » indique un **point** dans l'espace ou dans le temps :

> *Je termine mon travail **à** dix-huit heures.*
> *Nous sommes **à** Paris (**à** l'école, **au** deuxième étage).*

■ « **DE... À** » indique une distance d'un point à un autre, dans l'espace ou le temps :

> *Je travaille **de** 8 heures **à** midi, **du** lundi **au** vendredi.*
> *Il y a huit cents kilomètres **de** Paris **à** Avignon.*

■ « **JUSQU'À** » indique une **limite** dans l'espace ou le temps :

> *En France, on travaille en général **jusqu'à** soixante ans.*
> *Le TGV Atlantique va **jusqu'au** Croizic.*

■ « **À PARTIR DE** » indique un **point de départ** dans l'espace ou le temps :

> *L'horaire d'hiver commence **à partir du** 22 septembre.*
> *Il y a des embouteillages **à partir de** Versailles.*

■ « **VERS** » et « **ENVIRON** » indiquent une **approximation** dans l'espace ou le temps :

> *Nous roulons **vers** le sud. Nous arriverons **vers** midi.*
> *Il reste **environ** 100 km, c'est-à-dire **environ** une heure de route.*

• « **Environ** » + quantité :

> *Paul a **environ** 30 ans.*
> *Il gagne **environ** 2 000 euros.*

• « **Vers** » + heure, sauf avec « il est » :

> *Nous dînons **vers** huit heures.*
> *Il est **environ** sept heures.*

■ « **ENTRE** » et « **PARMI** »

• « **Entre** » deux éléments :

> *« B » est **entre** « A » et « C ».*

• « **Parmi** » plusieurs éléments :

> *« B » est une lettre **parmi** les lettres de l'alphabet.*

• « **Entre nous** », « **entre eux** » signifie « à l'exclusion d'autres personnes » :

> *Entre nous, je vais vous confier un secret : **parmi** nous, il y a un espion.*

1 Complétez avec « à », « de », « jusqu'à », « à partir de/du »…

Les enfants sont *à* l'école *jusqu'à* six heures du soir.

1. J'ai rendez-vous _____ cinq heures _____ la gare de Lyon. – **2.** Il y a environ 1 000 kilomètres _____ Paris _____ Nice. – **3.** Je commence à travailler _____ 9 heures et je travaille _____ 18 heures sans m'arrêter. – **4.** Les soldes d'hiver commencent en général _____ 15 janvier et elles durent _____ la fin du mois. – **5.** Le bus est payant pour les enfants _____ l'âge de six ans.

2 Complétez avec « environ » ou « vers ».

1. – Vous dormez combien de temps ? – Je dors _____ sept heures.

2. – Vous vous levez à quelle heure ? – Je me lève _____ six heures du matin.

3. – Vous commencez le travail à quelle heure ? – Je commence _____ neuf heures.

4. – Vous travaillez combien de temps ? – Je travaille _____ huit heures par jour.

5. – Il est quelle heure quand vous rentrez ? – Il est _____ sept heures du soir.

3 Complétez avec « à », « de », « environ », « vers » avec les contractions, si nécessaire.

——— Longs week-ends ———

J'habite *à* Paris et je travaille _____ Orly, _____ aéroport, _____ premier étage, _____ guichet n° 7. Tous les jours, je commence _____ 5 heures pile et je termine _____ midi, midi et quart. Parfois, je travaille 24 heures sans interruption : _____ 7 heures du soir le lundi _____ 7 heures du soir le mardi. Je pars en week-end le vendredi matin : il faut _____ une heure de vol pour arriver en Provence. J'y reste _____ vendredi _____ lundi. Je rentre le lundi _____ trois heures.

4 Complétez les phrases avec « parmi » ou « entre ».

1. – Est-ce qu'il y a un médecin, *parmi* les spectateurs ? – **2.** Choisissez au hasard _____ ces cartes. – **3.** Des bateaux-mouches circulent en permanence _____ la tour Eiffel et Notre-Dame. – **4.** S'il faut choisir _____ la ville et la campagne, je préfère la ville. – **5.** À Paris, le métro ne circule plus _____ 1 h 15 et 5 h 30 du matin. – **6.** Des voleurs se sont glissés _____ les invités.

5 Complétez avec « à », « au », « environ », « jusqu'à », « entre », « parmi ».

Il est _____ seize heures. Éric est _____ cinéma. Il est assis _____ deuxième rang, _____ une dame rousse et un monsieur barbu. En attendant le film, il prépare son programme de la soirée. Il hésite encore _____ un concert de jazz et une pièce de théâtre. Éric est _____ Paris seulement _____ mardi prochain et, _____ tous les spectacles qui passent actuellement, il a du mal à faire son choix.

26

LES VERBES en « -IR », « -OIR » et « -RE » au PRÉSENT

> Je **mets** mon manteau, je **descends** l'escalier et je **sors**.

Les verbes en « **-ir** », « **-oir** », « **-re** » – moins nombreux que les verbes en « -er », mais très fréquents – se conjuguent à partir de **deux** ou **trois** radicaux.

VERBES à DEUX RADICAUX (1)

■ Au singulier, le radical est plus court :

DORM-IR							
Je	**dor**	s		Nous	**dorm**	ons	Et : partir, sortir, sentir,
Tu	**dor**	s		Vous	**dorm**	ez	mentir, vivre, suivre,
Il	**dor**	t		Ils	**dorm**	ent	(se) servir

♪ • Dites : *Je dors   Je vis*   Ne dites pas : *Je dorm,   Je viv*

■ Pour certains verbes, au singulier, la finale du radical s'écrit mais ne se prononce pas :

METT-RE							
Je	**met**	s		Nous	**mett**	ons	Et : battre, promettre,
Tu	**met**	s		Vous	**mett**	ez	permettre
Il	**met**			Ils	**mett**	ent	

ENTEND-RE							
J'	**entend**	s		Nous	**entend**	ons	Et : attendre, rendre,
Tu	**entend**	s		Vous	**entend**	ez	vendre, défendre, descendre,
Il	**entend**	d		Ils	**entend**	ent	répondre, perdre

♪ • Dites : *Je mets   Je bats   J'entends   Je réponds*

■ À l'écrit :

Je		s
Tu	verbe	s
Il		t/d

(« d » pour les verbes en « -dre »)

(verbes en « -indre », p. 110) – (« prendre », p. 112)

1 Complétez les dialogues.

~~vivre~~ partir sortir suivre dormir

1. – Vous *vivez* seul, monsieur Dupont ?   – Non, je *vis* avec mon chien.

2. – Vous _____ en vacances en août ?   – Non, je _____ en septembre.

3. – Vous _____ le samedi soir ?   – Non, je _____ le jeudi soir.

4. – Vous _____ des cours d'anglais ?   – Non, je _____ des cours de français.

5. – Vous _____ en pyjama ?   – Non, je _____ tout nu !

2 Complétez avec les verbes manquants.

Marie ferme les volets pour dormir, mais moi, je *dors* la fenêtre ouverte.

1. Le matin, je pars à neuf heures, mais Marie et les enfants _____ à huit heures.

2. Je vis en France depuis cinq ans, mais mes parents _____ aux États-Unis.

3. Nous sortons peu : tous nos amis _____ plus que nous.

4. Je suis un cours de yoga et mes enfants _____ un cours de karaté.

5. En Chine, on se sert de baguettes pour manger, mais les Thaïlandais se _____ d'une cuillère.

3 Complétez avec les verbes manquants. Faites l'élision si c'est nécessaire.

1. – Vous attendez depuis longtemps ? – *J'attends* depuis un quart d'heure.

2. – Mes enfants me battent aux échecs, mais je les _____ au Scrabble.

3. – Vous entendez bien au fond de la salle ? – Non, on _____ très mal.

4. – Vous mettez du beurre dans vos pâtes, moi je _____ seulement du fromage.

5. – Vous vendez votre vieil ordinateur ? – Non, je _____ le nouveau !

4 Mettez les finales des verbes.

1. Je sor*s* peu.

2. Je vi_____ seul.

3. J'enten_____ mal !

4. Je per_____ mes cheveux.

5. Tu par_____ en vacances.

6. Tu pren_____ ton sac.

7. Tu descen_____ l'escalier.

8. Tu atten_____ le train.

9. Elle per_____ tout.

10. Il me _____ un pull.

11. Ils ven_____ des fruits.

12. Elles atten_____ le bus.

5 Faites librement des phrases avec les verbes proposés.

dormir : _____

attendre : _____

partir : _____

vivre : _____

suivre : _____

vendre : _____

sortir : _____

descendre : _____

> – Vous **ralentissez** quand vous **conduisez** en ville ?

VERBES à DEUX RADICAUX (2)

■ Au pluriel, le radical s'allonge :

FINI-R	Je	**fini**	s	Nous	**finiss**	ons	Et : guérir, applaudir, choisir,
	Tu	**fini**	s	Vous	**finiss**	ez	ralentir, remplir
	Il	**fini**	t	Ils	**finiss**	ent	+ naître, connaître, paraître

LI-RE	Je **li**-s	Vous **lis**-ez	Et : interdire, plaire, se taire.
CONDUI-RE	Je **condui**-s	Vous **conduis**-ez	Et : verbes en « -uire »
ÉCRI-RE	J' **écri**-s	Vous **écriv**-ez	Et : inscrire, prescrire
ÉTEIN-DRE*	J' **étein**-s	Vous **éteign**-ez	Et : verbes en « -indre »
VOI-R**	Je **voi**-s	Vous **voy**-ez	Et : revoir, prévoir
CROI-RE**	Je **croi**-s	Vous **croy**-ez	

- * Les verbes en « -indre » perdent le « d » du radical :

  J'étein**s**   Il étein**t**

- ** À la 3ᵉ personne du pluriel :

  Dites :   Ne dites pas :

  Ils voient Ils croient   ~~Ils voyent Ils croyent~~

VERBES en « -IR » à UN RADICAL

- **Rire**   Je **ri**s/Tu **ri**s/Il **ri**t/Nous **ri**ons/Vous **ri**ez/Ils **ri**ent

- **Courir**   Je **cour**s/Tu **cour**s/Il **cour**t/Nous **cour**ons/Vous **cour**ez/Ils **cour**ent

- **« Ouvrir »**, **« offrir »**, **« cueillir »**, **« souffrir »** se conjuguent comme les verbes en « -er » :

  J'ouvre/Vous ouvr**ez**   Je cueille/Vous cueill**ez**
  J'offre/Vous offr**ez**   Je souffre/Vous souffr**ez**

(tableaux des conjugaisons, p. 258 à 263)

1 Complétez les phrases avec les verbes ci-dessous, selon le modèle.

guérir ~~choisir~~ grossir vieillir salir rougir applaudir réfléchir

1. Vous *choisissez* toujours très bien vos cravates. – **2.** Attention les enfants : vous _____ la moquette avec vos chaussures. – **3.** Certaines plantes _____ parfaitement les douleurs d'estomac. – **4.** Les vins rouges _____ mieux que les vins blancs. – **5.** Quand tu joues aux échecs, tu _____ vraiment trop longtemps. – **6.** Nous _____ toujours quand nous passons une semaine chez ta mère. – **7.** Quand les comédiens saluent, les gens _____. – **8.** Les jeunes filles d'aujourd'hui ne _____ plus comme avant, elles sont beaucoup moins timides !

2 Complétez les phrases. Faites l'élision si c'est nécessaire.

1. mettre/conduire — Je *mets* toujours la ceinture de sécurité quand je _____. Et vous ?

2. maigrir/grossir — Vous _____ en été et mais moi, je _____ !

3. reconnaître/entendre — Vous _____ ma voix quand vous m' _____ au téléphone ?

4. sortir/éteindre — Quand vos enfants _____ de leur chambre, ils _____ la lumière ?

5. voir/ralentir — Quand les automobilistes _____ la police, ils _____ !

6. choisir/offrir — Max _____ toujours des objets originaux quand il _____ un cadeau.

3 Trouver les verbes.

Les écrivains *écrivent*

1. Les lecteurs _____
2. Les vendeurs _____
3. Les serveurs _____
4. Les peintres _____
5. Les menteurs _____

4 Trouvez les contraires.

Ils commencent *Ils finissent*

1. Ils gagnent _____
2. Ils arrivent _____
3. Ils montent _____
4. Ils achètent _____
5. Ils allument _____

5 Complétez le texte.

— C'est l'automne —

Les feuilles *jaunissent*
Les raisins mûr _____
Les jours raccour _____
Le ciel pâl _____
Les colchiques fleur _____
L'été fin _____

6 Complétez, puis mettez au pluriel.

— Liberté (d'après Blaise Cendrars) —

Laissez dormir l'enfant qui *dort*
Laissez courir l'enfant qui _____
Laissez rire l'enfant qui _____
Laissez croire l'enfant qui _____
Laissez partir l'enfant qui _____

VERBES à TROIS RADICAUX

> – Vous **prenez** une salade et vous **buvez** de l'eau ?
> – Non, mes filles **prennent** une salade et **boivent** de l'eau,
> moi, je **prends** un steak et je **bois** du vin.

	singulier		pluriel
BOIRE	Je **boi**-s Tu **boi**-s Il **boi**-t	Nous **buv**-ons Vous **buv**-ez	Il **boiv**-ent

PRENDRE*	Je **prend**-s	Vous **pren**-ez	Ils **prenn**-ent
VENIR**	Je **vien**-s	Vous **ven**-ez	Ils **vienn**-ent
VOULOIR	Je **veu**-x	Vous **voul**-ez	Ils **veul**-ent
POUVOIR	Je **peu**-x	Vous **pouv**-ez	Ils **peuv**-ent
DEVOIR	Je **doi**-s	Vous **dev**-ez	Ils **doiv**-ent
RECEVOIR***	Je **reçoi**-s	Vous **recev**-ez	Ils **reçoiv**-ent

*Et : apprendre, comprendre   **Et : tenir, se souvenir   ***Et : apercevoir

VERBES IRRÉGULIERS

ÊTRE	AVOIR	ALLER	FAIRE	DIRE
Je **suis**	J' **ai**	Je **vais**	Je **fais**	Je **dis**
Tu **es**	Tu **as**	Tu **vas**	Tu **fais**	Tu **dis**
Il **est**	Il **a**	Il **va**	Il **fait**	Il **dit**
Nous **sommes**	Nous **avons**	Nous **allons**	Nous **faisons**	Nous **disons**
Vous **êtes**	Vous **avez**	Vous **allez**	Vous **faites**	Vous **dites**
Ils **sont**	Ils **ont**	Ils **vont**	Ils **font**	Ils **disent**

À L'ÉCRIT : résumé

Je	verbe	**s/x**
Tu		**s/x**
Il		**t/d**

⚠ Verbes avec « x » : *Je veux/Je peux*
Tu veux/Tu peux

(tableaux des conjugaisons, p. 258 à 263)

1 Répondez et posez des questions selon le modèle.

1. – Qu'est-ce que vous buvez, le matin ? (jus d'orange)
 – *Je bois du jus d'orange, et vous, qu'est-ce que vous buvez ?*

2. – Qu'est-ce que vous prenez, à dix heures ? (chocolat)

 – _____

3. – Qu'est-ce que vous buvez pendant le repas ? (eau)

 – _____

4. – Qu'est-ce que vous faites le soir ? (exercices)

 – _____

2 Mettez le texte au pluriel.

Mon fils veut faire une petite fête pour son anniversaire. Il prend son carnet d'adresses et il choisit une

Mes jumeaux _____

quinzaine de personnes, mais comme il connaît plus de garçons que de filles, il dit à ses amis d'amener

_____

des copines. La veille de la fête, il reçoit beaucoup de coups de téléphone et le jour de la fête, il est tout

_____

excité : il attend une trentaine de personnes et il doit tout préparer ! Il descend au deuxième et au premier

_____

étage, car il veut mettre un petit mot sur la porte des voisins pour s'excuser du bruit. Ensuite, il met des

_____

disques d'ambiance, il fait des cocktails de fruits et il attend les premiers invités.

_____

3 Complétez cet extrait d'une chanson d'Édith Piaf.

— « La vie en rose » —

Quand il me _____ dans ses bras, prendre

Qu'il me _____ tout bas parler

Je _____ la vie en rose, voir

Il me _____ des mots d'amour, dire

Des mots de tous les jours,

Et ça me _____ quelque chose... faire

Et lorsque je l'_____ apercevoir

Alors je _____ en moi, sentir

Mon cœur qui _____. battre

E X E R C I C E S

1 **Faites des phrases selon le modèle.**

Vouloir faire des crêpes   *Les enfants veulent faire des crêpes.*

Avoir du lait, de la farine et des œufs   *Ils* _____

Prendre un grand saladier   _____

Mettre d'abord la farine   _____

Faire un puits au milieu   _____

Casser les œufs au centre   _____

Battre longtemps les œufs   _____

Mettre le lait petit à petit   _____

Faire chauffer l'huile   _____

Mettre une petite louche dans la poêle   _____

Faire frire cinq minutes   _____

Faire flamber au Grand Marnier   _____

Mettre du sucre   _____

2 **Répondez selon le modèle.**

– Quand vous sortez de chez vous, vous prenez le métro ?
– *Oui, quand je sors de chez moi, je prends le métro.*

1. – Quand vous allez au bureau, vous partez à huit heures ?

– _____

2. – Quand vous venez ici, à l'école, vous prenez l'autobus ?

– _____

3. – Quand vous prenez l'autobus, vous mettez moins de temps ?

– _____

4. – Quand vous allez à Nice, vous prenez le train ?

– _____

5. – Quand vous faites un exercice, vous mettez environ cinq minutes ?

– _____

3 **Mettez au pluriel.**

1. Il peut venir ce soir.   Ils _____

2. Elle sait conduire une moto.   Elles _____

3. Elle connaît le russe.   Elles _____

4. Il doit rentrer tôt.   Ils _____

5. Il boit du thé.   Ils _____

1 **Complétez avec les verbes ci-dessous.**

prendre   apprendre   comprendre   venir   revenir   se souvenir

1. – Qu'est-ce que vous _____ comme dessert ?

2. Mes amis _____ le train de cinq heures.

3. Marie _____ un poème par cœur.

4. Mes amies _____ à conduire.

5. Nous ne _____ pas bien cette phrase.

6. Paul _____ chez nous ce soir.

7. Tu _____ au cinéma avec nous ?

8. Attendez-moi, je _____ tout de suite.

9. Vous vous _____ de votre rendez-vous ?

10. Je ne me _____ pas de son nom.

2 **Mettez le texte au pluriel.**

——— Pierre ———

Le matin, Pierre va au bureau en autobus. Il attend parfois huit à dix minutes dans le froid et il met trente-cinq minutes environ pour arriver à l'Opéra, mais il n'est pas pressé car il a un horaire très flexible. Il prend toujours le même bus à la station Châtelet et, avant de partir, il boit un café au Sarah-Bernhardt. Dans le bus, il lit presque entièrement le journal. Il peut même préparer sa journée de travail : il écrit quelques mots dans son agenda, il fait des calculs, il prend des notes. Quand il descend à l'Opéra, il a l'impression d'être en vacances. Il a envie de regarder les vitrines et les passants. Il ne se sent pas aussi fatigué que lorsqu'il est obligé de prendre le métro. Pierre prend le même bus que Marie et Laura, mais il ne les connaît pas, ou pas encore...

Le matin, Marie et Laura vont _____

_____

_____

_____

3 **Complétez le dialogue avec les verbes « prendre », « vouloir », « pouvoir ».**

Le serveur : – Vous _____ un apéritif, messieurs-dames ?

M. Duteil :   – Pas pour moi, et toi, chérie ? Tu _____ quelque chose ?

Mme Duteil : – Est-ce que je _____ avoir un verre de sauternes ?

Le serveur : – Sans problème. Vous _____ la carte des vins ?

M. Duteil :   – Oui, merci. Mais qu'est-ce que nous _____, Danièle ?

Mme Duteil : – J'ai envie d'une côte de bœuf, mais c'est pour deux : tu _____ partager avec moi ?

M. Duteil :   – D'accord, mais est-ce que je _____ avoir des légumes verts à la place des frites ?

Le serveur : – Qu'est-ce que vous _____ : des haricots verts ou des épinards ?

4 **Quels sont vos premiers gestes le matin ?**

mettre ses pantoufles   prendre une douche   mettre un disque
faire de la gymnastique   boire un café   lire le journal

« METTRE », « PRENDRE », « FAIRE »

> Mon fils **fait du** patin à roulettes et il **joue du** saxophone.
> Ça fait un peu de bruit : nous **faisons isoler** sa chambre.

■ « PRENDRE » et « METTRE »

- « **Prendre** » + objet :

  *Je **prends** mon parapluie.*

- « **Prendre** » + repas ou boisson :

  *Je **prends** un steak.*
  *Il **prend** une bière.*

- « **Mettre** » + vêtements :

  *Je **mets** une cravate*
  pour aller au bureau.

- « **Prendre** » + moyen de transport :

  *Je **prends** le métro.*

- Autres sens courants de « **prendre** » :

  *Je **prends** un bain, une douche.*
  *Elle **prend** une décision.*

- « **Mettre** » + temps (durée) :

  *Je **mets** une heure*
  pour aller au bureau.

 • On utilise « **prendre** » + temps seulement avec « **ça** » impersonnel :

  *Les transports, **ça** prend du temps.*

■ « FAIRE DU », « JOUER AU », « JOUER DU »

- « Faire **de** » + tous les **sports** :

  Je fais | *du tennis.*
  | *de la gymnastique.*

- « Jouer **à** » + **sports** d'équipe
  + tous les jeux

  Je joue | *au tennis.*
  | *aux cartes.*

- « Jouer **de** » + instruments de musique :

  *Je joue **du** piano et **de la** guitare.*

- Autre sens de « **faire** » :

  Faire la cuisine (= cuisiner)   *Faire la vaisselle* (= laver les plats, etc.)
  Faire les courses (= faire des achats)   *Il fait beau* (= météo)

■ « FAIRE » + INFINITIF s'utilise quand une autre personne fait l'action à la place du sujet :

  *Je ne répare pas moi-même ma voiture : je la **fais réparer**.*
  *Ma fille se coupe les cheveux elle-même, mais moi, je me les **fais couper**.*

- On utilise deux fois le verbe « faire » avec les constructions avec « **faire** » :

  *Je **fais faire** le ménage et je **fais faire** les courses avant notre arrivée.*

(accord avec « faire », p. 190)

1 Complétez avec « mettre » ou « prendre ».

Il pleut et il fait très froid : *je mets* un manteau et je _____ un parapluie. Je _____ le bus, mais il y a beaucoup de circulation et je _____ une heure pour arriver au bureau. À midi, je ne déjeune pas : je _____ seulement un café et un biscuit. Quand je rentre, il est tard. Je _____ un bain, je _____ des vêtements confortables et je _____ un disque de Billie Holliday. Ensuite, je mange un plat surgelé : faire la cuisine, ça _____ trop de temps !

2 Complétez avec « faire » ou « jouer ».

——————————— Activités musicales et sportives ———————————

En été, toute la famille *fait* du sport : mon mari et mes fils _____ du jogging le matin et l'après-midi, ils _____ au volley ou au foot. Ma fille et moi, nous _____ du tennis en fin de matinée et quelquefois, l'après-midi, nous _____ du golf. Quand il _____ froid, nous _____ aux échecs ou nous écoutons de la musique. Parfois, ma fille Béatrice _____ du piano, mon fils Julien _____ de la clarinette et leur amie Charlotte _____ du violoncelle.

3 Répondez aux questions, selon le modèle.

– Est-ce que vous repassez vos chemises vous-même ? *– Non, je fais repasser mes chemises.*

1. – Est-ce que vous lavez votre linge vous-même ?

– _____

2. – Est-ce que c'est vous qui faites le ménage ?

– _____

3. – Vous traduisez vos textes vous-même ?

– _____

4. – C'est vous qui repeignez votre appartement ?

– _____

5. – C'est vous qui vous coupez les cheveux ?

– _____

4 Répondez librement aux questions.

1. – Est-ce que vous faites du sport ? _____

2. – Est-ce que vous jouez d'un instrument de musique ? _____

3. – Vous mettez combien de temps pour aller à l'université (au lycée, au bureau) ? _____

4. – Vous faites quelquefois la cuisine ? _____

5. – Vous faites souvent le ménage ? _____

6. – Vous vous faites couper les cheveux tous les mois ? Tous les deux mois ? _____

« POUVOIR », « DEVOIR », « FALLOIR »

> – Vous **pouvez** payer avec votre carte de crédit, mais vous **devez** faire votre code. En France, **il faut** toujours taper son code.

■ **« POUVOIR » + INFINITIF** exprime une **capacité** physique ou intellectuelle :

*Paul **peut** soulever cent kilos.*
*Marie **peut** traduire des livres en trois langues.*

• « Pouvoir » + infinitif exprime aussi la **permission** :

*– Vous **pouvez** rester dans cette salle.*
*– On **peut** fumer ici ?*

 • Dites :   • Ne dites pas :

Je peux rester.   *C'est possible ~~pour moi~~ de rester.*

• Pour demander un service, on utilise de préférence le conditionnel :

*– **Pourriez-vous** me dire où se trouve la poste ?*

■ **« DEVOIR » + INFINITIF** exprime l'**obligation** :

*Je **dois** aller à la préfecture.*
*Vous **devez** faire la queue.*

• « Devoir » + infinitif exprime aussi la **probabilité** :

*Il est neuf heures à Paris. Il **doit** être cinq heures à Rio.*
*Il y a des embouteillages : il **doit** y avoir un problème.*

 • Dites :   • Ne dites pas :

Je dois partir.   *C'est nécessaire ~~pour moi~~ de partir.*

■ **« FALLOIR » + INFINITIF** s'utilise seulement à la forme impersonnelle :

• **« Il faut »** + **infinitif** exprime une nécessité **générale** :

***Il faut manger** pour vivre.*   = On doit (tous) manger pour vivre.

(conditionnel, p. 136) – (« il faut que » + subjonctif, p. 238)

1   **Répondez à la forme affirmative ou négative, selon le modèle.**

     – Est-ce que vous pouvez lire sans lunettes ?   *– Oui, je peux lire sans lunettes.*

                                                    – Non, je ne peux pas lire sans lunettes.

1. – Est-ce que vous pouvez courir très longtemps ?

_____

2. – Est-ce que vous pouvez travailler dans le bruit ?

_____

3. – Est-ce que vous pouvez faire vos calculs sans calculette ?

_____

4. – Est-ce que vous pouvez toucher le plafond de la main ?

_____

5. – Est-ce que vous pouvez fumer en classe ?

_____

2   **Complétez avec « devoir » ou « pouvoir ».**

– Excusez-moi, Michèle, je suis pressée, je *dois* partir. Est-ce que je _____ utiliser une minute votre

téléphone ? Je _____ appeler un taxi et je ne _____ pas téléphoner de mon bureau parce

qu'il y a une réunion. J'ai déjà installé mon répondeur : pendant mon absence, est-ce que vous _____

contrôler l'appareil ? Il s'arrête parfois inexplicablement (ça _____ être la prise électrique). Bon,

je file, le taxi _____ être déjà en bas. Je vous appelle demain, si je _____ . Au revoir !

3   **Complétez avec « on peut » ou « on doit » à la forme affirmative ou négative. Continuez...**

——————————— Quand on prend l'avion ———————————

On *doit* se présenter une heure avant le départ.	_____ s'allonger complètement.
_____ avoir plus de 20 kilos de bagages.	_____ transporter des objets dangereux.
_____ attacher sa ceinture au décollage.	_____ fumer dans l'avion.
_____ écouter de la musique.	_____ acheter des produits hors taxe.

4   **Complétez le texte avec « pouvoir », « devoir » ou « falloir ».**

1. En France, pour voter, _____ avoir dix-huit ans et _____ avoir un casier judiciaire vierge.

2. Les femmes _____ voter en France seulement depuis 1945 !

3. Pour être élu, le président de la République _____ rassembler la majorité des voix.

4. Pour être valables, les bulletins de vote ne _____ pas porter d'inscription.

5. Certains électeurs _____ voter par correspondance, mais ils _____ prouver

qu'ils ne _____ pas se déplacer.

« SAVOIR », « CONNAÎTRE », « VOULOIR »

> Je **sais** parler plusieurs langues, je **connais** l'informatique et la gestion.
> Je **veux** travailler à l'étranger. J'**espère** trouver rapidement un poste.

■ « **SAVOIR** » et « **CONNAÎTRE** » expriment la capacité et la connaissance. « Connaître » s'utilise avec un nom, « savoir » avec un verbe ou une construction verbale.

- « Savoir » + verbe :

  Je **sais** _conduire_.
  Je **sais** où il _habite_.
  Je **sais** qu'il n'_est_ pas d'accord.

- « Connaître » + nom :

  Je **connais** le _code_ de la route.
  Je **connais** son _adresse_.
  Je **connais** ses _opinions_.

- Mais on dit aussi : _Il sait mon numéro de téléphone. Elle sait sa leçon._
  pour les choses apprises de mémoire (« par cœur »).

- « Savoir » est une capacité apprise, « pouvoir » une possibilité physique :

  Je **sais** nager.   Je **peux** nager pendant des heures.

⚠ - Dites : _Je sais que..._   - Ne dites pas : _Je connais ~~que~~..._

■ « **VOULOIR** » exprime le **désir** ou la **volonté** :

  Je **veux** des enfants.
  Je **veux** réussir.

- En général, pour **demander** on utilise le conditionnel, pour **proposer** on utilise l'indicatif :

  – Je **voudrais** parler à M. Dupond.   – **Voulez**-vous laisser un message ?
  – Je **voudrais** un café.   – **Voulez**-vous du sucre ?

- « **Je veux bien** » = avec plaisir, volontiers :

  – _Voulez-vous un café ? –_ **Je veux bien**, _merci._

⚠ - Les verbes de désir se construisent sans préposition :

Je désire	
Je veux	~~de~~ partir en vacances.
Je souhaite	
J'espère	

(conditionnel de politesse, p. 136) – (« vouloir que » + subjonctif, p. 242)

1 Complétez les phrases avec « savoir » ou « connaître », selon le modèle.

Je *sais* parler anglais et je *connais* un peu l'Angleterre.

1. Maria _____ beaucoup de recettes et elle _____ bien cuisiner.

2. – Vous _____ les parents de François ? – Non, je _____ seulement sa sœur.

3. Ma fille ne _____ pas conduire. Elle ne _____ pas le code de la route.

4. Mon fils _____ nager sous l'eau et il _____ tous les poissons.

5. – Vous _____ ce que veut dire « avoir la pêche » ? – Non, je ne _____ pas cette expression.

6. – Est-ce que vous _____ qu'il est très tard ? – Oui, je _____ qu'il faut partir.

7. Je _____ que le train arrive à trois heures, mais je ne _____ pas le numéro du quai.

8. – Vos parents _____ que vous êtes ici ? – Oui, ma mère _____ que je suis là.

2 Complétez les phrases avec « vouloir », « savoir » ou « connaître », selon le modèle.

─────── Jeune ambition ───────

– Tu *sais*, maman, je _____ être actrice ! Regarde : je _____ danser, je _____ la valse, le rock, le tango et le cha-cha-cha. Je _____ chanter, je _____ au moins cent chansons ! Je _____ devenir célèbre et je _____ épouser un roi ou le président d'Amérique : je _____ beaucoup de mots anglais.

3 Complétez le dialogue avec « vouloir », « pouvoir », « connaître », « savoir ».

– Bonjour, madame, je _____ parler à monsieur Pernod, s'il vous plaît.

– Il n'est pas là, mais je suis madame Pernod, est-ce que vous _____ laisser un message ?

– Oui, voilà, je suis Jules Porteau, un ami : je _____ que monsieur Pernod _____ acheter une BMW d'occasion. Je _____ un bon garage où votre mari _____ trouver de bonnes affaires. S'il _____, il _____ me contacter chez moi, mais il _____ aussi aller directement sur place au garage Campioni.

– Ah oui, je _____ : c'est sur la nationale 8 ?

– Oui, c'est ça. monsieur Pernod _____ dire qu'il vient de la part de Jules Porteau.

4 Complétez avec « savoir » ou « pouvoir » à la forme positive ou négative.

– Hep ! les garçons ! Vous _____ lire ? Regardez le panneau : « Baignade Interdite ». Vous _____ vous baigner dans la rivière, c'est dangereux.

– Mais, vous _____, madame, on a un diplôme de crawl, on _____ nager.

– Eh bien ne coulez pas, parce que moi, je _____ nager et je _____ vous repêcher !

27

LES VERBES PRONOMINAUX

> Je **me lève** à huit heures. Il **se lève** à midi.
> **Nous nous connaissons** depuis cinq ans.

Les verbes pronominaux se construisent avec un pronom personnel.

se lever *se* marier *se* tromper

■ LES PRONOMINAUX RÉFLÉCHIS

- Le sujet et l'objet du verbe sont identiques. On utilise un pronom **réfléchi** :

  *Je couche ma fille et je **me** couche.* (« me » = moi-même)

- Le pronom réfléchi se place **devant** le verbe et change avec les personnes :

se coucher			
Je	**me**	*couche*	*tôt.*
Tu	**te**	*couches*	*tard.*
Il/Elle/On	**se**	*couche*	*à dix heures.*
Nous	**nous**	*couchons*	*à minuit.*
Vous	**vous**	*couchez*	*à onze heures.*
Ils/Elles	**se**	*couchent*	*à huit heures.*

■ LES PRONOMINAUX RÉCIPROQUES

- Le sujet et l'objet entretiennent une relation de **réciprocité** :

  Nous nous connaissons bien. (l'un, l'autre)
  *Les enfants **se** battent.* (les uns, les autres)

■ LES CONSTRUCTIONS PRONOMINALES sans valeur logique sont nombreuses :

se promener *s'*arrêter *s'*amuser *s'*ennuyer *se* tromper
*s'*intéresser à *s'*occuper de *se* moquer de *se* souvenir de

*Je **me** promène dans la rue et je **m'**arrête devant les vitrines.*

■ LA NÉGATION se place avant et après le bloc du pronom et du verbe :

*Je **ne** me lève **pas** tôt.* *Nous **ne** nous connaissons **pas**.*

(passé composé, p. 186)

E X E R C I C E S

1 **Répondez aux questions au choix, selon le modèle.**

– Vous vous levez tôt ou tard, le samedi ? – *Le samedi, je me lève tard.*

1. – Vous vous réveillez tôt ou tard, le matin ? – _____

2. – Vous vous préparez vite ou lentement ? – _____

3. – Vous vous couchez avant ou après minuit ? – _____

4. – Vous vous endormez facilement ou avec difficulté ? – _____

5. – Vous vous souvenez de vos rêves ? Quelquefois ? Toujours ? – _____

2 **Complétez librement.**

1. – Paul se lève tard.

– Et Pierre ? – *Il se lève tôt.*

2. – Nous nous couchons à minuit le samedi.

– Et vos enfants ? – Ils _____

3. – Ma fille se parfume avec « Onyx ».

– Et votre fils ? – Il _____

4. – Anne s'habille toujours en noir.

– Et Julie ? – Elle _____

3 **Mettez à la forme négative.**

1. – Tu t'intéresses au cricket ?

– Non, je *ne m'intéresse pas au cricket.*

2. – Tu t'énerves facilement ?

– Non, je _____

3. – Vous vous ennuyez en classe ?

– Non, je _____

4. – Vous vous arrêtez à midi ?

– Non, nous _____

4 **Faites des phrases avec les verbes ci-dessous.**

se parfumer   se regarder   se tromper   s'énerver   ~~s'intéresser (à)~~

1. Je *m'intéresse* beaucoup à la politique, c'est passionnant. – **2.** Mon mari _____ tous les jours avec « Parfum d'Homme ». – **3.** Les étudiants _____ souvent quand ils parlent français. – **4.** Vous êtes très calme : vous _____ rarement ! – **5.** Aline est coquette : elle _____ souvent dans la glace.

5 **Complétez avec les pronoms et les négations manquants.**

──────────── Père et fils ────────────

Je *m'*appelle Michel. Mon père _____ appelle André. _____ ressemblons beaucoup : _____ habillons souvent de la même manière et _____ intéressons aux mêmes choses. Souvent, on _____ énerve quand on parle de politique, mais on _____ fâche pas longtemps. Comme je suis le plus têtu, je _____ arrête pas de discuter le premier et, souvent je _____ contrôle plus, mais si on _____ bagarre beaucoup, tous les deux, on _____ amuse aussi beaucoup !

6 **Trouvez des verbes réciproques.**

Les amoureux : *Ils s'aiment, ils se disputent, ils s'embrassent,* _____

28

LES PRONOMS COMPLÉMENTS

Je **le** regarde. Je **la** regarde. Je **les** regarde.

Les pronoms compléments évitent de répéter un nom complément.
On les place en général **devant** le verbe :

Je regarde le garçon.   *Je **le** regarde.*

LES PRONOMS DIRECTS remplacent des noms de **personnes** ou de **choses**. Ils répondent à la question « qui ? » ou « quoi ? » :

	« Qui ? »/« Quoi ? »	
Masc. sing.	Je │ **le** │ regarde.	(le garçon/le sac)
Fém. sing.	Je │ **la** │ regarde.	(la fille/la robe)
Pluriel	Je │ **les** │ regarde.	(les enfants/les livres)

■ Le pronom direct varie avec les personnes :

$$Paul \begin{cases} me \\ te \\ le/la \\ nous \\ vous \\ les \end{cases} regarde.$$

♪ • « Me », « te », « le » deviennent « m' », « t' », « l' » devant voyelle ou « h » muet :

*Il **m'**écoute.   Elle **l'**adore.   Ils **t'**invitent.*

■ Avec « aimer » et « connaître », « le », « la », « les » renvoient **de préférence** à des personnes :

– *Tu aimes Julie ?*   – *Oui, je **l'**aime.*
– *Tu connais son père ?*   – *Oui, je **le** connais.*

• Pour les objets, répondez plutôt :

– *Tu aimes le fromage ? – Oui, **j'aime ça**.*   – ~~Je l'aime.~~
– *Tu connais le gorgonzola ? – Oui, **je connais**.*   – ~~Je le connais.~~

■ **LA NÉGATION** se place avant et après le bloc du pronom et du verbe :

*Je **ne** le regarde **pas**.*   *Nous **ne** les connaissons **pas**.*

(« y », p. 104) – (« en », p. 90) – (pronoms toniques, p. 132)

E X E R C I C E S

1   **Répondez aux questions, selon le modèle.**

─── Les médias et vous ───

– Vous regardez la télé tous les jours ?

– Vous regardez la météo ?

– Vous regardez les publicités ?

– Vous lisez le journal tous les jours ?

– Vous lisez la rubrique sportive ?

– Vous gardez les vieux journaux ?

– *Oui, je la regarde tous les jours.*

– _____

– _____

– _____

– _____

– _____

2   **Répondez à l'exercice précédent à la forme négative (précisez, selon le modèle).**

–Non, je ne la regarde pas tous les jours (je la regarde de temps en temps). _____

_____

3   **Complétez, selon le modèle.**

1. – Vous connaissez Martine ?

    – Oui, *je la connais* depuis quinze ans !

2. – Tu regardes le match chez Joseph ?

    – Non, _____ chez Éric.

3. – Vous arrosez les fleurs tous les jours ?

    – Oui, _____ tous les soirs.

4. – Tu emmènes ton fils au cinéma ?

    – Non, _____ au zoo.

5. – Vous laissez vos clés à l'hôtel ?

    – Oui, _____ à la réception.

6. – Vous faites ces exercices à l'école ?

    – Non, _____ chez moi.

4   **Complétez avec les pronoms et les verbes manquants.**

    – Vous achetez vos chaussures à Paris ? – Non, *je les achète* à Florence !

1. – Alex emporte ses dossiers chez lui ? – Oui, _____ pour le week-end.

2. – Marie nous attend dans la rue ? – Non, _____ au bar.

3. – Vous connaissez bien cet homme ? – Non, _____ seulement de vue.

4. – Est-ce que vous m'entendez ? – Oui, _____ très bien !

5. – Attention : vous oubliez vos clés ! – Ah oui, _____ tout le temps !

6. – Vous aimez le poulet au curry ? – Oui, _____ . C'est bon...

5   **Répondez librement.**

– Vous achetez le journal le matin ou le soir ? – Vous regardez la télévision tous les soirs ? – Vous écoutez la radio de temps en temps ? souvent ? jamais ? – Vous invitez vos amis souvent ? très souvent ? jamais ?

LES PRONOMS INDIRECTS

> Je téléphone **à** ma mère. Je **lui** téléphone le soir.

■ Les pronoms indirects remplacent des noms de **personnes** précédés de la préposition « **à** ». Ils répondent à la question « à qui ? » :

« À qui ? »

Masc. sing.	Je	*lui*	*téléphone.*	(**à** mon père)
Fém. sing.	Je	*lui*	*téléphone.*	(**à** ma mère)
Pluriel	Je	*leur*	*téléphone.*	(**à** mes parents)

⚠ • « **Lui** »/« **leur** » sont employés pour le masculin et le féminin :

Je parle à Jean/Marie.   *Je **lui** parle.*
Je parle aux étudiants/étudiantes.   *Je **leur** parle.*

■ Les pronoms indirects et directs sont identiques, sauf à la 3ᵉ personne :

$$Paul \begin{cases} me \\ te \\ \underline{lui} \\ nous \\ vous \\ \underline{leur} \end{cases} parle.$$

■ On utilise principalement les pronoms indirects avec les verbes de **communication** qui se construisent en français avec la préposition « **à** » (ici, mouvement « vers ») :

*parler **à***	*téléphoner **à***	*écrire **à***	*répondre **à***
*demander **à***	*emprunter **à***	*prêter **à***	*rendre **à***
*dire **à***	*offrir **à***	*sourire **à***	*souhaiter **à**, etc.*

■ Autres verbes courants qui se construisent avec un pronom indirect :

*Sa fille **lui** ressemble.*   *Paris **lui** plaît.*   *Le rouge **lui** va bien.*
(ressembler **à**)   (plaire **à**)   (aller **à**)

⚠ • « **Penser à** », « **s'intéresser à** » sont suivis d'un pronom tonique.

*Je pense à **lui**.*   *Je m'intéresse à **lui**.*

■ La négation se place avant et après le bloc du pronom et du verbe :

*Je **ne** lui téléphone **pas**.*   *Je **ne** leur parle **plus**.*

(« y », p. 104) – (pronoms toniques, p. 132)

1 **Répondez aux questions, selon le modèle.**

– Vous parlez à votre professeur en français ? – *Oui, je lui parle en français.*

1. – Vous téléphonez à votre mère le dimanche ? – _____

2. – Vous écrivez souvent à vos amis ? – _____

3. – Vous répondez rapidement à vos clients ? – _____

4. – Vous offrez des fleurs à votre femme ? – _____

5. – Vous dites « bonjour » au facteur ? – _____

2 **Lisez le texte et transformez-le, selon le modèle.**

——— « Courrier des lecteurs » ———

Chaque année, Olivia me souhaite la Fête des mères. Elle m'offre un petit cadeau et elle m'écrit une poésie. Elle me dit de jolies choses et elle me donne un paquet bien fermé, pour la surprise. (Chaque année, elle m'offre un collier de perles violettes.) Elle me sourit fièrement, elle me demande si ça me plaît, et elle me dit que le violet me va bien ! Signé Martine.

Chaque année Olivia, la fille de Martine, lui souhaite la Fête des mères _____

_____

_____

_____

3 **Complétez avec « le », « l' », « les » ou « lui », « leur ».**

Le maire de mon quartier est très populaire. Je *le* connais bien. Je _____ rencontre souvent au marché. Les gens _____ parlent, ils _____ posent des questions, ils _____ racontent leurs problèmes. Le maire _____ écoute, il _____ répond, il _____ donne des conseils, il _____ serre la main. Quand il y a des petits enfants, il _____ embrasse ou il _____ prend dans ses bras. Certains _____ détestent, d'autres _____ adorent.

4 **Mettez à la forme négative, selon le modèle.**

Benoît m'invite chez lui. *Béatrice ne m'invite pas chez elle.*

Il me prête ses livres. _____

Il me raconte ses secrets. _____

Il m'accompagne chez moi. _____

5 **Décrivez les rapports d'un enfant et d'un animal domestique, d'un médecin et de ses patients, etc.**

■ RÉSUMÉ

■ Les pronoms compléments remplacent :

• quelqu'un/quelque chose	**LE**	*Elle*	*la*	*regarde.*
	LA	*Elle*	*le*	*regarde.*
	LES	*Elle*	*les*	*regarde.*
• « **à** » + quelqu'un	**LUI**	*Elle*	*lui*	*parle.*
	LEUR	*Elle*	*leur*	*parle.*
• « **à** » + quelque chose	**Y**	*Elle*	*y*	*pense.*
• « **à** » + lieu		*Elle*	*y*	*va.*
• « **de** » + quelque chose	**EN**	*Elle*	*en*	*parle.*
• « **de** » partitif		*Elle*	*en*	*mange.*

■ L'ORDRE DES PRONOMS COMPLÉMENTS

■ Quand on utilise deux pronoms compléments, on les place dans l'ordre suivant :

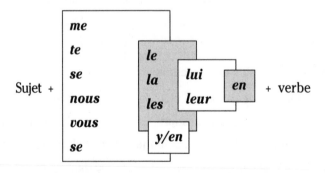

*Elle **me le** donne.*   *Je **le lui** prête.*   *Vous **lui en** offrez.*
*Ils **m'y** emmènent.*   *Tu **m'en** achètes.*   *Il **les y** conduit.*

■ Les compléments de personnes précèdent les compléments de choses :

   *Tu **me** le prêtes ?   Je **te** les offre.   Elle **lui** en achète.*

   • L'ordre est inversé à la 3e personne.

   *Elle **le lui** explique.   Nous **les leur** apportons.*

   • « y » précède « en » dans :

   *Il **y en** a.*

(avec l'impératif, p. 134)

1 **Répondez aux questions avec deux pronoms, selon le modèle.**

– Tu me prêtes ta moto, Frédéric ? *– Je te la prête* si tu es très prudente.

1. – Vous m'envoyez le dossier par fax ? – Non, _____ par la poste.

2. – Aïsha te passe ses notes de cours ? – Oui, _____ quand je suis absent.

3. – Le concierge vous apporte le courrier ? – Oui, _____ à domicile.

4. – Tu nous prêtes ta voiture, Paul ? – Oui, _____ si vous rentrez tôt.

5. – Alex vous vend sa voiture ? – Oui, _____ pour presque rien !

6. – Tu donnes ce beau blouson à Max ? – Oui, _____ , je ne le mets plus…

7. – Vous laissez les clés à la femme de ménage ? – Oui, _____ dans une boîte.

8. – Myriam donne des vitamines au bébé ? – Oui, _____ tous les matins.

9. – Zoé présente ses nouveaux copains à ses parents ? – Oui, _____ systématiquement.

10. – Vous donnez des exercices aux étudiants ? – Oui, _____ à la fin du cours.

2 **Répondez à la forme affirmative, selon le modèle.**

– Jean envoie des cartes de vœux à Paul ? *– Oui, il lui en envoie.*

1. – Votre mari vous offre souvent des fleurs ?

– _____

2. – Les clients vous envoient du champagne chaque année?

– _____

3. – Paul emprunte régulièrement de l'argent à sa sœur ?

– _____

4. – Le professeur donne une dizaine d'exercices aux étudiants ?

– _____

3 **Répondez à la forme négative, selon le modèle.**

– Vous prêtez votre stylo à votre petite fille ? *– Non, je ne le lui prête pas.*

1. – Vous montrez vos photos aux secrétaires ? – _____

2. – Vous parlez de votre vie privée au professeur ? – _____

3. – Vous laissez vos clés aux ouvriers ? – _____

4. – Vous prêtez votre voiture à votre fils ? – _____

5. – Vous envoyez des cartes postales à vos cousins ? – _____

6. – Vous achetez beaucoup de bonbons à votre neveu ? – _____

7. – Vous vous servez de l'ordinateur du bureau ? – _____

8. – Votre directeur vous emmène à l'opéra ? – _____

E X E R C I C E S

1 **Répondez aux questions, selon le modèle.**

– Vous racontez votre journée à votre amie, quand vous la voyez ?

– *Oui, quand je la vois, je lui raconte ma journée.*

1. – Vous dites bonjour à la voisine, quand vous la rencontrez ?

– _____

2. – Vous posez des questions au professeur, quand vous le voyez ?

– _____

3. – Vous dites au revoir aux étudiants, quand vous les quittez ?

– _____

4. – Vous parlez en français à la secrétaire, quand vous l'appelez ?

– _____

5. – Vous offrez à boire à vos amis, quand vous les invitez ?

– _____

6. – Vous racontez vos aventures à votre frère, quand vous le revoyez ?

– _____

7. – Vous répondez toujours à vos enfants, quand ils vous parlent ?

– _____

8. – Vous apportez des fleurs à Marie, quand elle vous invite à dîner ?

– _____

2 **Lisez le texte. Distribuez les verbes en fonction de leurs constructions.**

--- Le maître et ses élèves ---

Il leur pose des questions. Il les corrige.

Il leur explique les règles. Il les aide.

Il leur donne des exercices. Il leur distribue

des textes. Il les encourage. Il les félicite.

corriger	*poser des questions*
_____	_____
_____	_____
_____	_____
+ qq. un	+ à qq. un

3 **Répondez, selon le modèle.**

1. – Est-ce que Marc ressemble beaucoup à sa mère ? – *Oui, il lui ressemble beaucoup.*

2. – Est-ce que Patrick Bruel plaît beaucoup à votre grand-mère ? – _____

3. – Cette robe va bien à votre femme, n'est-ce pas ? – _____

4. – Est-ce que cette salle convient à vos étudiants ? – _____

5. – Votre neveu ressemble beaucoup à votre frère, n'est-ce pas ? – _____

4 **Mettez les réponses de l'exercice 3 à la forme négative.** – *Non, il ne lui ressemble pas beaucoup.*

E X E R C I C E S

1 Utilisez les pronoms compléments « l' », « la », « lui », « leur », « en » et « y ».

– Est-ce que votre fils regarde souvent la télévision ? – Non, *il ne la regarde pas souvent.*

1. – Est-ce que vous utilisez souvent votre téléphone portable ?

– Oui, _____

2. – Est-ce que vous allez au cocktail à quatre heures ?

– Oui, _____

3. – Est-ce que vous mettez du sucre dans votre café ?

– Non, _____

4. – Est-ce que les enfants vont à la piscine aujourd'hui ?

– Non, _____

5. – Est-ce que vous téléphonez souvent à vos parents ?

– Oui, _____

6. – Est-ce que cette jupe courte va bien à la secrétaire, à votre avis ?

– Non, _____

7. – Est-ce que les étudiants étrangers parlent souvent de leur pays ?

– Oui, _____

8. – Tu t'intéresses à l'astrologie ?

– Oui, _____

2 Complétez avec « le », « la », « les » ou « en ». Faites l'élision, si c'est nécessaire.

– Je déteste le poisson et je n'*en* mange jamais.

1. Quand c'est la saison des melons, je _____ achète tous les jours : je _____ choisis avec soin et je _____ mange à tous les repas. – **2.** Je garde toutes mes photos de vacances : je _____ range dans un album, et je _____ regarde de temps en temps. Je _____ ai plus de mille. – **3.** – Où mets-tu le café ? – Je _____ mets dans une boîte en fer et chaque fois que je _____ prends, je referme bien la boîte et je _____ range dans un endroit frais.

3 Répondez affirmativement ou négativement en utilisant des pronoms.

1. – Faites-vous des mots croisés ? – _____

2. – Souhaitez-vous toujours son anniversaire à votre meilleur(e) ami(e) ? – _____

3. – Parlez-vous à vos parents en français ? – _____

4. – Mangez-vous souvent du chou ? – _____

5. – Vous intéressez-vous à la géographie ? – _____

6. – Croyez-vous aux fantômes ? – _____

29 LES PRONOMS TONIQUES

> – Je pars avec **elle**. Vous allez chez **eux**. **Lui**, il reste ici.

■ Le pronom sujet est suivi d'un verbe, le pronom **tonique** peut être employé seul :

– *Je*	*pars !*		– *Moi* !
– *Tu*	*pars !*		– *Toi* !
– *Il*	*part !*		– *Lui* !
– *Elle*	*part !*	– *Qui ?*	– *Elle* !
– *Nous*	*partons !*		– *Nous* !
– *Vous*	*partez !*		– *Vous* !
– *Ils*	*partent !*		– *Eux* !
– *Elles*	*partent !*		– *Elles* !
= pronom sujet			= pronom tonique

• « **Soi** » est le pronom tonique correspondant à « on » = tout le monde :

– *On est bien, chez **soi**.*

■ Après « c'est »/« ce sont », on utilise un pronom tonique :

– *C'est **moi** !*   – *C'est **lui** !*
– *Ce sont **eux** !*   – *Ce sont **elles** !* (fam. : C'est eux/elles)

■ En général, après une **préposition**, on utilise un pronom tonique :

– *Il travaille avec **moi**.*
– *Elle habite chez **toi**.*

■ Avec « **aussi** », « **non plus** », on utilise un pronom tonique :

– *Je suis fatigué.*   – *Moi aussi.*
– *Elle n'est pas sympa !*   – *Lui non plus.*

■ On ajoute un pronom tonique au pronom sujet pour marquer une différence :

– *Je suis en forme, et toi ?*   – *Moi, je suis fatiguée.*
– *Jean est pour le nucléaire, et toi ?*   – *Moi, je suis contre.*

 • Ne dites pas : « *Moi, je…* » pour commencer une conversation.

(impératif, p. 134)

1   **Répondez avec un pronom tonique, selon le modèle.**

– C'est Pierre, là, sur la photo ? *– Oui, c'est lui !//Non, ce n'est pas lui.*

1. – Qui est le responsable de l'agence, c'est vous ? – Non, _____

2. – Qui est au téléphone, c'est ma fille ? – Oui, _____

3. – C'est Paul qui danse avec Madeleine ? – Non, _____

4. – Ce sont les parents de Catherine, là-bas ? – Oui, _____

5. – Qui a les billets, c'est vous ? – Oui, _____

2   **Répondez avec « aussi » et « non plus » et un pronom tonique, selon le modèle.**

1. – Je travaille en juillet. *– Moi aussi.*

 – Et votre mari ? – _____

 – Et votre sœur ? – _____

 – Et vos enfants ? – _____

2. – Je ne suis pas là en août. *– Moi non plus.*

 – Et Paul ? – _____

 – Et vos parents ? – _____

 – Et vos filles ? – _____

3   **Faites des phrases selon le modèle.**

– Ce soir, je dîne chez Jean et Michèle. *– Ah bon, vous dînez chez eux !*

1. – À midi, je déjeune avec le directeur. – _____

2. – En ce moment, j'habite chez Pierre et Anne. – _____

3. – Cet après-midi, je travaille avec vous ! – _____

4. – Ce soir, je sors avec Julien. – _____

5. – Nous partons en vacances sans nos enfants. – _____

4   **Complétez les phrases selon le modèle.**

1. – J'aime la ville.   – Ton mari aussi ?   – Non, *lui, il aime* la campagne.

2. – Jean habite dans le centre.   – Paul aussi ?   – Non, _____ en banlieue.

3. – Marie va à la piscine à 5 h.   – Toi aussi ?   – Non, _____ au cinéma.

4. – Le directeur arrive à 9 h 30.   – Sa secrétaire aussi ?   – Non, _____ à 8 h 30.

5. – Roberto travaille à Rome.   – Marco aussi ?   – Non, _____ à Pise.

6. – Nous aimons la montagne.   – Vos enfants aussi ?   – Non, _____ la mer.

5   **Complétez avec les pronoms toniques manquants.**

1. Alice parle avec son copain : elle parle avec _____ pendant des heures. – **2.** – Regarde, c'est Anne et Lucas : ce sont _____ ! – **3.** – Ce parapluie est à vous ? – Oui, il est à _____ . – **4.** Charles garde tout pour _____ , c'est un garçon secret. – **5.** Quand on fait les choses _____-même, on est plus satisfait !

L'IMPÉRATIF

Viens !   **Prends** ton manteau !   **Dépêche-toi.**

UTILISATION et FORMATION

■ On utilise l'impératif pour donner une instruction, un conseil ou un ordre :

Attachez vos ceintures !   *Mangez des fruits !*   *Ne bougez pas !*

■ L'impératif est un présent **sans sujet**. On l'utilise seulement pour « tu », « nous » et « vous » :

Tu pars. Pars !   *Nous partons. Partons !*   *Vous partez. Partez !*

- • À l'écrit, pas de « **s** » à la 2ᵉ personne après les finales en « **e** » et le verbe « aller » :

Regarde !   *Écoute !*   *Va vite à l'école !*

♪
- • Devant « **en** » et « **y** », on garde le « s » :

Parles-en à Paul !   *Penses-y !*   *Vas-y !*
   z   z   z

- • « **Être** », « **avoir** », « **savoir** » et « **vouloir** » ont un impératif irrégulier :

Sois tranquille.	*Aie confiance.*	*Sache que je suis là.*
Soyons prudents.	*Ayons du courage.*	*Sachons répondre.*
Soyez heureux.	*Ayez l'obligeance…*	*Sachez accepter.*
Veuillez patienter.		

PLACE DES PRONOMS COMPLÉMENTS

■ À la forme **affirmative**, les pronoms se placent **après** le verbe :

Écoute-le !	*Téléphone-lui !*	*Allons-y !*
Écoute-les !	*Téléphone-leur !*	*Prends-en !*

- • « Me » et « te » deviennent « moi » et « toi » :

Téléphone-moi !   *Lève-toi !*   *Dépêche-toi !*

■ À la forme **négative**, les pronoms restent **devant** le verbe, sans changer de forme :

Ne me téléphone pas !   *Ne te lève pas !*   *Ne t'inquiète pas !*

E X E R C I C E S

1 Mettez à l'impératif, selon le modèle.

— De bons conseils —

Boire de l'eau.	*Buvez de l'eau !*
Manger des fruits.	_____
Respirer.	_____
Faire du sport.	_____
Être positif.	_____
Avoir confiance.	_____

Boire de l'alcool.	*Ne buvez pas d'alcool !*
Manger de la viande.	_____
Fumer.	_____
Prendre du poids.	_____
Être négatif.	_____
Avoir peur.	_____

2 Refaites l'exercice précédent à la 2ᵉ personne du singulier.

– Bois de l'eau ! _____

3 Complétez avec les verbes et les pronoms.

1. – J'ai besoin d'un dictionnaire.   *Donne-moi un dictionnaire !*

2. – Khaled a besoin d'un classeur.   _____

3. – Marie a besoin d'un cahier.   _____

4. – Les étudiants ont besoin d'un livre.   _____

5. – J'ai besoin d'une feuille.   _____

4 Transformez.

1. S'asseoir   *Assieds-toi !*   *Asseyez-vous !*

2. Se concentrer   _____   _____

3. Se dépêcher   _____   _____

4. Se détendre   _____   _____

5. Ne pas se décourager   _____   _____

5 Transformez, selon le modèle, puis imaginez d'autres dialogues.

1. – Je n'ai pas envie de téléphoner à Louis.   *– Ne lui téléphone pas !*

2. – Je n'ai pas envie d'aller au cinéma !   – _____

3. – Je n'ai pas envie de prendre de thé.   – _____

4. – Je n'ai pas envie d'écrire à mes parents.   – _____

5. – Je n'ai pas envie d'inviter les voisins.   – _____

6 Donnez d'autres réponses à l'exercice 5. *– Mais si, téléphone-lui !* _____

31 LE CONDITIONNEL (1)

> – Je **voudrais** parler à monsieur Durand.
> – Il n'est pas là. Vous **devriez** rappeler dans un quart d'heure.

L'EXPRESSION de la POLITESSE, des CONSEILS, du DÉSIR

■ On utilise le conditionnel pour demander **poliment** quelque chose :

*– Je **voudrais** un renseignement.*   (verbes « vouloir »
*– Est-ce que je **pourrais** parler à monsieur Bruni ?* et « pouvoir »)

■ On utilise le conditionnel pour faire une suggestion, donner un **conseil** :

*– Vous **devriez** moderniser votre entreprise.*
*– Tu **devrais** te faire couper les cheveux.*   (verbe « devoir »)

■ On utilise le conditionnel pour exprimer un **désir** :

*– J'**aimerais** savoir dessiner.*   (verbes « aimer »
*– Je **voudrais** être en vacances.*   et « vouloir »)

• « **Bien** » (= volontiers) accompagne souvent l'expression du désir :

*– Je ferais **bien** une petite sieste !*
*– Je boirais **bien** un café.*

FORMES COURANTES

VOULOIR	*Je voud**rais** / Vous voud**riez***
AIMER	*J'aime**rais** / Vous aime**riez***
DEVOIR	*Je dev**rais** / Vous dev**riez***
POUVOIR	*Je pour**rais** / Vous pour**riez***
FAIRE	*Je fe**rais** / Vous fe**riez***

• Terminaisons :

-rais	**-rais**	**-rait**
-rions	**-riez**	**-raient**

(formation, p. 230)

E X E R C I C E S

1 **Répondez aux questions en utilisant une formule de politesse.**

– Vous voulez un thé ou un café ? – *Je voudrais un café.*

1. – Vous voulez un ou deux sucres ?   – _____

2. – Vous voulez une brioche ou un croissant ?   – _____

3. – Vous voulez faire une pause ou continuer ?   – _____

4. – Vous voulez sortir ou rester ici ?   – _____

5. – Vous voulez lire ou écouter une cassette ?   – _____

2 **Posez des questions en utilisant une formule de politesse.**

——— Au restaurant ———

du sel

des haricots à la place des frites

un peu de pain

une carafe d'eau

le café avec le dessert

– *Est-ce que je pourrais avoir du sel ?*

– _____

– _____

– _____

– _____

3 **Donnez des conseils, selon le modèle.**

Dormir en moyenne 8 heures   Partir un mois en vacances   Faire de la marche à pied

Boire beaucoup d'eau   Faire 15 minutes de gym   Manger des légumes verts

Pour être en forme, *vous devriez dormir en moyenne 8 heures,* _____

_____

_____

4 **Exprimez des désirs, selon le modèle.**

J'aimerais parler couramment français.

_____ dix ans de moins.

_____ le tour du monde.

_____ heureux/heureuse !

5 **Exprimez des désirs, selon le modèle.**

Faire : *Je ferais bien une partie de tennis.*

Prendre : _____

Manger : _____

Dîner : _____

6 **Complétez avec les conditionnels manquants. Faites l'élision si c'est nécessaire.**

1. – Bonjour, madame, je _____ une brioche et un croissant. – **2.** Tu es trop fatigué :

tu _____ prendre quelques jours de congé. – **3.** – Est-ce que je _____ parler à Paul ?

– **4.** J'ai sommeil ! Je _____ une sieste… – **5.** Plus tard, je _____ avoir des enfants.

BILAN N°3

1 Complétez en conjuguant les verbes manquants. (25 points)

partir lire boire mettre jouer sortir prendre être avoir dormir aller faire

— Roger et ses enfants —

Pour le petit déjeuner, Roger _____ seulement un café noir. Ses enfants _____ un grand bol de café au lait avec des tartines et ils _____ souvent du beurre ou de la confiture sur leurs tartines. Roger _____ de la maison à 7 h 30, mais les enfants _____ seulement à 8 h. En général, les enfants _____ à l'école à pied : l'école se trouve seulement à huit cents mètres de la maison. Roger, lui, _____ au bureau en métro. Il _____ le métro à la station Étoile. En général, il _____ environ dix minutes pour arriver à la Défense où il travaille.

À 4 h, les enfants _____ souvent du sport avec leurs copains : ils _____ au foot ou au basket sur le parking derrière la maison. Puis ils rentrent à la maison et ils _____ leurs devoirs. Souvent, ils _____ plus d'une heure pour faire leurs exercices. Ensuite, ils _____ tranquillement des magazines ou ils _____ à des jeux vidéo. Avant de dîner, ils _____ leur bain, et ils _____ leur pyjama. À 9 h, ils _____ dans leurs lits et une demi-heure plus tard, ils _____ profondément.

Quand les enfants _____ malades, ils ne _____ pas à l'école, mais ils _____ des devoirs à la maison (s'ils n' _____ pas trop de fièvre). Le mercredi, ils _____ de la natation. Une fois par mois environ, ils _____ chez le coiffeur pour se faire couper les cheveux.

2 Complétez. Faites l'élision si c'est nécessaire. (25 points)

— Une idée de cadeau —

— Le professeur a 40 ans ! On _____ invite au restaurant et on _____ fait un cadeau ?

— Qu'est-ce qu'on _____ offre ? Des disques ?

— Il _____ beaucoup. Une cravate ?...

— Il _____ met jamais. Du vin ?

— Il _____ boit pas... Bon, en attendant, j'appelle le restaurant. On va au Bois joli ?

— C'est loin : on _____ va comment ?

— Mon frère a un mini-bus. Je _____ demande de nous _____ prêter et on _____ va tous ensemble ! Tu as le numéro du restaurant, je crois...

— Attends, je _____ donne... Zut... Je _____ trouve plus.

— Passe- _____ l'annuaire. Tu as un stylo ?

— Il _____ un sur le bureau.

— Oh là là ! Il écrit vraiment bien ce stylo. Je _____ trouve génial !

— Garde- _____ si tu veux. Tu vois : je _____ ai d'autres. Ces stylos, ma sœur _____ achète dans une petite boutique.

— Ça _____ intéresse. Si tu _____ vois, dis- _____ de _____ rapporter une boîte la prochaine fois qu'elle _____ va.

— J'ai une idée : le professeur aussi aime bien les stylos : si on _____ offrait une boîte ? Qu'est-ce que tu _____ penses ?

1 Complétez. Faites l'élision si c'est nécessaire. **(50 points)**

1. À Paris, le temps change tout le temps : quand je _____ des vêtements légers, il pleut et quand je _____ mon parapluie, il _____ beau !

2. Le matin, Anna _____ la radio, à midi, elle _____ le journal et le soir, elle _____ la télévision.

3. Qu'est-ce que vous _____ pour le petit déjeuner : _____ thé ou _____ café ?

4. Tu _____ où Julie habite ? – Non, je _____ pas _____ adresse.

5. _____ dimanche, je _____ du jogging au bois de Boulogne et _____ lundi, je _____ à la piscine.

6. Il y a longtemps que je suis employé dans cette entreprise : je _____ travaille _____ trente ans et maintenant, je _____ assez !

7. En hiver, nous _____ du ski pendant une semaine : _____ 26 décembre _____ 2 janvier.

8. Notre nouveau stagiaire arrive _____ Angleterre et il fait beaucoup _____ fautes d'orthographe quand il _____ des lettres en français.

9. Nous aimons beaucoup _____ campagne et nous _____ allons dès que nous _____.

10. Le directeur _____ une demi-heure pour aller au bureau _____ voiture. Les secrétaires _____ quinze minutes, _____ métro.

11. Quand je _____ mal _____ gorge, je _____ deux aspirines à midi et je _____ deux autres le soir.

12. Il pleut et _____ froid : _____ votre parapluie et _____ votre imperméable avant de sortir.

13. Il est tard pour téléphoner _____ Julie. Je pense qu'il _____ mieux _____ téléphoner demain matin ou _____ envoyer un mail.

14. Ma fille collectionne les boîtes d'allumettes et elle _____ plus de mille ; mon frère _____ donne toujours quatre ou cinq quand il vient _____ nous.

15. Tu donnes des croquettes _____ tes chats ? Moi, je _____ donne _____ viande fraîche et _____ poisson !

32

LES RELATIFS

> La femme **qui** arrive est la femme **que** j'aime.
> Je l'attends dans un bar **où** il y a du soleil.

Pour relier plusieurs phrases sans répéter les noms, on utilise un relatif :

*Une **femme** passe : **cette femme** est brune.*
*La femme **qui** passe est brune.*

LES RELATIFS SIMPLES

■ « QUI » reprend le **sujet** (personne ou chose) du verbe qui suit :

*La femme **qui** passe porte une robe **qui** brille.*

■ « QUE » reprend le **complément** d'objet (personne ou chose) du verbe qui suit :

*La femme **que** je regarde porte une robe **que** j'adore.*

♪ • On fait l'élision avec **« que »** mais pas avec « qui » :

*La femme **qu'**il aime est brune.*
*La femme **qui** arrive est blonde.*

⚠ • Dites :   • Ne dites pas :

*C'est un livre **qui** est intéressant.*   *C'est un livre ~~que c'est~~ intéressant.*

■ « OÙ » reprend un complément de lieu ou de temps :

*La ville **où** je suis né est une petite ville.*
*Le jour **où** je suis né était un jeudi.*

⚠ • Dites :   • Ne dites pas :

*Le jour **où** je suis né…*   *Le jour ~~quand~~ je suis né…*
                                          ~~que~~ je suis né…

E X E R C I C E S

1 Transformez avec « qui » ou « que », selon le modèle.

— Blues —

J'attends un ami. Il est en retard.	J'attends un ami *qui est en retard.*
Je lis un livre. Il est ennuyeux.	Je lis un livre _____
Je mange des frites. Elles sont froides.	Je mange des frites _____
Je bois un Coca. Il est chaud.	Je bois un Coca _____
J'écoute un musicien. Il joue mal.	J'écoute un musicien _____

L'ami que j'attends est en retard. Le livre _____

2 Choisissez des éléments pour compléter les descriptions, selon le modèle.

~~avoir des moustaches rousses~~   être en pierre   jouer au cow-boy   pousser dans la cour
porter des bottes rouges   ~~fumer le cigare~~   avoir des volets bleus   avoir des fleurs blanches

1. L'homme *qui a des moustaches rousses* et *qui fume le cigare* est mon oncle.

2. L'enfant _____ et _____ est mon cousin.

3. L'arbre _____ et _____ est un cerisier.

4. La maison _____ et _____ est la maison de mes parents.

3 Complétez avec « qui » ou « que ».

Le pull *que* vous portez est en coton ?

1. Le professeur _____ travaille à côté est anglais ?

2. Les amis _____ vous attendez sont italiens ?

3. Le tableau _____ est sur le mur est de Manet ?

4. La voiture _____ est garée dehors est à vous ?

5. Le livre _____ vous lisez est intéressant ?

4 Complétez avec « qui », « que », « où ».

Comment s'appelle :

la pièce _____ on dort ?

la personne _____ nous soigne ?

la saison _____ il fait le plus chaud ?

la langue _____ vous étudiez ?

le livre _____ est devant vous ?

5 Faites des phrases avec « le jour où », « le mois où », « l'année où », « au moment où ».

1. Paul est content le **mardi** : c'est *le jour où* je fais des crêpes.

2. Il fait beau en **juillet** : c'est _____ nous partons en vacances.

3. Je suis arrivé en **1998**, c'est _____ la France a gagné la Coupe du monde de football.

4. J'ai pleuré à **la fin du film**, _____ le Titanic a sombré.

6 Faites des phrases avec « le jour », « le mois », « l'heure ».

septembre : *C'est le mois où les enfants rentrent à l'école.*   **le dimanche :** _____

midi : _____   **août :** _____

LES RELATIFS SIMPLES (suite)

> La femme **dont** je rêve est rousse.
> Elle a des yeux **dont** je suis fou…

■ **« DONT »** reprend le complément d'objet d'un verbe construit avec **« de »** :

*La femme **dont** je parle conduit une voiture **dont** je rêve.*

parler de   rêver de

• **« Dont »** peut être le complément d'un **nom** ou d'un **adjectif** :

*C'est la société **dont** je suis le directeur.*   être le directeur de
*C'est un travail **dont** je suis content.*   être content de

⚠ • Dites : *J'aime* | *la façon **dont** elle marche.*
            | *la manière **dont** elle parle.*

■ **« CE QUI »**, **« CE QUE »**, **« CE DONT »** signifie « la chose qui/que/dont » :

*J'aime **ce qui** est cher.*
*Tu sais **ce que** j'aime.*
*Devine **ce dont** j'ai envie.*

⚠ • Dites :   Ne dites pas :

Prends tout ce que tu veux.   *Prends ~~tout que~~ tu veux.*

LA MISE EN RELIEF

■ Pour mettre en relief un élément, on l'annonce avec **« Ce qui/que… »** :

***Ce qui** me plaît, **ce sont** les bijoux.*
***Ce que** j'aime, **c'est** le champagne.*

■ Pour mettre l'accent sur un élément, **à l'exclusion d'un autre**, on l'encadre avec **« C'est… qui/que »** :

***C'est** Paul **qui** est le directeur.*
***C'est** moi **que** vous désirez voir ?*

 • Attention à l'accord :

Dites :   Ne dites pas :

– *C'est **moi** qui **suis** responsable.*   – *C'est moi qui ~~est~~ responsable.*
– *C'est **moi** qui **ai** les clés.*   – *C'est moi qui ~~a~~ les clés.*

1 Répondez avec « dont ».

– Vous parlez souvent de politique ? – *Oui, c'est un sujet dont je parle souvent.* (sujet)

1. – Vous parlez parfois de la pollution ? – Oui, _____ (problème)

2. – Vous êtes responsable de la gestion ? – Oui, _____ (service)

3. – Vous vous servez de la photocopieuse ? – Oui, _____ (machine).

4. – Vous êtes satisfait de votre ordinateur ? – Oui, _____ (appareil)

5. – Vous avez besoin du planning ? – Oui, _____ (document)

2 Complétez en utilisant « dont » ou « que ».

En classe : Quels sont les sujets *dont les étudiants parlent le plus ?* (parler de)

Quels sont les objets _____ (se servir de)

Quelles sont les cassettes _____ (écouter)

Quels sont les films _____ (parler de)

Quels sont les exercices _____ (détester)

3 « Ce qui »/« ce que »/« ce dont » : complétez.

– Dites-moi *ce que* vous aimez

– Dites-moi _____ vous détestez.

– Dites-moi _____ vous énerve.

– Dites-moi _____ vous amuse.

– Dites-moi _____ vous rêvez.

4 Complétez, selon le modèle.

– *Ce qui* me révolte le plus, *c'est* l'injustice.

– _____ je déteste le plus, _____ la bêtise.

– _____ me fait peur, _____ la guerre.

– _____ j'aime le plus, _____ les enfants.

– _____ j'attends, _____ le grand amour.

5 Répondez avec « c'est moi qui », « c'est lui qui », « c'est nous qui », selon le modèle.

– Qui a « Pariscope » : c'est toi ? – *Oui, c'est moi qui ai « Pariscope ».*

1. – Qui a les billets : c'est Paul ? – _____

2. – Qui est au premier rang : c'est vous, les enfants ? – _____

3. – Qui est au fond : c'est toi, Charles ? – _____

4. – Qui va chercher les glaces, c'est Paul ? – _____

5. – Qui a le programme, c'est toi, Marie ? – _____

6 Transformez selon le modèle.

J'aime sa façon de marcher, sa façon de parler, sa façon de rire, sa façon de danser.

J'aime *la façon dont il/elle marche, la façon* _____

LES RELATIFS COMPOSÉS

> Voilà le projet sur **lequel** je travaille.
> Voilà la raison pour **laquelle** je suis à Paris.

■ **« LEQUEL », « LAQUELLE »**, etc., s'utilisent en général après une préposition :

*Je travaille **sur** un bureau en bois.*
*Le bureau **sur lequel** je travaille est en bois.*

• Les relatifs composés portent le genre du nom qu'ils reprennent :

***La** société pour **laquelle** je travaille est à Bruxelles.*

	Masculin	Féminin
Singulier	*lequel*	*laquelle*
Pluriel	*lesquels*	*lesquelles*

■ **« AUQUEL », « AUXQUELS »**, etc., sont des relatifs contractés avec **« à »** :

*– J'ai pensé **à** un cadeau pour l'anniversaire de Max.*
*– Quel est le cadeau **auquel** tu as pensé ?*

	Masculin	Féminin
Singulier	*auquel*	*à laquelle*
Pluriel	*auxquels*	*auxquelles*

⚠ • Avec une personne, on utilise de préférence « qui » :

*L'homme **auquel** je pense…*   *L'homme à **qui** je pense…*

■ **« DUQUEL », « DESQUELS »**, etc., sont des relatifs contractés avec **« de »** (associé à une préposition) :

*J'habite près **d'**un musée.*
*Le musée près **duquel** j'habite est le musée Guimet.*

	Masculin	Féminin
Singulier	*duquel*	*de laquelle*
Pluriel	*desquels*	*desquelles*

⚠ • « Duquel » est associé à une **préposition**, « dont » à un verbe, un adjectif ou un nom :

*Le musée **dont** je parle.*   *Le musée* <u>près</u> **duquel** *j'habite.*
      ***dont** je suis responsable*   <u>à côté</u> **duquel** *j'habite.*
      ***dont** je suis le directeur.*   <u>en face</u> **duquel** *j'habite.*

1 Complétez avec les relatifs composés manquants.

———————— Tout va mal ————————

Le quartier dans *lequel* je travaille est triste. La pièce dans _____ je travaille est sombre. Les dossiers sur _____ je travaille sont ennuyeux. Les clients pour _____ je travaille sont insupportables. L'ordinateur avec _____ je travaille est toujours en panne. La société pour _____ je travaille a des problèmes...

2 Répondez avec les relatifs composés manquants.

– Vous dormez dans un lit confortable ? – *Oui, le lit dans lequel je dors est confortable.*

1. – Vous travaillez sur une table en bois ? – _____

2. – Vous écrivez avec un stylo rechargeable ? – _____

3. – Vous travaillez avec des étudiants anglais ? – _____

4. – Vous appartenez à un groupe sympathique ? – _____

5. – Vous assistez à des cours intéressants ? – _____

3 Complétez avec des relatifs et avec « pour », « à », « chez », « dans », « avec ».

Chère Daisy

Je ne comprends pas la raison *pour laquelle* vous refusez mon invitation. Les amis _____ je vais passer le week-end sont des gens charmants et la ferme _____ ils habitent est très confortable. Il y a d'autres Anglais _____ vous pourrez discuter et, le samedi soir, mes amis organisent toujours un concert _____ participent de bons musiciens. Alors venez, je vous en prie !   Benoît

4 Complétez avec les prépositions et les relatifs manquants.

1. – Est-ce que la société *avec laquelle* vous travaillez est à Paris ? – **2.** – Est-ce que le fauteuil _____ vous êtes assis est en cuir ? – **3.** – Quel est le sport _____ vous vous intéressez ? – **4.** – Quels sont les journaux _____ vous êtes abonnés ? – **5.** – Est-ce que les amis _____ vous dînez sont sympathiques ? – **6.** – Comment s'appelle le musée en face _____ tu habites et à l'intérieur _____ il y a de si belles fresques ?

5 Complétez librement avec des prépositions et des relatifs composés.

sombre   claire   grand(e)   sympathique   blond   brun   en bois   en fer

La salle _____   Le professeur _____

La chaise _____   Le bureau _____

E X E R C I C E S

1 Complétez avec « qui » ou « que ».

1. Le professeur _____ travaille à côté est américain. – **2.** – Le pull _____ vous portez est en laine ou en coton ? – **3.** L'actrice _____ je préfère est Greta Garbo. – **4.** La sculpture _____ est sur la place représente un éléphant. – **5.** La chaîne de télévision _____ je regarde le plus est la 3e chaîne. – **6.** Les bus _____ partent de la gare Saint-Lazare ont des numéros _____ commencent par « 2 ». – **7.** Dans les transports publics, les enfants _____ ont moins de douze ans paient demi-tarif. – **8.** Le costume _____ porte Gérard est horrible. – **9.** Paris est une ville _____ change tout le temps et _____ reste toujours la même. – **10.** Les plats _____ aiment mes enfants sont toujours les plus mauvais pour la santé.

2 Complétez avec « qui », « que », « dont », « où ».

┌─────────── L'avocat ───────────┐
C'est un fruit _____ contient beaucoup de vitamines et _____ on tire une huile légère. C'est une entrée _____ j'apprécie particulièrement et _____ je mange souvent en salade. L'avocat pousse dans des pays _____ il fait très chaud. L'hiver est la saison _____ j'en consomme le plus.
└────────────────────────────────┘

┌─────────── L'avocat ───────────┐
C'est une personne _____ connaît la loi et _____ on a besoin quand on a des problèmes avec la justice.
C'est quelqu'un _____ parle bien, _____ sait convaincre et _____ on paye très cher.
New York est la ville _____ il y a le plus d'avocats.
└────────────────────────────────┘

3 Complétez avec « qui », « que », « dont », « où ».

1. Le fax est une invention _____ je trouve vraiment géniale. – **2.** « La Pagode » est un cinéma _____ j'aime beaucoup aller. – **3.** La politique est un sujet _____ je ne parle jamais en famille. – **4.** Le chômage est une chose _____ tout le monde a peur. – **5.** Le bruit est une chose _____ je ne peux pas supporter. – **6.** Le musée Grévin est un musée _____ il y a des mannequins en cire. – **7.** Le lundi est un jour _____ beaucoup de magasins sont fermés. – **8.** La maison _____ je rêve est en vente ! – **9.** Au moment _____ on parlait de lui, Pierre est arrivé. – **10.** Quels sont les papiers _____ j'ai besoin pour travailler en France ?

4 Complétez avec « qui », « que », « dont », « où ». Devinez...

1. Quel est l'animal _____ porte ses enfants dans sa poche ? _____

2. Quel est l'objet _____ on se sert pour ouvrir une bouteille ? _____

3. Quelle est la saison _____ on cueille les raisins ? _____

4. Quel est l'objet _____ tient la Statue de la Liberté ? _____

5. Quel est le musée _____ est exposée « La Joconde » ? _____

1 Complétez avec « ce qui », « ce que », « ce dont ».

1. Je n'ai pas de mémoire : j'oublie tout _____ j'apprends.

2. Il est difficile de savoir _____ est bien et _____ est mal.

3. Prenez tout _____ vous avez besoin à la bibliothèque.

4. Antoine adore tout _____ est salé.

5. Les enfants répètent souvent _____ ils entendent et ils imitent _____ ils voient.

6. Je devine _____ elle a peur.

7. Savez-vous _____ se passe dans la rue ?

8. _____ je préfère à Paris, ce sont les petits cafés.

9. Choisis _____ tu veux, dis-moi _____ tu as envie.

10. _____ me plaît le plus chez Paul, c'est son regard.

2 Complétez avec « ce qui », « ce que », « ce dont ».

––––––– Une expérience intéressante –––––––

Ce que je fais actuellement est très intéressant. Je dois noter tout _____ font les enfants entre deux et trois ans dans une crèche : _____ ils mangent, _____ ils boivent, _____ ils parlent entre eux, _____ ils aiment, _____ ils détestent, _____ les intéresse. Je constate que _____ disent les livres de psychologie est bien différent de _____ je vois et c'est _____ est passionnant.

3 Complétez avec les relatifs manquants.

1. Bernard m'a écrit une lettre _____ j'ai répondu tout de suite.

2. Regardez _____ dessine ma fille : c'est votre portrait !

3. Voilà une pièce _____ le soleil n'entre jamais.

4. Nous sommes très satisfaits des résultats _____ nous sommes parvenus.

5. « Les feuilles mortes » est une chanson _____ j'adore la musique.

6. La solution _____ vous pensez n'est peut-être pas la meilleure…

7. Je n'aime pas la façon _____ Gérard écrit, c'est très prétentieux !

8. J'ai du mal à me lever tôt, c'est une chose _____ je ne me suis jamais habituée.

9. _____ me manque le plus à l'étranger, ce sont les cafés de quartier.

10. Tu connais le café à côté _____ il y a une librairie ?

4 Faites des phrases avec différents relatifs.

Regarder une émission	Participer à une réunion	Manger dans un restaurant
Se servir d'un ordinateur	Dormir dans un lit	Voyager avec des personnes.

L'émission que je regarde est intéressante. _____

33 L'INTERROGATION (2)

> – **Comment** allez-vous ? – **Où** habitez-vous ?
> – **Quand** partez-vous ?

« OÙ », « QUAND », « COMMENT », « COMBIEN », « POURQUOI »

■ L'interrogatif en début de phrase entraîne une **inversion** du verbe et du pronom sujet :

– *Où allez-vous ?*	– *À Rome.*	(lieu)
– *Quand partez-vous ?*	– *Demain.*	(temps)
– *Combien payez-vous ?*	– *1 000 euros.*	(quantité)
– *Comment partez-vous ?*	– *En train.*	(manière)
– *Pourquoi partez-vous en train ?*	– *Parce que j'ai peur de l'avion.*	(cause)
	– *Pour mon travail.*	(but)

■ En langage courant, on renforce souvent l'interrogation avec « est-ce que » sans inversion :

> – *Où **est-ce que** vous allez ?*   – *Quand **est-ce que** vous partez ?*

> • En français familier, on place l'interrogatif en fin de phrase :
>
> > – *Vous allez **où** ?*   – *Vous partez **quand** ?*

■ Avec les noms, on utilise un pronom de rappel :

> – *Où vos <u>amis</u> vont-**ils** ?*
>
> – *Où Paul va-**t**-il ? – Quand arrive-**t**-il ?*   (+ « -t- » entre deux voyelles)

« QUI », « QUE », « QUOI »

■ « **Qui** » porte sur une **personne** :

– *Qui cherchez-vous ?*
– *Qui est-ce que vous cherchez ?*
– *Vous cherchez **qui** ?*
(= M. Dupond)

■ « **Que** »/« **quoi** » porte sur une **chose** :

– *Que cherchez-vous ?*
– *Qu'est-ce que vous cherchez ?*
– *Vous cherchez **quoi** ?*
(= mes clés)

⚠ • En position sujet, distinguez :

– *Qui est-ce qui sonne ?*	– *C'est le facteur.*	(personne)
– *Qu'est-ce qui sonne ?*	– *C'est le téléphone ?*	(chose)

(« qui/que » relatifs, p. 140)

1 Posez des questions avec « où », « quand », « comment », selon le modèle.

– Vous n'habitez pas à **Paris** ? *Mais alors, où habitez-vous ?*

1. – Vous ne travaillez pas **en France** ? _____ ?

2. – Vous ne partez pas en vacances **en août** ? _____ ?

3. – Vous n'allez pas **en Italie** ? _____ ?

4. – Vous ne partez pas **en avion** ? _____ ?

5. – Vous ne rentrez pas **dimanche soir** ? _____ ?

2 Posez des questions, selon le modèle.

1. – Il travaille à Rome. – *Où travaille-t-il ? – Où est-ce qu'il travaille ? – Il travaille où ?*

2. – Il habite à Ostie. _____

3. – Il arrive dimanche. _____

4. – Il voyage en train. _____

5. – Il porte une valise. _____

3 Complétez avec « qui », « que » ou « quoi ».

1. – *Que* faites-vous les enfants ? – On dessine.

2. – _____ dessinez-vous ? – Des moutons.

3. – Vous mangez _____ ? – Des tartines.

4. – _____ voulez-vous boire ? – Du lait.

5. – _____ chante à la radio ? – C'est Johnny.

6. – _____ veut un bonbon ? – Moi ! Moi ! Moi !

4 Complétez les questions.

1. – _____ vous appelez-vous ? (– Steve.)

2. – _____ buvez-vous le matin ? (– Du thé.)

3. – _____ habitez-vous ? (– À Paris.)

4. – _____ payez-vous de loyer ? (– 600 €.)

5. – _____ partez-vous en vacances ? (– En août.)

6. – _____ attendez-vous ? (– Mon professeur.)

5 Complétez avec « qu'est-ce qui » ou « qui est-ce qui ».

– *Qu'est-ce qui* fait ce bruit ? – C'est mon ordinateur.

1. – _____ chante « Carmen » ? – C'est le voisin.

2. – _____ sonne ? – C'est mon téléphone portable.

3. – _____ brûle dans le four ? – C'est ma tarte !

4. – _____ parle à la télé ? – C'est le Premier ministre.

5. – _____ rit comme ça ? – C'est Marie.

6 Créez des devinettes, selon le modèle.

– *Qu'est-ce qui est bleu le jour et noir la nuit ? – Qui est-ce qui marche à 4 pattes le matin, à 2 pattes à midi et à 3 pattes le soir ? – Qu'est-ce qui roule sous terre et qui traverse les villes ?*

> – **Quelle** heure est-il ? – **Quel** jour sommes-nous ?
> – **Quel** beau temps ! – **Qu'est-ce qu'**il fait beau !

« QUEL », « QUELLE », « QUELS », « QUELLES »

■ « **Quel(s)** », « **quelle(s)** » interrogatifs portent sur un **nom** :

Quel âge avez-vous ?
Quelle est votre nationalité ?
Quels pays connaissez-vous ?
Quelles langues parlez-vous ?

	Masculin	Féminin
Singulier	*quel*	*quelle*
Pluriel	*quels*	*quelles*

⚠ • Dites :   Ne dites pas :

     – Quelle est votre profession ?   *– ~~Qu'est-ce~~ que votre profession ?*

■ Pour choisir entre plusieurs possibilités, on utilise « **lequel** » :

– Quel stylo ? (je ne vois pas de stylo…)
– Passe-moi le stylo.
– Lequel ? (le bleu ou le rouge ?)

	Masculin	Féminin
Singulier	*lequel*	*laquelle*
Pluriel	*lesquels*	*lesquelles*

L'EXCLAMATION porte l'intonation en fin de phrase, sans la modifier :

– Le temps est splendide !
– Il fait chaud !

■ Pour renforcer l'exclamation, on peut utiliser :

• « **Quel(s)** », « **quelles(s)** »

   – Quel temps splendide !
   – Quelle jolie fille !
   – Quel idiot !

• « **Qu'est-ce que** »/« **que** »/« **comme** »

   – Qu'est-ce qu'il fait chaud !   (fam.)
   – Qu'elle est jolie !
   – Comme je suis bête !

1 Complétez avec « quel(s) » ou « quelle(s) ».

– *Quel* jour sommes-nous ? *Quelle* heure est-il ?

1. – *Quel* âge avez-vous ? Vous êtes né _____ jour ? À _____ heure ?

2. – _____ est votre nationalité ? Vous venez de _____ pays ? Vous parlez _____ langues ?

3. – _____ est votre adresse ? Vous habitez à _____ étage ? _____ est votre numéro de téléphone ?

4. – _____ sont vos jours de congé ? Vous travaillez pour _____ entreprise ?

5. – _____ journaux lisez-vous ? Vous pratiquez _____ sports ? Vous portez _____ couleurs ?

2 Complétez les devinettes avec « lequel »/« laquelle »/« lesquels »/« lesquelles ».

1. Un pont de Paris est construit avec des pierres de la Bastille : *lequel ? Le pont de la Concorde.*

2. La moutarde est la spécialité d'une ville française : _____

3. Deux astronautes américains ont marché sur la Lune : _____

4. Rabat est la capitale d'un pays d'Afrique du Nord : _____

5. Une chanson des Beatles porte un prénom français : _____

3 Posez les questions, puis répondez.

––––––– Patrice Delonde –––––––

Je m'appelle Patrice Delonde. Je suis belge. Je suis ingénieur. J'ai trente-quatre ans. Je travaille à Marseille mais j'habite à Aix-en-Provence, 10, rue de la Fontaine. Je vais à Marseille en voiture. Je pars à 6 heures du matin et je rentre vers 19 heures. Le week-end, je fais de l'escalade avec mes enfants Pauline et Julien. Ils ont douze et quinze ans. En été, nous faisons de la voile. Nous allons souvent dans les îles grecques.

1. – *Comment* s'appelle ce monsieur ? – *Il s'appelle Patrice Delonde.*

2. – _____ est sa profession ? – _____

3. – _____ âge a-t-il ? – _____

4. – _____ travaille-t-il ? – _____

5. – _____ est son adresse ? – _____

6. – _____ il fait le week-end ? – _____

4 Complétez avec des exclamatifs au choix.

1. _____ jolie petite fille ! _____ elle est mignonne avec sa robe à fleurs !

2. _____ il fait chaud ! _____ belle journée ! _____ on est bien !

3. _____ film ennuyeux ! _____ il est long ! _____ il est compliqué !

4. _____ je suis bête ! Je ne retrouve plus ma voiture ! _____ idiot !

34 LA NÉGATION (2)

> Je **ne** comprends **rien**. Je **ne** sors **jamais**.
> Je **ne** connais **personne**. Je **n'**ai **aucun** ami.

■ **« NE... JAMAIS »** ≠ toujours

*Je **ne** bois **jamais**.*
*Je **ne** fume **jamais**.*
(= habitude)

■ **« NE... PLUS »** ≠ encore

*Je **ne** bois **plus**.*
*Je **ne** fume **plus**.*
(= changement)

• Quand « toujours » signifie « encore », la négation est **« ne... plus »** :

– *Tu fumes toujours ?*   – *Non, je **ne** fume **plus**.*

• La négation de « déjà » est « jamais » (constat) ou « pas encore » (intention) :

– *Vous êtes déjà allé à Paris ?* │ – *Non, je **ne** suis **jamais** allé à Paris.*
│ – *Non, je **ne** suis **pas encore** allé à Paris.*

■ **« NE... AUCUN »** = pas un seul

*Je **ne** connais **aucun** Français.*
*Je **n'**ai **aucun** ami ici.*

■ **« NE... RIEN »** ≠ quelque chose

*Je **ne** vois **rien**.*
***Rien** **ne** bouge.*

■ **« NE... PERSONNE »** ≠ quelqu'un

*Je **ne** connais **personne**.*
***Personne** **ne** parle.*

⚠ • Dites :

*Je **ne** connais **personne**.*
***Rien** **ne** marche.*

Ne dites pas :

Je ne connais ~~pas~~ personne.
Rien ne marche ~~pas~~.

■ Plusieurs négations peuvent se suivre dans une même phrase :

*Tu **ne** comprends **jamais rien**.*
*Il **n'**y a **plus personne**.*

(« ne... pas », p. 18)

1 Répondez aux questions en utilisant « plus », « rien », « personne ».

1. – Tu as **encore** ta vieille Alfa Romeo, Juliette ?   *– Non, je n'ai plus mon Alfa Romeo.*

2. – Tu habites **toujours** à Vérone ?   – Non, _____

3. – Tu vois **toujours** William ?   – Non, _____

4. – Tu fais **quelque chose** ce soir ?   – Non, _____

5. – Tu attends **quelqu'un** ?   – Non, _____

2 Faites l'exercice, selon le modèle.

--- Les faux jumeaux ---

Pierre est toujours content.

Pierre aime tout le monde.

Pierre sourit tout le temps.

Pierre a beaucoup d'amis.

Pierre trouve tout intéressant.

Pierre accepte toujours tout.

Pierre croit encore au Père Noël.

Paul n'est jamais content.

_____

_____

_____

_____

_____

_____

3 Répondez à la forme négative.

1. – Vous fumez parfois le cigare ?   *– Non, je ne fume jamais le cigare.*

2. – Vous allez quelquefois dans des « rave-parties » ?   _____

3. – Vous habitez encore chez vos parents ?   _____

4. – Vous êtes toujours débutant complet ?   _____

5. – Vous parlez déjà français couramment ?   _____

4 Mettez à la forme négative.

Je rentre chez moi. Je prépare quelque chose pour dîner. Quelqu'un me téléphone. Quelque chose brûle dans la cuisine. Je m'énerve. Je suis fatiguée. J'ai mal à la tête. Je me couche tard. Tout le monde me dérange. J'ai beaucoup de choses à faire. J'ai mille soucis.

Ça y est ! Je suis en vacances ! Ce soir, je ne rentre pas chez moi. Je _____

_____

5 Répondez à la forme affirmative ou négative.

1. – Il y a quelqu'un devant vous ? – _____   **3.** – Il y a quelqu'un dans le couloir ? – _____

2. – Il y a quelque chose dans le tiroir ? – _____   **4.** – Il y a quelque chose sur la table ? – _____

> Je **ne** travaille **ni** le lundi **ni** le mardi.
> Je **ne** travaille **que** trois jours par semaine.

■ « **NI... NI** » est la négation de deux éléments (ou plus) reliés par « et » :

> *Paul est jeune, beau et intelligent.*
> *Paul n'est **ni** jeune, **ni** beau, **ni** intelligent.*

- En général, l'article indéfini ou partitif disparaît après « ni » :

> – *Tu as un stylo et un cahier ?*   – *Je n'ai **ni** stylo **ni** cahier.*
> – *Tu veux du thé ou du café ?*   – *Je ne veux **ni** thé **ni** café.*

■ « **SANS** » est la négation de « avec ».

- En général, l'article indéfini ou partitif disparaît après « sans » :

> *Il sort avec un imperméable.*   *Il sort **sans** imperméable.*
> *Il mange de la salade avec de l'huile.*   *Il mange de la salade **sans** huile.*

- On utilise « **sans... ni** » de préférence à « sans... sans » :

> *Il sort **sans** imperméable **ni** parapluie.*
> *Il mange de la salade **sans** huile **ni** vinaigre.*

■ « **NE... QUE** » n'est pas une négation, mais une **restriction** :

> *Julien **n'a que** cinq ans.*   = Il a seulement cinq ans.
> *Je **ne** dors **que** six heures.*   = Je dors seulement six heures.

- « Ne » se place devant le verbe, « que « se déplace avec l'élément sur lequel porte la restriction :

> *Ça **ne** coûte **que** dix euros.*
> *Ça **ne** coûte, en ce moment, **que** dix euros.*
> *Ça **ne** coûte, jusqu'à la fin du mois, **que** dix euros.*

- Sur les affiches de publicité, etc., on utilise souvent « que » tout seul :

> – ***Que** 10 € !*   = seulement 10 €
> – ***Que** des affaires !*   = seulement de bonnes affaires

E X E R C I C E S

1 Répondez aux questions, selon le modèle.

– Vous êtes libre mardi et jeudi ? – *Je ne suis libre ni mardi ni jeudi.*

1. – Vous travaillez le samedi et le dimanche ?

– _____

2. – Vous connaissez Simon et Gérald Bruni ?

– _____

3. – Vous ressemblez à votre père ou à votre mère ?

– _____

4. – Vous buvez du thé ou du café, le matin ?

– _____

2 Transformez, selon le modèle.

Avec ou sans
Avec des papiers : un travail
Avec du travail : de l'argent
Avec de l'argent : un logement
Avec un logement : des papiers

Sans papiers, pas de travail.

_____

_____

_____

Il est difficile de vivre quand on n'a *ni papiers,* _____

3 Répondez avec « ne... que », selon le modèle.

1. – Vous travaillez seulement douze heures par semaine. – *Oui, je ne travaille que douze heures.*

2. – Vous commencez seulement à onze heures ?   – _____

3. – Vous avez seulement deux rendez-vous, lundi ?   – _____

4. – Vous mangez seulement un sandwich à midi ?   – _____

5. – Vous buvez seulement un café par jour ?   – _____

4 Complétez avec « ne... pas (de) », « ne... que », « sans... ni » ou « ne... ni... ni ».

On *ne* reçoit une lettre de rappel des Telecom *que* si on *ne* paye *pas* ses factures.

1. À cause de la grève des transports, nous _____ partons _____ mardi, _____ mercredi, mais seulement jeudi. – **2.** Je ne peux pas aller à la piscine : je _____ ai _____ maillot ! – **3.** L'eau est froide : elle _____ fait _____ dix-huit degrés ! – **4.** Ma cousine est strictement végétarienne, elle _____ mange _____ œufs _____ poisson : elle _____ mange _____ des légumes. – **5.** Ce pain est délicieux pour le petit déjeuner, même _____ miel _____ confiture.

LE DISCOURS INDIRECT au PRÉSENT

> Pierre dit **qu'**il part à 5 heures. Il demande **si** on est d'accord.
> Je lui demande **où** il va et **ce qu'**il va faire.

LE DISCOURS INDIRECT permet de rapporter des paroles ou des pensées.

■ **Discours direct**

• Affirmation :

   Paul dit : *« Il pleut. »*
   Il pense : *« C'est dommage. »*

• Question simple (réponse « oui » ou « non ») :

   – *Est-ce que vous sortez ?*
   – *Il fait froid ?*

• Question avec interrogatif :

   – *Où allez-vous ?*
   – *Quand partez-vous ?*

• **« Que », « Qu'est-ce que/qui »**

   – *Qu'est-ce que vous faites ?*
   – *Que voulez-vous ?*
   – *Qu'est-ce qui se passe ?*

• Impératif :

   – *Partez !*

⚠ • Dites : *Je sais **ce qu'**il veut.*

■ **Discours indirect**

• + **« que »** :

   *Paul dit **qu'**il pleut.*
   *Il pense **que** c'est dommage.*

• + **« si »** :

   *Il demande **si** vous sortez.*
   *Il demande **s'**il fait froid.*

• + interrogatif sans inversion :

   *Il demande **où** vous allez.*
   *Il demande **quand** vous partez.*

• + **« ce que »**/**« ce qui »** :

   *Il demande **ce que** vous faites.*
   *Il demande **ce que** vous voulez.*
   *Il demande **ce qui** se passe.*

• + **« de »** + *infinitif :*

   *Il lui dit **de** partir.*

Ne dites pas : *Je sais ~~qu'est-ce~~ qu'il veut.*

■ Quand il y a plusieurs phrases, on répète les éléments de liaison :

   – *Je pars et j'emmène ma fille.*   *Il dit **qu'**il part et **qu'**il emmène sa fille.*
   – *Tu es prêt ? On y va ?*   *Il demande **si** tu es prêt et **si** on y va.*

♪   • « Si » + « **il** » = « S'il »   *Il demande **s'il** fait beau et **si elle** veut sortir.*

   • « Oui » et « non » sont en général précédés par **« que »** :

      *Il lui demande si elle veut l'épouser et elle lui répond **que** oui.*

1 Mettez au discours indirect, selon le modèle.

1. « Je suis en retard pour mon rendez-vous. Je pars tout de suite. J'emporte les dossiers. »

– Que dit André à son ami ? – *Il lui dit qu'il est en retard à son rendez-vous, qu'il* _____

_____

2. « Allô, Sophie ? C'est Charlie ! Tu es libre pour le déjeuner ? Est-ce que je peux t'inviter ? Qu'est-ce que tu fais cet après-midi ? »

– Que demande Charlie à Sophie ? – _____

_____

3. « Mademoiselle Juliard, avez-vous une liste des hôtels du quartier ? Où se trouve Le Bristol ? Combien coûte une chambre double ? Notez toutes ces informations, s'il vous plaît. »

– Que demande le directeur à sa secrétaire ? – _____

_____

2 Le facteur est à l'interphone, Mme Dubois est sourde, sa fille Émilie explique.

« C'est le facteur ! J'ai un paquet. »   Émilie : *C'est le facteur. Il dit qu'* _____

« Je n'ai pas le code. »   Mme Dubois : Qu'est-ce qu'il dit ?

Émilie : _____

« Vous pouvez ouvrir la porte ? »   Mme Dubois : Qu'est-ce qu'il dit ?

Émilie : _____

« L'ascenseur est en panne. »   Mme Dubois : Qu'est-ce qu'il dit ?

Émilie : _____

« Quelqu'un peut descendre ? »   Mme Dubois : Qu'est-ce qu'il dit ?

Émilie : _____

3 Mettez le dialogue au discours indirect.

Max : Qu'est-ce que tu fais, samedi ?   *Max demande à Léa ce qu'elle fait samedi.*
Léa : Je vais au cinéma avec Jules.   *Elle lui répond qu'elle va au cinéma avec Jules.*
Max : Tu es libre dimanche ?   _____
Léa : Je vais écouter un concert.   _____
Max : Où vas-tu ?   _____
Léa : À l'église Saint-Médard.   _____
Max : Tu y vas seule ?   _____
Léa : Oui.   _____
Max : Alors attends-moi devant l'église !   _____
Léa : Viens à dix heures pile !   _____

36 LE GÉRONDIF

> Je lis le journal **en buvant** du café.

FORMATION : « **en** » + verbe + « **-ant** »

■ On ajoute « -ant » au radical de la 2ᵉ personne du pluriel du présent :

Vous **lis**ez → en **lis**ant   Vous **buv**ez → en **buv**ant

- Mais : *en ayant*   (« avoir »)   *en sachant*   (« savoir »)
  en faisant   (« faire »)   *en disant*   (« dire »)
  en avançant (verbe en « -cer »)   *en mangeant* (verbes en « -ger »)

UTILISATION

- **Simultanéité** de deux actions réalisées par le même sujet :
  *Il travaille **en chantant**. Il lit **en marchant**.*

- **Cause** ou circonstance (= « comment ») :
  *Il a fait fortune **en jouant**. Je suis tombé **en skiant**.*

- **Condition** (= « si ») :
  ***En cherchant**, on trouve.*

- « **Tout** » + gérondif insiste sur la **simultanéité** ou exprime une **opposition** :
  *Il travaille **tout en écoutant** la radio.*   (simultanéité)
  *Il est malheureux, **tout en étant** très riche.* (opposition)

LE PARTICIPE PRÉSENT est un gérondif **sans** « **en** ».

- À l'écrit, il remplace souvent « **qui** » + verbe :
  *Les personnes **ayant** plus de 18 ans peuvent voter.*
  = qui ont

- Distinguez :
  *Je pense à Max **en dansant** le tango / **dansant** le tango.*
  (je danse)   (Max danse)

E X E R C I C E S

1 Utilisez un gérondif, selon le modèle.

Il travaille et il chante en même temps. *Il travaille en chantant.*

1. Il parle et il mange en même temps. _____

2. Il étudie et il écoute du rock en même temps. _____

3. Il téléphone et il conduit en même temps. _____

4. Il mange et il lit en même temps. _____

5. Il se douche et il chante en même temps. _____

2 Transformez en utilisant des gérondifs.

Faites des exercices !   On progresse *en faisant des exercices.*

Lisez des romans !   On progresse _____

Parlez le plus possible !   On progresse _____

Apprenez du vocabulaire !   On progresse _____

Écoutez des chansons !   On progresse _____

3 Donnez les contraires, selon le modèle.

— Caractères —

Il parle sans pleurer.

Il discute sans s'énerver.

Il dit au revoir sans sourire.

Il part sans fermer la porte.

Il s'éloigne sans regarder derrière lui.

Elle parle en pleurant.

_____

_____

_____

_____

4 Complétez avec des causes, des conditions ou des circonstances.

1. J'ai perdu mes clés *en marchant* dans la rue.   faire

2. J'ai taché ma robe _____ du café.   ~~marcher~~

3. Vous pouvez me joindre _____ ce numéro.   appeler

4. Paul s'est cassé le bras _____ du ski.   boire

5 Complétez avec les participes présents de « faire », « être » ou « avoir ».

1. Toutes les personnes _____ partie de notre club sont invitées à une soirée le samedi 15 mars.

2. Tous les citoyens _____ en possession d'anciens billets sont priés de les apporter à la banque.

3. Toutes les personnes _____ un billet de loterie commençant par « 32 » ont gagné 1 000 euros.

37

LES PRÉPOSITIONS
et LES VERBES

> On commence **à** travailler à 8 h. On finit **de** travailler à 19 h.
> On essaie **de** faire le maximum. On refuse **de** continuer.

Après une préposition, les verbes se mettent à l'infinitif.

LES PRÉPOSITIONS « À » et « DE » sont arbitraires.

■ Verbes courants + « **de** » :

*Accepter **de***
*Arrêter **de***
*Décider **de***
*Essayer **de***
*Finir **de***
*Oublier **de*** } + verbe
*Refuser **de***
*Regretter **de***
*Rêver **de***
*S'arrêter **de***
*Se dépêcher **de***

■ Verbes courants + « **à** » :

*Apprendre **à***
*Aider qq.un **à***
*Arriver **à***
*Chercher **à***
*Commencer **à***
*Continuer **à*** } + verbe
*Hésiter **à***
*Inviter qq.un **à***
*Réussir **à***
*Se mettre **à***

■ Après un adjectif ou un nom, on utilise souvent « de » :

Je suis | *content* / *heureux* / *pressé* | **de** *partir.*   *J'ai* | *envie* / *peur* / *l'habitude* | **de** *voyager.*

• Mais : *Être prêt **à***   • Mais : *Avoir du mal **à***
   *Être habitué **à***   *Avoir tendance **à***

■ Les verbes de « goût » et de « projet » ne sont pas suivis de préposition :

J'adore / *Je déteste* | *voyager seul.*   *J'espère* / *Je pense* | *partir demain.*

⚠ • Dites : *J'espère partir.*   Ne dites pas : *J'espère ~~de~~ partir.*

■ La forme **infinitive** d'un verbe n'est pas précédée d'une préposition :

Marcher, courir, bouger *est bon pour la santé.*

(verbes de déplacement, p. 164)

1 Complétez avec « à » ou « de », selon le modèle.

1. Arrête *de* regarder la télé,

   et commence _____ ranger tes affaires !

2. Je finis _____ lire le courrier

   et je me mets _____ travailler.

3. J'ai oublié _____ payer mes impôts

   et j'ai peur _____ payer une amende.

4. J'accepte _____ travailler tard, mais

   je refuse _____ travailler le samedi.

5. Marie apprend _____ conduire ;

   elle a du mal _____ faire les créneaux.

6. J'ai décidé _____ reprendre mes études.

   Paul m'aide _____ travailler.

2 Faites des phrases, selon le modèle.

Je suis en vacances. Je suis content(e).
Je suis content(e) d'être en vacances.

1. Je suis en retard. Je suis désolé(e).

   _____

2. J'ai une contravention. Je suis furieux(se).

   _____

3. Je reçois une lettre de Bernd. Je suis surpris(e).

   _____

4. Je pars en voyage. Je suis heureux(se).

   _____

5. Je suis invité(e) chez Lucia. Je suis ravi(e).

   _____

3 Transformez, selon le modèle.

Mon objectif est de réussir mon examen.
Réussir est mon objectif.
J'espère réussir mon examen.

1. Mon objectif est de trouver du travail.

   _____

   _____

2. Mon objectif est de vivre un an en France.

   _____

   _____

3. Mon objectif est d'apprendre le français.

   _____

   _____

4 Complétez avec « à » ou « de », si c'est nécessaire.

——— Le boulanger ———

Le boulanger finit *de* travailler à 6 heures, la boulangère commence _____ travailler _____ 8 heures et ils sont obligés _____ travailler le samedi et le dimanche ! Ils ont envie _____ changer de métier, mais ils hésitent _____ vendre leur petit magasin. Leur fille aînée les aide parfois _____ servir les clients, mais elle rêve _____ devenir médecin et elle ne doit pas négliger ses études. Le boulanger espère _____ trouver un apprenti, mais beaucoup de jeunes refusent _____ travailler pendant le week-end. La boulangère est parfois triste _____ voir si peu son mari, mais elle adore _____ voir beaucoup de monde et elle est fière _____ vendre un bon pain artisanal.

5 Complétez librement : Je rêve _____.

Nous commençons _____. Tu es content_____.

E X E R C I C E S

1 **Transformez en utilisant un verbe, selon le modèle.**
Mes rêves : aller en Chine et rester un an au Tibet.
Je rêve d'aller en Chine et de rester un an au Tibet.

1. Mes décisions : faire des économies et acheter un bateau.

_____

2. Mon espoir : trouver un bon travail et être vite autonome.

_____

3. Mes envies : habiter à la campagne et faire de la poterie.

_____

4. Mes peurs : vieillir et être seul.

_____

2 **Complétez avec les éléments manquants, si c'est nécessaire.**

—— Stress ——

Depuis quelque temps, j'ai du mal à trouver un équilibre. Je n'arrive pas _____ me détendre. Je commence _____ avoir des insomnies. Mais je refuse _____ rester dans cette situation. Alors, je décide _____ changer. J'arrête _____ travailler autant. J'essaye _____ m'intéresser _____ d'autres choses. Je fais _____ musique, je joue _____ guitare et j'apprends _____ faire du deltaplane. Je téléphone _____ mes amis et je les invite _____ dîner de temps en temps. Je commence enfin _____ prendre du temps pour moi-même. Je réussis _____ être plus détendu. J'espère _____ continuer comme ça.

3 **Transformez selon le modèle.**
Guillaume apprend le violon. (jouer)
Guillaume apprend à jouer du violon.

1. Il arrête le judo. (faire)

_____

2. Il finit ses devoirs. (écrire)

_____

3. Il continue ses cours de russe. (suivre)

_____

4. Il essaye le nouvel ordinateur. (se servir de)

_____

5. Il aime le jazz. (écouter)

_____

1 Complétez avec les prépositions manquantes, si c'est nécessaire.

Je suis très satisfait _____ mon stage d'informatique, maintenant je réussis _____ taper tout ce que je veux. Quand j'ai un problème, je téléphone _____ mon professeur qui accepte _____ me donner quelques conseils. Je continue aussi _____ travailler seul avec un manuel et j'arrive _____ comprendre l'essentiel. J'aime _____ apprendre des choses nouvelles. L'informatique, c'est comme un jeu et parfois je suis si absorbé que j'oublie _____ regarder l'heure. Mais j'ai du mal _____ travailler sur mon écran : je crois que je vais être obligé _____ porter des lunettes.

2 Complétez avec les prépositions manquantes, si c'est nécessaire.

Cher Julien,

Je suis content _____ voir que tu commences _____ prendre tes études au sérieux. Si tu continues _____ avoir de bons résultats, je veux bien _____ t'acheter une petite voiture. J'espère _____ trouver une bonne occasion chez « Ringard », le nouveau garagiste.

Je n'en parle pas encore à ta mère : elle a peur _____ tout ce qui roule (et elle ne veut pas _____ voir son fils grandir…). Mais n'oublie pas _____ l'appeler pour la Fête des mères. Elle est si heureuse _____ avoir de tes nouvelles.

Grosses bises. Bon courage.   Papa.

3 Complétez avec les éléments manquants, si c'est nécessaire.

Selon une enquête récente de l'INSEE, près *d'*un million *de* Français ne sont pas satisfaits _____ leur emploi actuel et souhaitent _____ changer _____ cadre de vie. Ils rêvent _____ trouver une activité et un lieu de vie plus agréables. Certains hésitent _____ tout quitter, mais d'autres choisissent _____ bouleverser leurs habitudes et décident _____ partir ailleurs, souvent en fait parce qu'ils ont peur _____ perdre leur emploi actuel ou parce qu'ils sont déjà au chômage. Alors, des informaticiens deviennent _____ restaurateurs, des comptables _____ libraires ou des dentistes _____ menuisiers. Soit ils continuent _____ être salariés ailleurs, _____ Québec, _____ Amérique du Sud, _____ États-Unis ou _____ Australie, soit ils décident _____ créer leur propre entreprise à l'étranger. Ils essayent en tout cas _____ trouver un mode de vie qui les motive et qui leur convient.

4 Faites des phrases avec les verbes suivants.

commencer / finir   accepter / refuser   essayer / réussir   adorer / détester

_____

_____

_____

38

LES VERBES
de DÉPLACEMENT

Je **vais** en Italie pour **voir** des amis et **visiter** la Toscane.

■ « ALLER », « VENIR », etc.

- **« Aller »** d'un lieu vers un autre lieu :

  *Je **vais** à Paris.* →
  (Je ne suis pas à Paris.)

- **« Venir »** d'un lieu vers le lieu où on est :

  ← *Venez me voir à Paris !*
  (Je suis à Paris.)

- **« Retourner »** = « aller » une **nouvelle** fois :

  *Je **retourne** à Paris.*

- **« Revenir »** = « venir » une **nouvelle** fois :

  *Attendez-moi, ici, je **reviens**.*

- **« Rentrer »** = « revenir » à son **domicile** ou dans son **pays** d'origine :

  *Je **rentre** chez moi à 8 heures du soir.*
  *Les touristes **rentrent** dans leur pays à la fin des vacances.*

⚠ • « Avec moi » et « avec nous » se construisent avec « venir » :

  *On **va** en Afrique et Joan **vient** avec nous.*

- Les verbes de déplacement (« aller », « venir », « monter », etc.) sont suivis d'un infinitif **sans** préposition :

  Je viens chercher Pierre.
  Je passe acheter le journal.

■ « ALLER VOIR » (« VENIR VOIR ») / «VISITER»

- **« Aller voir »** + personne :

  *Je **vais voir** mes parents le dimanche.*
  *Mes cousins **viennent** me **voir** souvent.*

- **« Visiter »** + lieu **touristique** :

  *Je **visite** Notre-Dame.*
  *Nous **visitons** l'église avec un guide.*

⚠ • Ne dites pas :

  Je ~~visite~~ ma grand-mère   *– Est-ce que je peux ~~visiter~~ les toilettes ?*

- Dites :

  Je vais voir ma grand-mère.   *– Où sont les toilettes, s'il vous plaît ?*

1 Complétez avec « aller », « venir », « retourner », « rentrer ».

Je *vais* souvent en Bourgogne, chez des amis américains, David et Eléonore, qui vivent là-bas, dans un village minuscule. David et sa femme _____ me voir à Paris de temps en temps, mais ils _____ vite dans leur petit village, car ils ne supportent plus les grandes villes. L'été, ils _____ en Provence ou en Italie. David et Eléonore pensent _____ définitivement chez eux, aux États-Unis, après leur retraite.

2 Complétez le dialogue avec « aller », « venir » et « revenir ».

— Tentations —

– Tu _____ avec moi ou tu _____ avec Marc et Laurent ?
– Je _____ avec eux : ils _____ au cinéma puis au bowling.

– Moi, je _____ à la mer, puis je _____ ici chercher Béa et nous _____ manger une pizza.
– Une pizza ! Oh alors, je _____ avec vous !

3 Complétez avec « venir », « aller », « revenir », « retourner », « rentrer ».
– Ta femme de ménage *vient* chez toi le matin ou l'après-midi ?

1. – Nous _____ aux sports d'hiver : vous voulez _____ avec nous ?

2. Les enfants français _____ à l'école le matin et ils y _____ l'après-midi.

3. – Le directeur est occupé : pouvez-vous _____ dans une heure ?

4. – Zut ! J'ai oublié le lait : je dois _____ à l'épicerie.

5. – Attends-moi ici : je _____ juste à la banque et je _____.

6. – J'ai encore mal aux dents. Je dois _____ chez le dentiste pour la troisième fois.

7. – Il est tard, les enfants, il faut vite _____ à la maison !

8. Les touristes _____ dans leur pays à la fin des vacances.

4 Complétez avec « voir » ou « visiter ».

1. Quand Jacques va _____ Madeleine, il lui apporte des bonbons.

2. – Nous allons _____ Versailles et nous emmenons les enfants.

3. – Si vous allez _____ la Bretagne, emportez un parapluie !

4. – Chaque fois que ma fille Zoe vient nous _____, elle amène un nouveau fiancé.

5 Faites des phrases avec « visiter », « retourner » et « aller voir ».

1. lundi : musée du Louvre
2. mardi : Juliette
3. mercredi : tante Mimi
4. jeudi : musée du Louvre
5. vendredi : musée d'Orsay
6. samedi : cathédrale de Chartres

39

LE FUTUR PROCHE

Demain,	je	**vais**	dîn**er**	au restaurant.
	tu	**vas**	rest**er**	chez toi ?
	il			
	elle }	**va**	all**er**	au cinéma.
	on			
	nous	**allons**	visit**er**	le Louvre.
	vous	**allez**	part**ir**	en week-end ?
	ils }	**vont**	fin**ir**	leur travail.
	elles			

UTILISATION

- Sans précision de temps, le futur proche indique un événement **immédiat** :

    – *Vite : le train **va partir** !*
    – *Regarde : il **va pleuvoir** !*
    – *Attention : tu **vas tomber** !*

- Avec une précision de temps, il indique un futur plus ou moins **lointain** :

    *Je vais partir **en septembre**.*
    *Je vais rester **six ou sept ans** en France.*

FORMATION : « **aller** » au présent + **infinitif**

   *Je **vais** partir.*   *Nous **allons** déménager.*

- Pour le futur proche d'« **aller** », on utilise deux fois le verbe « aller » :

   *Je **vais aller** en Grèce.*   *Ils **vont aller** en Espagne.*

QUELQUES EXPRESSIONS de TEMPS

présent :	*Aujourd'hui*	*Cette semaine*	*Ce mois-ci*	*Cette année*
futur :	***Demain***	***La semaine prochaine***	***Le mois prochain***	***L'année prochaine***

(futur simple, p. 224)

1 Complétez le texte en utilisant le futur proche, selon le modèle.

En général, je rentre assez tard le soir. *Ce soir, je vais rentrer* plus tôt.

1. D'habitude, je pars du bureau à 19 heures. _____ à 18 heures.

2. D'habitude, je regarde un film. _____ la finale de foot.

3. En général, je dîne chez moi. _____ chez Jo.

4. D'habitude, je mange des légumes bouillis. _____ une pizza surgelée.

5. D'habitude, je bois de l'eau. _____ de la bière.

2 Complétez avec les verbes manquants.

pleuvoir   fermer   ~~partir~~
décoller   tomber   commencer

1. – Dépêche-toi, le train *va partir* !

2. – Prends un parapluie : il _____ !

3. – Il est 7 h 25 : les magasins _____ !

4. – Entrez vite : le spectacle _____ !

5. – Attachez vos ceintures : nous _____ !

6. – Ne cours pas si vite ! Tu _____ !

3 Transformez, selon le modèle.

1. – Le film commence ! Éteins la lumière !

– *Éteins la lumière : le film va commencer.*

2. – On arrive au péage ! Prépare la monnaie !

– _____

3. – Le cours commence ! Rentrons !

– _____

4. – Les invités arrivent ! Habille-toi !

– _____

4 Complétez les phrases avec le futur proche.

Ce mois-ci, je travaille à Paris. *Le mois prochain, je vais travailler* à Lyon.

1. Cette année, nous passons nos vacances en Corse.

_____ en Grèce.

2. Cette semaine, mes parents visitent Londres.

_____ Amsterdam.

3. Aujourd'hui, Paul range ses lettres et ses papiers.

_____ ses livres et ses revues.

4. Ce mois-ci, je vais au théâtre.

_____ à l'Opéra.

5. Cette semaine, il fait froid.

_____ beau.

5 Qu'est-ce que vous allez faire :

Demain à midi ? _____   Samedi prochain ? _____

Demain soir ? _____   Dimanche soir ? _____

E X E R C I C E S

1 Décrivez les activités de M. Blanchot, au futur proche.

Lundi **9 h/12 h** Préparation voyage Londres **13 h** Déjeuner M. Reiser « La Bonne Assiette » Discuter dossier Samson's **15 h** Départ aéroport Roissy **16 h 45** Arrivée Londres	– Que va faire M. Blanchot lundi ? – *De neuf heures à midi, il va préparer son voyage à Londres.* _____ _____ _____ _____ _____ _____ _____

Mardi **8 h 30/13 h** Visite usine Samson's Banque Piksow **13 h** Déjeuner M. Shark Signature nouveaux contrats **17 h/20 h** Étude dossier Europa **20 h** Dîner Mme Rover	– Quel est le programme de mardi ? _____ _____ _____ _____ _____ _____ _____ _____

Mercredi **7 h** (Taxi) **8 h 15** Départ avion Paris	– Décrivez la matinée de mercredi. _____ _____ _____ _____

2 Vous êtes M. Shark, donnez votre agenda de la semaine suivante.

Lundi, *je vais aller à Boston* _____

Mardi, _____

Mercredi, _____

1 **Faites des phrases, selon le modèle.**

Faire des courses/inviter des amis

Annie *va faire des courses parce qu'elle va inviter des amis.*

1. Économiser de l'argent/partir six mois en Chine

Mon frère _____

2. Faire beaucoup d'exercices/passer un examen

Les étudiants _____

3. Faire le ménage/recevoir des amis

Je _____

4. Prendre un congé sabbatique/écrire un livre

Notre professeur _____

5. Déménager/avoir un troisième enfant

Les voisins _____

2 **Transformez en utilisant le futur proche, selon le modèle.**

avoir mal au ventre	~~prendre sa retraite~~	avoir un bébé
pleuvoir	rater le dernier métro	rentrer à l'école

1. Mon frère a soixante ans, *il va prendre sa retraite* dans deux mois.

2. Le temps est très nuageux, il _____ avant la fin de la journée.

3. Les enfants mangent trop de chocolat : ils _____, cette nuit.

4. Marie est enceinte de 8 mois : elle _____ en janvier.

5. – Ton fils a déjà trois ans ? – Oui, il _____ en septembre.

6. Dépêchons-nous : nous _____. Il est minuit et demie !

3 **Complétez librement, au futur proche.**

Nos amis vont acheter une Peugeot. Leurs parents *vont acheter une Renault.*

1. Tu vas aller au cinéma ce soir. Ton frère _____

2. Mon père va boire un double whisky. Ma mère _____

3. Je vais partir en vacances en août. Mes enfants _____

4. Ma fille va partir en Angleterre. Vos enfants _____

5. Les enfants vont manger du poulet. Ma femme et moi, nous _____

4 **Répondez librement.**

Qu'est-ce que vous allez manger ce soir ? Qu'est-ce que vous allez boire ? Quels vêtements allez-vous mettre demain ? Quel temps va-t-il faire ?

LE FUTUR PROCHE, LE PRONOM et L'ADVERBE

> Ce soir, je vais **me** coucher tôt.
> Je vais **bien** dormir.

■ LA PLACE DU PRONOM COMPLÉMENT

- Le pronom complément se place **devant** l'infinitif :

    *Je vais **les inviter**.*
    *Je vais **leur téléphoner**.*
    *Je vais **me préparer***

- Le futur proche de « il y a » est « il va y avoir » :

    *Il va **y avoir** du brouillard demain.*
    *Il va **y avoir** des embouteillages.*

■ LA PLACE DE L'ADVERBE

- Les adverbes de **quantité** et de **qualité** se placent **entre** les deux verbes :

    *Je vais **beaucoup** travailler.*
    *Je vais **bien** dormir.*

- Les adverbes de **lieu** et de **temps** et beaucoup d'adverbe en « -ment » se placent en général **après** le verbe à l'infinitif :

    *– Tu vas dîner **dehors** ?*
    *– Vous allez rentrer **tard** ?*
    *– Il va conduire **prudemment**…*

■ Les règles précédentes fonctionnent avec toutes les constructions infinitives :

    *Je voudrais **les** inviter.*
    *Ils peuvent **en** manger.*
    *Vous devez **beaucoup** travailler.*
    *Nous pensons dîner **tôt**.*
    *Il faut conduire **lentement**.*

EXERCICES

1 Répondez aux questions au futur proche en utilisant un pronom, selon le modèle.

– Vous allez inviter **les voisins**, samedi prochain ? – *Oui, je vais les inviter.*

1. – Vous allez regarder **le match** à la télé ? – _____

2. – Vous allez arroser **les fleurs** ? – _____

3. – Vous allez ranger **vos papiers** ? – _____

4. – Vous allez écrire **à votre mère** ? – _____

5. – Vous allez téléphoner **à vos amis** ? – _____

2 Donnez le programme de la fête du village, selon le modèle.

15 août : bal en plein air   16 août : spectacle de magie   17 août : feu d'artifice

Le 15 août, il va y avoir un bal en plein air _____

3 Répondez aux questions en utilisant un pronom.

––––––––––––––––––– Ingrid –––––––––––––––––––

En général, je me lève à 7 heures. Je vais au bureau à pied. D'abord, je lis rapidement le courrier puis je téléphone aux clients. Je dicte des lettres à ma secrétaire. À midi, je vais à la piscine avec Rachel. À 14 heures, je mange une pomme et je bois deux cafés. Vers 15 heures, je rencontre les fournisseurs et je paye les factures. À 18 heures, je dis au revoir à mes collègues et je pars. En rentrant, j'achète deux baguettes. Je dîne à 20 heures. Après le dîner, je téléphone à ma fille. Je me couche tôt.

1. Demain, Ingrid va se lever tard ? *Non, elle va se lever à 7 heures.*

2. Ingrid va aller au bureau en métro ? _____

3. Elle va téléphoner aux clients l'après-midi ? _____

4. Elle va aller à la piscine seule ? _____

5. Elle va rencontrer les fournisseurs à quelle heure ? _____

6. Elle va acheter une ou deux baguettes ? _____

7. Elle va téléphoner à sa fille avant le dîner ? _____

8. Elle va se coucher tard ? _____

4 Répondez en utilisant « bien », « mal », « beaucoup », « lentement ».

1. – Vous allez manger dans un restaurant trois étoiles ? – Oui, on *va bien manger !*

2. – Tu sais comment va finir le film ? – Oui, malheureusement, ça _____

3. – Vous allez dormir pendant les vacances ? – Oui, je _____

4. – Vous allez conduire, malgré le verglas ? – Oui, mais nous _____

5. – D'après la météo, il va pleuvoir ? – Oui, il _____

LE FUTUR PROCHE, LA NÉGATION et L'INTERROGATION

> – **Est-ce que** vous allez changer d'appartement ?
> – Non, nous **n'**allons **pas** déménager.

■ LA PLACE DE LA NÉGATION

- La négation se place **avant** et **après** le verbe conjugué :

	ne	*pas*	sortir.
Je	*ne*	*plus*	le voir.
	ne	*rien*	lui dire.

- « **Personne** » et « **aucun** » se placent après l'infinitif :

  *Je **ne** vais inviter **personne**.*
  *Je **ne** vais accepter **aucune** invitation.*

- Le pronom se place devant l'infinitif :

  *Je ne vais pas **les** inviter.*

■ L'INTERROGATION

- On utilise l'intonation montante ou « **est-ce que** » en début de phrase :

  – Vous allez prendre des vacances ?
  *– **Est-ce que** vous allez partir en Autriche ?*

- On inverse le verbe et le pronom :

  *– Allez-**vous** partir le matin ?*
  *– Allez-**vous** prendre l'avion ?*

- Avec les noms, on utilise un pronom de rappel :

  *– Vos parents vont-**ils** partir avec vous ?*
  *– Jean va-**t-il** vos accompagner ?*   (+ « -t- » entre deux voyelles)

■ Les règles précédentes fonctionnent avec toutes les constructions infinitives :

*Je **ne** veux **pas** travailler.*
*Je **ne** peux **pas** accepter.*   *– Pensez-**vous** revenir ?*
*Je **ne** pense **pas** revenir.*   *– Jean pense-**t-il** revenir ?*

1 Mettez à la forme négative, selon le modèle.

Ne me quitte pas

Je vais pleurer !

Je vais crier !

Je vais tomber malade !

Je vais craquer !

Je vais tout casser !

Reste ! *Je ne vais pas pleurer…*

_____

_____

_____

_____

2 Posez la question en utilisant la forme négative, selon le modèle.

1. rester à Paris

– *Est-ce que vous allez rester à Paris*, cet été ?

– *Non, je ne vais pas rester à Paris*, je vais aller en Italie.

2. partir en train

– _____ ?

– _____, je vais partir en voiture.

3. passer par les Alpes

– _____ ?

– _____, je vais passer par la Côte d'Azur.

4. dormir à Nice

– _____ ?

– _____, je vais dormir à Menton.

5. rentrer en août

– _____ ?

– _____, je vais rentrer en septembre.

3 Complétez selon le modèle en utilisant des pronoms compléments.

~~rater~~ perdre mordre abîmer punir

1. – Le bus arrive ! Courez, sinon *vous allez le rater !* – Mais non, *on ne va pas le rater.*

2. – Arrête d'agacer le chien, sinon, il_____ – Mais non, il _____

3. – Ne prête pas tes disques aux enfants : ils _____ – Mais non, ils _____

4. – Attache ton écharpe : tu _____ – Mais non, je _____

5. – Tu as eu zéro à ta dictée ! Tes parents_____ – Mais non, ils _____

4 Répondez à la forme négative.

1. – Vous allez repeindre votre appartement ? – _____

2. – Vous pensez regarder le match de boxe ce soir ? – _____

3. – Vous allez téléphoner à Paul ? – _____

4. – Vous allez inviter vos voisins ce soir ? – _____

5. – Voulez-vous refaire les exercices ? – _____

40

LE PASSÉ COMPOSÉ

On utilise le passé composé pour raconter des événements au passé.
Formation : auxiliaire « **être** » ou « **avoir** » au présent + **participe passé**.

*Hier, j'**ai dîné** à huit heures et je **suis allé** au cinéma.*

■ LE PASSÉ COMPOSÉ avec « AVOIR »

Hier,	j'	**ai**	**mangé**	au restaurant.
	tu	**as**	**mangé**	chez toi.
	il			
	elle	**a**	**mangé**	à midi et demi.
	on			
	nous	**avons**	**mangé**	ensemble.
	vous	**avez**	**mangé**	tard.
	ils	**ont**	**mangé**	avec des amis.
	elles			

■ **Verbes en « -er »** : le participe passé se forme sur le **radical** de l'infinitif + « **é** ».

> Mang-er   *J'ai mang-**é***
> Regard-er   *J'ai regard-**é***

• Le participe passé ne s'accorde pas avec le sujet du verbe « avoir » :

> *Il a mang**é** un gâteau.*
> *Ils ont mang**é** un gâteau.*

■ Le passé composé de la **majorité des verbes** se forme avec « avoir » :

> *J'**ai** mangé. J'**ai** bu. J'**ai** dormi.*

• Le passé composé de « être » et « avoir » se forme aussi avec « avoir » :

> *J'**ai été** malade. J'**ai eu** mal à la gorge.*

■ QUELQUES EXPRESSIONS de TEMPS

présent :	*Aujourd'hui*	*Cette semaine*	*Ce mois-ci*	*Cette année*
passé :	***Hier***	***La semaine dernière***	***Le mois dernier***	***L'année dernière***

(tableau des participes passés, p. 178)

E X E R C I C E S

1 **Répondez aux questions, selon le modèle.**

– En général, vous déjeunez à la cafétéria ou chez vous ?
– *En général, je déjeune à la cafétéria, mais hier, j'ai déjeuné chez moi.*

1. – D'habitude, vous mangez de la viande ou du poisson à midi ?

– _____

2. – En général, vous dînez chez vous ou au restaurant ?

– _____

3. – D'habitude, vous travaillez sept ou huit heures par jour ?

– _____

4. – En général, vous commencez à 8 heures ou à 9 heures ?

– _____

5. – D'habitude, vous terminez à 6 heures ou à 7 heures ?

– _____

2 **Répondez aux questions, selon le modèle.**

— Vacances en Espagne —

– Vous avez passé vos vacances en Espagne ?
– Vous avez emmené vos enfants ?
– Vous avez visité l'Andalousie ?
– Vous avez écouté du flamenco ?
– Vous avez filmé une corrida ?
– Vous avez mangé des « tapas » ?
– Vous avez rapporté des souvenirs ?

– *Oui, j'ai passé mes vacances en Espagne.*
– _____
– _____
– _____
– _____
– _____
– _____

3 **Transformez.**

– N'acceptez pas leur proposition !
– Trop tard : *j'ai accepté !*
– Ne signez pas !
– Trop tard : _____ !

– Ne refusez pas notre offre !
– Trop tard : _____ !
– Ne démissionnez pas !
– Trop tard : _____ !

4 **Mettez dans l'ordre chronologique.**

payer   acheter des légumes   préparer le repas   dîner   ~~retirer de l'argent~~

Hier, j'ai retiré de l'argent, _____

_____

EXERCICES

1 **Mettez les phrases au passé composé, en changeant les expressions de temps.**

Aujourd'hui, il neige sur toute la France.

Hier, il a neigé sur toute la France.

1. Ce soir, un journaliste interviewe le président de la République.

_____

2. Chaque année, la consommation d'énergie augmente.

_____

3. Toutes les semaines, « L'Express » publie un reportage intéressant.

_____

4. Tous les mardis, nous mangeons du poisson frais.

_____

5. Chaque mois, mon mari arrête de fumer (pendant deux jours…).

_____

6. Chaque année, je joue au casino et je gagne un peu d'argent.

_____

7. Tous les soirs, nous regardons le journal télévisé et nous parlons de politique.

_____

8. Tous les mercredis, Daniel et Mina préparent un plat exotique et invitent des amis.

_____

2 **Trouvez les verbes manquants. Faites l'élision, si c'est nécessaire.**

1. Hier matin, j'*ai écouté* la radio.

2. À midi, vous _____ un sandwich ?

3. La semaine dernière, je _____ mes impôts.

4. Avant-hier, mes amis _____ le Louvre.

5. Paul _____ 1 000 € au Loto.

6. Hier, tu _____ la télévision ?

7. Mardi dernier, nous _____ aux échecs.

8. Hier soir, on _____ des disques.

9. Pour ma fête, je _____ des amis.

10. Tu _____ des légumes au marché ?

3 **Faites des phrases au passé composé en donnant des précisions (quoi, où, quand, etc.).**

| déjeuner/manger | acheter/payer | jouer/gagner |
| commencer/terminer | déjeuner/dîner | rencontrer/parler |

Hier, j'ai déjeuné <u>chez moi</u> et j'ai mangé <u>des pâtes.</u> _____

_____

_____

_____

_____

1 M. Pascal a quitté son travail et sa famille sans explication. Un policier enquête.

———————————— M. Pascal ————————————

À 8 h, M. Pascal embrasse sa femme et il accompagne ses enfants à l'école.

À 8 h 30, il retire un sac du pressing. Il paye en liquide.

À 9 h, il achète « Le Figaro » à la papeterie. Il bavarde avec Mme Rolin, la vendeuse.

Ils parlent du temps. Quand Mme Rolin parle de la crise économique, M. Pascal change de sujet. Il quitte le magasin et il traverse la rue sans regarder.

Rapport d'enquête

Hier matin, à 8 heures, M. Pascal _____

_____

_____

_____

_____

_____

2 Mettez au futur proche puis au passé composé, en précisant librement les compléments.

Aujourd'hui, j'achète de la viande pour dîner.

Demain, je vais acheter du poisson. Hier, j'ai acheté du poulet.

1. Aujourd'hui, j'invite Julien chez moi.

_____

2. Ce soir, nous regardons une émission scientifique à la télé.

_____

3. Cette année, Jean-Louis visite l'Écosse.

_____

4. Cette semaine, je garde les enfants de ma fille.

_____

5. Ce mois-ci, vous travaillez avec des étudiants anglais.

_____

3 Mettez au passé composé et au futur proche, en précisant librement les compléments.

manger   *Hier, j'ai mangé des fraises.*   *Demain, je vais manger du melon.*

inviter   _____   _____

visiter   _____   _____

regarder   _____   _____

écouter   _____   _____

LE PARTICIPE PASSÉ

> J'ai **dîné.** J'ai **mis** un disque. J'ai **bu** un verre.

Phonétiquement, on peut regrouper les participes passés les plus courants de la manière suivante :

PARTICIPES EN « É »		
Manger	*mangé*	Tous les verbes en « **-er** »
Regarder	*regardé*	

PARTICIPES EN « U »		PARTICIPES EN « I »	
Lire	*lu*	Finir	*fini*
Voir	*vu*	Grandir	*grandi*
Boire	*bu*	Choisir	*choisi*
Entendre	*entendu*	Prendre	*pris*
Attendre	*attendu*	Apprendre	*appris*
Répondre	*répondu*	Comprendre	*compris*
Perdre	*perdu*	Mettre	*mis*
Vouloir	*voulu*	Dire	*dit*
Devoir	*dû*	Écrire	*écrit*
Pouvoir	*pu*	Conduire	*conduit*
Savoir	*su*		
Croire	*cru*		
Falloir	*fallu*		

AUTRES CAS	
Faire	*fait*
Être	*été*
Avoir	*eu*
Ouvrir	*ouvert*
Découvrir	*découvert*
Offrir	*offert*
Souffrir	*souffert*
Peindre	*peint*
Craindre	*craint*

Courir	*couru*	
Connaître	*connu*	
Disparaître	*disparu*	
Plaire	*plu*	
Pleuvoir	*plu*	
Recevoir	*reçu*	
Venir	*venu*	
Vivre	*vécu*	

(participes passés avec « être », p. 182)

1 **Mettez les phrases au passé composé.**

Je mange un croissant et je bois un café. *J'ai mangé un croissant et j'ai bu un café.*

1. Georges achète le journal et il prend l'autobus.

_____

2. Marie met un imperméable et elle prend un parapluie.

_____

3. Nous buvons une bière et nous mangeons une pizza.

_____

4. Vous lisez le journal et vous voyez une annonce intéressante.

_____

5. Julie écrit à sa mère et elle poste la lettre.

_____

6. Tu finis ton travail et tu écris à tes amis.

_____

7. Nous perdons nos clés et nous devons appeler les pompiers.

_____

8. Il y a une grève des transports et je dois rentrer à pied.

_____

2 **Complétez, selon le modèle.**

En général, je bois une tisane le soir, mais hier soir, *j'ai bu* un double whisky.

1. Chaque mois, je reçois une ou deux cartes postales, mais le mois dernier _____ huit lettres !

2. D'habitude, je bois un café par jour, mais hier, _____ trois cafés et un cappuccino.

3. En général, je lis un roman par mois, mais le mois dernier, _____ trois romans et deux pièces de théâtre.

4. Le matin, j'attends le bus 5 minutes environ, mais hier matin, _____ le 27 plus d'une demi-heure.

5. En général, je perds trois parapluies par hiver, mais l'hiver dernier _____ au moins dix parapluies.

3 **Mettez au passé composé.**

┌─── Ta lettre ───┐
Ouvrir une lettre et avoir un choc

Boire de l'alcool et avoir mal à la tête

Prendre sa voiture et conduire dans la nuit

Brûler un feu rouge et être arrêté par la police

Plaire au gendarme et payer une légère amende

J'ai ouvert ta lettre _____

_____

_____

_____

_____

LE PASSÉ COMPOSÉ

E X E R C I C E S

1 Complétez les phrases avec les verbes manquants au passé composé.

~~répondre~~ grandir traduire choisir pleuvoir découvrir

1. Vos parents vous ont écrit. Vous *avez répondu* à leurs lettres ?

2. Tous les pantalons de mon fils sont trop courts ; il _____ de 10 centimètres en 2 mois.

3. Charles est un grand traducteur : il _____ presque tout Shakespeare.

4. Christophe Colomb _____ l'Amérique en 1492.

5. J'ai longtemps hésité entre la robe rouge et la robe bleue, et finalement je _____ la bleue.

6. La campagne est verte cette année : il _____ trois mois sans interruption !

2 Mettez le texte au passé composé.

Deux jeunes gens veulent partir faire des fouilles archéologiques dans le désert. Ils doivent faire une demande spéciale. Finalement, ils peuvent partir grâce à un ami de leurs parents. Ils croient être assez résistants pour travailler un mois. En fait, il faut les rapatrier au bout d'une semaine.

_____

_____

3 Mettez au passé composé.

┌─── « La vie sans Rose » ───┐

Je vois le temps par la fenêtre,
(un ciel gris vraiment morose).

J'ai du mal à me lever,
(à cause de mon arthrose).

J'entends le chien aboyer
(pour réclamer son « Dogdose »)

Je reçois un peu de courrier,
(mais pas de lettre de Rose).

Je lis le programme télé,
(comme toujours, pas grand-chose)

Je bois un peu de rosé et

je vois des éléphants roses !

4 Mettez au passé composé.

Le chevalier ouvre le coffre. Il découvre un manteau brodé d'or. Il offre le manteau à la reine.
Il lui couvre tendrement les épaules. Il souffre en silence et il ouvre la porte pour disparaître à jamais.

_____

1 Complétez avec les verbes manquants, selon le modèle.

——————— Une soirée bon marché ———————

Hier soir, *j'ai mis* un gros pull, _____ mon parapluie et _____ l'autobus pour aller au cinéma. Dans une épicerie, _____ un paquet de biscuits et une bouteille de Coca. _____ le Coca en marchant et _____ les biscuits dans la queue du cinéma. _____ dix minutes pour dîner et _____ deux euros. Dans la même soirée, _____ deux films : un film anglais et un film polonais. À minuit, _____ un taxi. _____ seulement huit euros. Finalement, _____ une bonne soirée, pas très chère…

2 Mettez les phrases au passé composé, selon le modèle.

Passer un examen/réussir avec mention   Conduire dans la nuit/mettre de la musique
Prendre le métro/revoir un vieil ami   Suivre un régime/perdre 10 kg
Vivre en Norvège/découvrir des endroits magiques   Manger des huîtres/être malade

J'ai passé un examen et _____

_____

_____

_____

3 Transformez le sondage selon le modèle.

Manger du caviar : 35 %
35 % des Français ont mangé du caviar au moins une fois dans leur vie.

Participer à une manifestation de rue : 32 %

_____

Prendre des médicaments pour dormir : 30 %

_____

Gagner à un jeu national (Loto, Tac-o-Tac) : 21 %

_____

Faire une dépression nerveuse : 18 %

_____

Consulter une voyante : 15 %

_____

Faire un chèque sans provision : 13 %

_____

4 Lesquelles des expériences citées ci-dessus avez-vous faites une fois au moins dans votre vie ?

_____

LE PASSÉ COMPOSÉ avec « ÊTRE » (verbes de déplacement)

Hier,	je	**suis**	**parti**(e)	tard.
	tu	**es**	**arrivé**(e)	tôt.
	il			
	elle	**est**	**venu**(e)(s)	à cinq heures.
	on			
	nous	**sommes**	**monté**(e)**s**	au troisième étage.
	vous	**êtes**	**descendu**(e)(s)	au sous-sol.
	ils	**sont**	**allé**(e)**s**	au cinéma.
	elles			

■ Les verbes du type « **ARRIVER** »/« **PARTIR** » se construisent avec « **être** » :

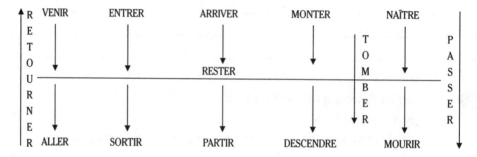

- **Participes passés**

  allé/venu   entré/sorti   arrivé/parti   monté/descendu/tombé
  né/mort   resté   passé   retourné

  (+ composés : *revenu, devenu, reparti, rentré*, etc.)

- Ces 14 verbes, souvent symétriques, indiquent un **changement** de lieu :
  *L'homme **est entré** puis il **est sorti**.*

 - « **Rester** » s'utilise avec « être » (= déplacement zéro) :
  *Je **suis** resté à l'hôtel* signifie : Je ne suis pas sorti.

- Les verbes indiquant la manière de se déplacer s'utilisent avec « **avoir** » :
  *J'**ai** marché, j'**ai** couru, j'**ai** sauté, j'**ai** dansé, etc.*

- **Le participe passé** s'accorde, comme un adjectif, avec le **sujet** :
  *Elle est restée chez elle. **Ils** sont allés au restaurant.*

(passé composé avec « avoir », p. 174 et 178)

1 **Répondez selon le modèle.**

– Vous êtes venu(e) à l'école en métro, hier ? – *Oui, hier, je suis venu(e) à l'école en métro.*

1. – Vous êtes venu(e) en taxi, la première fois ? – _____

2. – Vous êtes allé(e) à l'hôtel à pied, hier soir ? – _____

3. – Vous êtes passé(e) par le centre-ville ? – _____

4. – Vous êtes arrivé(e) avant six heures ? – _____

5. – Vous êtes ressorti(e) une heure plus tard ? – _____

2 **Complétez librement.**

L'ascenseur est **monté** au 6ᵉ étage et *il est descendu au 3ᵉ*.

1. L'avion est **arrivé** à 15 heures et il _____

2. Les touristes sont **montés** sur la tour Eiffel en ascenseur et ils _____

3. Les étudiants sont **entrés** dans la classe à 9 heures et ils _____

4. Mes amis sont **venus** chez moi, puis ils _____

5. John F. Kennedy est **né** en 1917 et il _____

3 **Racontez les événements de la journée d'hier, selon le modèle.**

— Faits divers —

Un avion arrive à Orly.

Un bébé naît dans une maternité.

Une cigogne passe dans le ciel gris.

Jean arrive des États-Unis.

Des enfants vont au bord de la mer.

Deux voleurs entrent dans un appartement.

Un homme d'État meurt dans son lit.

Un grand écrivain rentre dans son pays.

Jean monte dans un taxi.

Une femme sort sous la pluie.

Un homme tombe amoureux.

Jean rentre chez lui.

Un avion est arrivé à Orly.
_____
_____
_____
_____
_____
_____
_____
_____
_____
_____
_____

4 **Imaginez les déplacements d'un chat.**

à la cave   dans la cour   sur le toit   par la fenêtre

Mon chat _____

E X E R C I C E S

1 **Complétez, selon le modèle.**

┌─────────────────────── Mon grand-père ───────────────────────┐

Mon grand-père *est né* en Provence. Il _____ toute sa vie en Provence et il

_____ à 102 ans dans son village natal.

On dit, dans la famille, que s'il _____ si vieux, c'est parce qu'il n'_____

jamais _____ dans les affaires du village : il est vrai que tous ses amis,

qui _____ assez jeunes, _____ un jour ou l'autre

maires ou conseillers municipaux.

Ma grand-mère et mon grand-père _____ à l'écart du monde. Ils _____

du village seulement pour aller voir leurs enfants : ils _____ chez nous

(à 30 km !) pour notre mariage et ils _____ chez ma sœur quand son bébé

_____.

La dernière fois que nous _____ les voir, les enfants et mon grand-père

_____ au grenier et ils _____ chargés de vieux atlas entière-

ment annotés : mon grand-père n' _____ jamais _____ de sa

Provence, mais il _____ partout avec son imagination.

└──┘

~~naître~~
rester
mourir
devenir
intervenir
mourir
devenir
rester
sortir
venir
aller
naître
aller
monter
redescendre
sortir
aller

2 **Vous passez souvent de courts week-ends à Rome. Racontez votre dernier week-end.**

Je pars de Paris le samedi à 11 heures et j'arrive à Rome vers 13 heures. Je passe à l'hôtel Arenula

_____

pour laisser mes bagages et je vais au Capitole. Je reste sur les escaliers de la place Michel-Ange

_____

jusqu'à 16 heures. Ensuite, je vais sur l'île Tibérine : je passe par le « ghetto », puis je monte sur le

_____

Janicule pour voir le coucher de soleil. Le soir, je retourne à l'hôtel pour me changer, puis je sors pour aller

_____

dîner dans le quartier du Panthéon. Ensuite, je vais manger une glace sur la place Navona.

_____

Je rentre à l'hôtel vers minuit. Le dimanche, je reste presque toute la journée au soleil dans les jardins

_____

de la Villa Borghese. Je pars à 18 heures et j'arrive à Paris à 20 heures.

_____

1. – À quelle heure êtes-vous parti(e) de Paris ? – _____

2. – À quelle heure êtes-vous arrivé(e) à Rome ? – _____

3. – Dans quel hôtel êtes-vous allé(e) ? – _____

1 **Complétez librement.**

En général, le matin, nous allons à l'école, mais hier, *nous sommes allés au cinéma.*

1. D'habitude, nous arrivons avant neuf heures,

   mais hier, _____

2. Le soir, nous rentrons en à pied,

   mais hier, _____

3. Le vendredi, nous sortons à six heures,

   mais vendredi dernier, _____

4. Le lundi, nous restons jusqu'à sept heures trente,

   mais lundi dernier, _____

5. Le dimanche, nous allons à la campagne,

   mais dimanche dernier, _____

2 **Complétez le texte puis répondez aux questions.**

——— M. Müller raconte ———

C'est la deuxième fois que nous venons à Paris. La première fois, nous y _____ pour notre voyage de noces en décembre 1975. Nous _____ dans un très bel hôtel, près de la place des Vosges. Naturellement, le premier jour, nous _____ sur la tour Eiffel ; le deuxième jour, nous _____ à Versailles et le troisième jour, nous _____ au Louvre. Nous _____ tous les soirs pendant quinze jours, mais les deux derniers jours, nous _____ au lit, grippés, épuisés, et sans un sou…

1. En quelle année M. et Mme Müller sont-ils venus à Paris ? _____
2. Est-ce qu'ils sont venus à Paris pour leur travail ? _____
3. Est-ce qu'ils sont allés dans un petit hôtel bon marché ? _____
4. Où sont-ils allés le premier jour ? _____
5. Est-ce qu'ils sont sortis tous les soirs ? _____
6. Est-ce qu'ils sont sortis les deux derniers jours ? _____

3 **Racontez vos dernières vacances. Où êtes-vous allé(e) ? Comment êtes-vous parti(e) ? Combien de temps êtes-vous resté(e) ?**

_____

_____

_____

LES VERBES PRONOMINAUX

> Elle **s'est levée** tôt. Il **s'est dépêché**.
> Ils **se sont rencontrés** dans l'ascenseur.

■ Les verbes **réfléchis** et **réciproques** se construisent avec « **être** » :

Je	*me suis levé(e) tôt.*
Tu	*t'es couché(e) tard.*
Il	
Elle	*s'est douché(e)(s).*
On	
Nous	*nous sommes promené(es).*
Vous	*vous êtes assis(e)(s).*
Ils	
Elles	*se sont embrassé(e)s*

■ En général, le **participe passé** s'accorde (comme un adjectif) avec le **sujet** :

> *Il s'est couché tôt.*
> *Elle s'est couchée tard.*
> *Ils se sont endormis tout de suite.*

« ÊTRE » ou « AVOIR » ?

■ Les verbes de type « arriver/partir », habituellement utilisés avec « être », se construisent avec « **avoir** » quand ils ont un complément d'**objet direct** :

• Sans complément d'objet direct → « être »	• Avec complément d'objet direct → « avoir »
*Il **est** sorti dans la rue.*	*Il **a** sorti le chien.*
*Nous **sommes** rentrés tôt.*	*Nous **avons** rentré la voiture.*
*Ils **sont** passés devant la banque.*	*Ils **ont** passé de bonnes vacances.*
*Elle **est** descendue à la cave.*	*Elle **a** descendu la poubelle.*
*Je **suis** monté à pied.*	*J'**ai** monté l'escalier.*
*Je **suis** retourné au bureau.*	*J'**ai** retourné le matelas.*

(accord des participes passés, p. 190)

1 Répondez aux questions, selon le modèle.

– Vous vous êtes reposé(e), dimanche dernier ? – *Oui, je me suis reposé(e), dimanche dernier.*

1. – Vous vous êtes promené(e) dans les rues ? – _____

2. – Vous vous êtes assis(e) dans les jardins ? – _____

3. – Vous vous êtes arrêté(e) devant les vitrines ? – _____

4. – Vous vous êtes couché(e) tôt ? – _____

2 Répondez aux questions, selon le modèle.

– Ma fille s'est levée à 10 h ce matin, vos enfants aussi ? – *Oui, ils se sont levés à 10 h, eux aussi.*

1. – Mon fils s'est amusé à l'anniversaire de Charlotte. Votre fille aussi ?

– _____

2. – Mes amis se sont ennuyés à la soirée de Renaud. Votre femme aussi ?

– _____

3. – Je me suis dépêché pour arriver à l'heure ce matin. Vous aussi ?

– _____

4. – Je me suis couché très tard hier soir ? Vous et votre femme aussi ?

– _____

3 Répondez en utilisant des pronominaux réciproques, selon le modèle.

– Quand avez-vous connu vos amis espagnols ? (1990, Barcelone)

– *Nous nous sommes connus en 1990, à Barcelone.*

1. – Où avez-vous rencontré votre femme ?   (plage de Saint-Tropez, hiver)

– _____

2. – Où vous êtes-vous mariés ?   (église de la Madeleine, printemps)

– _____

3. – Quand avez-vous connu Arthur ?   (1975, concert des Stones)

– _____

4. – Quand vous êtes-vous revus ?   (concert de Khaled, Marseille)

– _____

4 Mettez au passé composé avec « être » ou « avoir ».

1. (sortir)   – Paul _____ le chien ? – Oui, il _____ avec Pif !

2. (monter)   – Vous _____ sur la tour Eiffel ? – Oui, et nous _____ les escaliers à pied !

3. (passer)   Briget _____ à la banque et elle _____ l'après-midi dans les boutiques.

E X E R C I C E S

1 Complétez avec « être » ou « avoir » et les formes pronominales si c'est nécessaire.

— Confusion —

Hier matin, Paula *s'est* levée très tôt. Elle _____ monté les escaliers en vitesse. Elle _____ arrêtée au bar pour prendre un café. Quand elle _____ sorti son portefeuille pour payer, une photo _____ tombée par terre. Un garçon brun _____ ramassé la photo. Il _____ regardé Paula et il _____ souri. Ils _____ commencé à bavarder et ils _____ passé toute la matinée ensemble. Paula _____ tout oublié ce jour-là. ; c'est à dix heures du soir qu'elle _____ souvenue de son rendez-vous chez le dentiste.

2 De votre fenêtre, vous observez l'immeuble d'en face. Racontez au passé composé.

Un homme et une femme sortent d'une voiture blanche. Ils entrent dans l'immeuble d'en face. Ils montent

Un homme et une femme sont sortis _____

au 5ᵉ en ascenseur. Ils vont quelques minutes dans le salon. Ensuite, ils vont dans la cuisine. L'homme

_____

se lave les mains, mais aïe, aïe, aïe ! il se trompe de robinet. Il se brûle. Il se met en colère. La femme se

_____

précipite, sa robe s'accroche à la table. La table se renverse. Les verres et les assiettes tombent par terre

_____

et se cassent. L'homme se fâche. La femme se met à pleurer. Ils se disputent. Ils se battent. Alors, furieux,

_____

l'homme part dans sa chambre. Il s'enferme. Il se déshabille. Il se met au lit. La femme reste longtemps à la

_____

fenêtre. Puis elle sort de l'appartement. Elle descend au 4ᵉ. Elle s'arrête devant une porte. Elle entre.

_____

Elle se jette dans les bras d'une femme plus âgée. Plus tard, elle se couche sur le divan du salon et elle

_____

s'endort. Le matin, elle sort, elle va au café du coin. Son mari et elle se rencontrent dans la rue. Ils se regardent

_____

et ils s'embrassent.

_____

3 Mettez au passé composé avec « être » ou « avoir ».

1. Il descend à pied. _____

2. Il passe une mauvaise nuit. _____

3. Elle descend la rue. _____

4. Elle passe devant le bar. _____

5. Ils rentrent chez eux. _____

6. Ils se recouchent. _____

1 Complétez avec « être » ou « avoir ».

———— Les techniciens ————

Les techniciens *ont* examiné la turbine. Ils _____ démonté tous les éléments. Ils _____ allés contrôler la chaudière. Ils _____ passé plusieurs heures au sous-sol. Ils _____ restés très tard à l'usine. L'ingénieur en chef _____ arrivé dans la soirée. Il _____ posé beaucoup de questions. Il _____ contrôlé la pression de la machine. Tous les employés _____ partis à vingt heures. Les techniciens _____ retournés à l'usine le lendemain matin.

2 Complétez avec « être » ou « avoir ».

———— À Lisbonne ————

Bernard et moi, nous *sommes* arrivés à Lisbonne le jour de la fête de la Saint-Jean. Nous nous _____ promenés dans le quartier de l'Alfama. Nous nous _____ assis sur les escaliers au milieu des enfants et nous _____ mangé des sardines grillées. Je _____ réussi à dire quelques mots de portugais. Les enfants se _____ moqués de moi gentiment et nous _____ devenus amis. Un orchestre _____ commencé à jouer et tout le monde _____ dansé. Nous _____ chanté et nous nous _____ amusés comme des fous. Bernard _____ bu beaucoup de porto et moi, je _____ dansé toute la nuit. Le lendemain, nous _____ dû aller à la pharmacie pour acheter de l'aspirine (pour sa migraine) et du sparadrap (pour mes pieds).

3 Mettez au passé composé.

1960 John Kennedy devient président des États-Unis.
1961 Le Mur de Berlin est construit en une nuit.
1962 Marilyn Monroe se suicide.
1963 Le président Kennedy est assassiné.
1966 La Révolution culturelle commence en Chine.
1967 Les colonels prennent le pouvoir en Grèce.
1968 En France, les étudiants manifestent et les ouvriers font la grève.
1969 Neil Armstrong marche sur la Lune !

En 1960, _____

_____

_____

_____

4 Énumérez quelques grands événements des années 1970, 1980, 1990, 2000, etc.

_____

L'ACCORD des PARTICIPES PASSÉS

> Marie est sortie. Elle s'est promenée.
> Elle a acheté des fleurs. Elle les a mises dans un vase bleu.

■ **AVEC « ÊTRE »,** le participe passé **s'accorde** avec le **sujet** :

Il est parti.	*Elle est partie.*
Ils sont partis.	*Elles sont parties.*
Il s'est couché.	*Elle s'est couchée.*
Ils se sont rencontrés	*Elles se sont rencontrées.*

- Le participe passé **ne s'accorde pas** :

  – quand le verbe se construit avec « **à** » :

Ils se sont parlé.	parler **à** qn
Ils se sont téléphoné.	téléphoner **à** qn

  – quand le verbe est suivi d'un **complément d'objet direct** :

Elle s'est lavée.	*Elle s'est lavé <u>les mains</u>.*
Elle s'est coupée.	*Elle s'est coupé <u>le doigt</u>.*

  – dans les constructions avec « **faire** » :

*Elle s'est **fait** mal.*	*Elle s'est **fait** opérer.*

■ **AVEC « AVOIR »,** le participe **ne s'accorde pas** avec le sujet :

> *Il a mangé.   Elle a mangé.   Ils ont mangé.*

- Le participe **s'accorde** avec le complément d'**objet direct** s'il est placé **avant**, c'est-à-dire quand on connaît son genre et son nombre.

• **Je n'accorde pas**	• **J'accorde**
(Je ne connais ni le genre ni le nombre du complément **avant** de former le participe.)	(Je connais le genre et le nombre du complément **avant** de former le participe.)
J'ai acheté des fleurs.	*Regarde <u>les fleurs</u> que j'ai achet**ées**.*
J'ai invité les voisins.	*Je **les** ai invit**és** hier.*

- On entend l'accord féminin des participes en « -t » et « -s » :

> *J'ai ouvert la porte. Je l'ai ouver**te**.*
> *La robe que j'ai mi**se** est froissée.*

(passif, p. 204)

E X E R C I C E S

1 **Accordez si c'est nécessaire.**

— Confidences —

Hier soir, Marie est all*ée* au cinéma avec son amie Julia. Elles sont rentr _____ à neuf heures pour dîner. Ensuite, elles sont mont _____ dans la chambre et elles se sont enferm _____ pour se raconter des secrets. Elle se sont endorm _____ tard et ce matin elles sont rest _____ au lit jusqu'à onze heures.

2 **Accordez si c'est nécessaire.**

— Love story —

Paul et Marie se sont rencontr _____ dans la queue du cinéma. Ils se sont regard _____ et ils se sont sour _____. Ils se sont retrouv _____ à la sortie : ils se sont parl _____ et ils se sont promen _____ toute la soirée. Ils se sont rev _____ le lendemain et, depuis, ils ne se sont plus quitt _____ !

3 **Mettez les terminaisons manquantes.**

Anna est tomb _____ dans l'escalier. Elle s'est cass _____ la jambe et elle est all _____ à l'hôpital. Pendant sa convalescence, ses enfants se sont débrouill _____ tout seuls ; ils se sont lev _____ tôt, ils se sont lav _____ les cheveux, ils se sont prépar _____ pour aller à l'école et ils se sont occup _____ de la maison : en un mois, ils sont deven _____ complètement autonomes !

4 **Mettez les terminaisons manquantes.**

1. Dimanche dernier, nous nous sommes promen*és* dans les bois et nous avons ramass _____ des champignons. Mais les champignons que nous avons ramass _____ étaient vénéneux et nous les avons jet _____.

2. Ma sœur a organis _____ une fête et elle a invit _____ des amis. Les garçons qu'elle a invit _____ étaient sympathiques, mais les filles qui sont ven _____ étaient désagréables. Elles ont tout critiqu _____ et elles sont rest _____ toute la soirée dans leur coin.

3. Les enfants sont rest _____ sous la pluie pendant une heure et ils ont attrap _____ un rhume. Je les ai soign _____ à ma manière : je leur ai donn _____ un bain chaud, je les ai frott _____ avec de l'eau de Cologne, je leur ai donn _____ une tisane et je les ai envoy _____ au lit tout de suite.

4. Quand j'ai trouv _____ dans ce petit magasin les disques de Murolo que je cherchais depuis des années, j'étais si contente que je les ai tous achet _____. Je les ai enregistr _____ sur cassette et je les ai écout _____ dans la voiture, pendant mes déplacements. Les cassettes que j'ai enregistr _____ sont d'excellente qualité. J'ai envoy _____ la plus belle à mon ami Michel, au Brésil. Il l'a reç _____ hier : il m'a appel _____ et il m'a remerci _____ par téléphone.

5. Isabelle et sa sœur se sont inscri _____ à un cours de dessin. Le professeur a beaucoup aimé les peintures qu'elles ont fai _____. Il les a mi _____ sur le mur et le journal de l'école les a reprodui _____.

LE PASSÉ COMPOSÉ, LE PRONOM et L'ADVERBE

> Hier, je **me** suis disputée avec Paul. Je **lui** ai rendu ses lettres.
> J'ai **beaucoup** pleuré et j'ai **mal** dormi.

■ LA PLACE du PRONOM COMPLÉMENT

- Au passé composé, le pronom complément se place **devant** le verbe « être »
ou « avoir » :

	les a invités.
	leur a téléphoné.
Elle	*s'est préparée.*
	en a acheté.
	y est allée.

- On accorde le participe passé avec le pronom complément d'objet direct :

    *Elle **les** a vus.*
    *Elles **les** a cherchés.*

⚠ - Dans les constructions infinitives, le pronom reste devant l'infinitif.

Dites :   Ne dites pas :

    *J'ai voulu **les** inviter.*   *Je ~~les ai~~ voulu inviter.*

■ LA PLACE de L'ADVERBE

- Les adverbes de **quantité** et de **qualité** se placent **entre** l'auxiliaire et le
participe passé :

Elle a	*beaucoup* / *très peu* / *mal*	*dormi.*

- Les adverbes de **lieu** et de **temps** se placent en général **après** le verbe :

	dehors ?
– Vous avez dîné	*tard ?*
	tôt ?

(accord des participes passés, p. 190)

1 Posez les questions et répondez avec des pronoms, selon le modèle.

┌─ Balade en Bourgogne ─┐

Téléphoner à Pierre

Aller en Bourgogne

Boire du vin rouge.

Parler aux viticulteurs

Acheter du vin

– *Vous avez téléphoné à Pierre ? – Oui, je lui ai téléphoné.*

– _____

– _____

– _____

– _____

2 Complétez en utilisant des pronoms.

1. (manger) J'ai acheté des pêches et *je les ai mangées.*

2. (inviter) J'ai rencontré des amis _____

3. (offrir) J'ai acheté des fleurs _____

4. (manger) J'ai fait des crêpes _____

5. (mettre) J'ai acheté une robe et _____

3 Répondez en utilisant des pronoms.

1. – Vous avez pris vos clés ?

– *Oui, je les ai prises.*

– Où les avez-vous mises ?

– *Je les ai mises dans mon sac.*

2. – Vous avez écrit vos lettres ?

– _____

– Quand les avez-vous postées ?

– _____

3. – Vous avez parlé aux voisins ?

– _____

– Quand les avez-vous vus ?

– _____

4 Mettez au passé composé en changeant les adverbes.

1. Tu joues mal aux cartes, mais hier soir, _____

2. Paul boit peu, mais hier soir, _____

3. Je dors bien en hiver, mais hier soir, _____

4. Mon fils mange très peu, mais hier soir, _____

5. Ce pianiste joue bien, mais hier soir, _____

5 Mettez au passé composé avec les pronoms et les adverbes.

1. Marie met trop de vinaigre dans la salade et, hier encore, *elle en a trop mis.*

2. Tu parles mal à ta mère et, ce matin encore, _____

3. La secrétaire renseigne mal les clients et hier, de nouveau, _____

4. Peter parle beaucoup à ma femme, et hier, comme d'habitude, _____

5. Tu mets trop de rouge à lèvres et, hier encore, _____

LE PASSÉ COMPOSÉ, LA NÉGATION et L'INTERROGATION

> – **Est-ce que** vous avez travaillé hier ? **Êtes-vous** allé au bureau ?
> – Non, je **n'**ai **pas** travaillé. Je **ne** suis **pas** sorti de la journée.

■ LA PLACE de la NÉGATION

- La négation se place **avant** et **après** l'auxiliaire « être » ou « avoir » :

Je	*ne*	*suis*	*pas*	*sorti.*
	n'	*ai*	*rien*	*fait.*
	n'	*ai*	*jamais*	*revu Paul.*
	n'	*ai*	*plus*	*eu de ses nouvelles.*

- « **Personne** » se place toujours en fin de phrase :

  *Je **n'**ai vu **personne**.*
  *Je **n'**ai parlé à **personne**.*

- La négation se place avant et après le bloc pronom-auxiliaire :

  *Je **ne** les ai **pas** invités.*   *Elle **ne** lui a **pas** téléphoné.*

■ L'INTERROGATION

- On utilise l'intonation montante ou « **est-ce que** » :

  – Vous êtes sorti hier ?
  *– **Est-ce que** vous êtes allé au cinéma ?*

- On inverse l'auxiliaire et le pronom :

  *– Avez-**vous** aimé le film ?*
  *– Êtes-**vous** rentré en taxi ?*

- Avec les noms, on utilise un pronom de rappel :

  *– Vos enfants ont-**ils** bien dormi ?*
  *– Votre femme a-**t-elle** téléphoné ?*   (+ « -t- » entre deux voyelles)

1 Répondez à la forme négative.

– Êtes-vous allé au cinéma, samedi dernier ? – *Non, je ne suis pas allé au cinéma.*

1. – Êtes-vous allé à la campagne ? – _____

2. – Êtes-vous monté sur la tour Eiffel ? – _____

3. – Avez-vous dîné au restaurant ? – _____

4. – Avez-vous invité vos amis ? – _____

5. – Avez-vous révisé vos leçons ? – _____

2 Commentez, à la forme négative.

Au théâtre

– Ma femme a aimé.

– Elle a ri.

– Elle a pleuré.

– Elle a crié.

– Elle a applaudi.

– *Moi, je n'ai pas aimé.*

– _____

– _____

– _____

– _____

3 Répondez en utilisant la négation et les pronoms, et en faisant les accords si c'est nécessaire.

1. – Vous avez retrouvé vos clés ? – *Non, je ne les ai pas retrouvées.*

2. – Vous avez fini vos exercices ? – _____

3. – Vous avez fait votre valise ? – _____

4. – Vous avez pris vos affaires ? – _____

5. – Vous avez payé vos impôts ? – _____

4 Posez les questions, selon le modèle.

– *Où êtes-vous allés pour les vacances ?*   – Nous sommes allés en Russie.

1. – _____   – Nous y sommes restés deux semaines.

2. – _____   – Nous sommes allés à l'hôtel.

3. – _____   – Nous avons visité Saint-Pétersbourg, Kiev et Moscou.

4. – _____   – Nous sommes partis le 15 juillet.

5. – _____   – Nous avons dépensé mille euros.

6. – _____   – Nous sommes rentrés samedi.

5 Répondez négativement.

Vous avez mangé quelque chose à la pause ? Vous avez bu quelque chose ? Vous avez rencontré quelqu'un ?

E X E R C I C E S

1 Complétez le dialogue en utilisant la forme négative et un pronom.

– Je n'ai pas vu le dernier film de Godard. – *Ah bon, vous ne l'avez pas vu !*

1. – Aline n'a pas répondu à Juliette. – _____

2. – Je n'ai pas reconnu Françoise dans la rue. – _____

3. – André n'a pas acheté de pain. – _____

4. – Les enfants ne sont pas allés à l'école. – _____

5. – Nous n'avons pas mangé de gâteau. – _____

2 Complétez les dialogues en utilisant des pronoms.

1. (laisser dehors)

– Le vélo de Paul est tout rouillé.

– Il *l'a sûrement laissé dehors.*

– Oui, *il a dû le laisser dehors.*

2. (oublier au bureau)

– Je ne trouve plus mes lunettes.

– Tu _____

– Oui, _____

3. (noter quelque part)

– Je ne trouve plus l'adresse de Paul.

– Tu _____

– Oui, _____

4. (laver à l'eau chaude)

– La robe de Marie a rétréci.

– Elle _____

– Oui, _____

3 Complétez en utilisant « en » et le passé composé.

Aujourd'hui, je ne mets qu'un sucre dans mon café, mais *hier, j'en ai mis trois.*

1. Ce matin, je ne mange qu'un croissant, mais _____

2. Cette semaine, je n'ai que deux rendez-vous, mais _____

3. Ce mois-ci, je ne reçois que deux magazines, mais _____

4. Aujourd'hui, je ne bois qu'un café, mais _____

5. Cette semaine, je ne fais que vingt heures de cours, mais _____

4 Répondez en utilisant un adverbe, selon le modèle.

1. – Votre chiffre d'affaire a augmenté ? (beaucoup)   – *Oui, il a beaucoup augmenté.*

2. – La situation s'est améliorée ? (bien)   – _____

3. – Le personnel s'est investi ? (beaucoup)   – _____

4. – Les consommateurs ont réagi ? (bien)   – _____

5. – Les prix ont augmenté ? (un peu)   – _____

1 Mettez les verbes au passé composé.

1. avoir/rester   Marta _____ un bébé et elle _____ trois jours à l'hôpital.

2. se perdre/marcher   Les randonneurs _____ et ils _____ longtemps dans la forêt.

3. manger/être   Nous _____ beaucoup de cerises et nous _____ malades.

4. se tromper/devoir   Je _____ dans mon calcul et je _____ tout recommencer.

5. devoir/sortir   Marie est malade : elle _____ prendre froid quand elle _____ sans veste.

2 Mettez les auxiliaires manquants.

──────── Une vie de chien ────────

Nous *sommes* allés dans les bois, nous nous _____ promenés et nous _____ ramassé des champignons rouges avec des points blancs. Quand nous _____ rentrés, ma mère _____ jeté les champignons à la poubelle. Le chien _____ renversé la poubelle, il _____ mangé les champignons et il _____ resté cinq minutes complètement immobile. Nous _____ eu très peur et nous _____ observé son comportement toute la journée. Notre petit chien _____ aboyé un peu plus fort, il _____ sauté un peu plus haut, il _____ couru un peu plus vite, il _____ monté et il _____ descendu les escaliers au moins cent fois, mais il _____ vécu sa vie de chien, sans problèmes…

3 Mettez les terminaisons manquantes.

Le directeur : Vous avez tap_____ toutes les lettres que je vous ai dict_____ ?

La secrétaire : Oui, je les ai pos_____ sur votre bureau.

Le directeur : Vous êtes descend_____ chercher les nouvelles affiches ?

La secrétaire : Quand le gardien est mont_____, il les a apport_____.

Le directeur : Vous les avez mi_____ dans mon bureau ?

La secrétaire : J'en ai mi_____ une dans votre bureau et j'en ai pos_____ deux dans l'entrée.

4 Faites des dialogues, selon le modèle.

1. (grèves)   – L'année dernière, *il y a eu des grèves* ? (une dizaine)   – *Oui, il y en a eu une dizaine.*

2. (tempêtes)   – L'année dernière, _____ (deux)   – _____

3. (inondations) – Le mois dernier, _____ (plusieurs)   – _____

5 Mettez au passé composé négatif.

1. D'habitude, le bus passe à 7 h, mais il est 8 h et _____

2. En général, les employés arrivent à 9 h, mais il est 10 h et _____

3. D'habitude, le gardien m'apporte le courrier à 8 h, mais il est 10 h et _____

41

LE TEMPS (3)

> Je suis arrivé en France **il y a** deux ans. Je partirai **dans** six mois.
> Je connais Max **depuis** 1999. J'ai travaillé avec lui **pendant** un an.

L'ORIGINE et LA DURÉE

■ **« IL Y A »** : moment du passé.

*Je suis arrivé **il y a** six mois.*
*Le film a commencé **il y a** une heure.*

■ **« DANS »** : moment du futur.

*Je partirai **dans** deux ans.*
*Le film finira **dans** une heure.*

■ **« DEPUIS »** : **durée** qui continue jusqu'au **moment présent**.

*Je suis malade **depuis** trois jours.*
*Je vis à Rome **depuis** deux ans.*
= présent

*Je n'ai rien mangé **depuis** deux jours.*
*Je n'ai pas vu Paul **depuis** des mois.*
= passé négatif à valeur de présent

• En début de phrase, on dit :

***Il y a** deux ans **que** je vis à Rome.*
***Ça fait** des mois **que** je n'ai plus vu Paul.*

■ **« POUR »** : durée **prévue**.

*Je suis à Paris **pour** deux ans.*
*J'ai loué un appartement **pour** six mois.*

■ **« PENDANT »** : durée **finie**.

*Il a plu **pendant** huit jours.*
*J'ai dormi **pendant** dix heures.*

⚠ • Quand la durée porte sur le **verbe**, on utilise « pendant »/« durant » :

*J'ai étudié **pendant/durant** un an.*   (J'ai étudié ~~pour~~ un an.)

■ **« EN »** : **quantité** de temps **utilisée** pour faire quelque chose.

Je fais le ménage
J'ai fait le ménage | ***en** dix minutes.*
Je ferai le ménage

(la durée au présent, p. 80)

EXERCICES

1 **Complétez avec « il y a » ou « dans ».**

Les travaux ont commencé *il y a* trois mois et ils seront finis *dans* deux semaines.

1. J'ai acheté ma voiture _____ quatre ans

et je pense la revendre _____ un an.

2. Adrian est parti en colonie _____ huit jours,

il reviendra _____ quatre jours.

3. Lucie présentera _____ deux mois

la thèse qu'elle a commencée _____ un an.

4. Nous partirons _____ un mois

et nous ne reviendrons que _____ six mois.

2 **Complétez avec « depuis » ou « il y a ».**

– Je suis arrivé en France *il y a* quinze ans. – Vous êtes ici *depuis* longtemps !

1. – Vous conduisez _____ longtemps ?

– J'ai passé le permis _____ deux ans.

2. – Vous êtes marié _____ vingt-huit ans !

– Oui, j'ai connu ma femme _____ trente ans.

3. Paul fait du piano _____ dix ans

et il joue du saxo _____ trois ans.

4. J'ai quitté mon pays _____ vingt ans.

Je n'y suis plus retourné _____ dix ans.

3 **Complétez avec « pendant » ou « en ».**

1. (1887-1889) La tour Eiffel a été en travaux *pendant deux ans.* Elle a été construite *en deux ans.*

2. (1990-1993) Max a habité en Russie _____ Il est devenu bilingue _____

3. (mars-avril) J'ai été malade _____ J'ai lu quinze romans _____

4. (midi-minuit) J'ai travaillé _____ J'ai écrit 20 pages _____

4 **Complétez avec « depuis », « il y a », « pendant », « en », « dans » ou « pour ».**

1. J'ai travaillé à Bruxelles _____ trois ans, de 1996 à 1999. – **2.** Je suis allé à Rome _____ deux ans. – **3.** Je te rendrai l'agent que je te dois _____ un mois. – **4.** Le docteur m'a donné un traitement homéopathique _____ six mois, jusqu'à Noël. – **5.** Nous avons fait le tour de l'île _____ huit jours. – **6.** J'ai étudié le latin _____ cinq ans. – **7.** Je n'ai pris que dix jours de congé _____ un an. – **8.** Nous avons un adorable petit chien _____ quinze jours. – **9.** Il a plu _____ deux jours. – **10.** Max m'a dit : « Attends-moi ici, j'en ai _____ dix minutes », et je l'ai attendu _____ une heure et demie !

5 **Complétez avec « depuis », « pendant », « il y a », « en », « pour », « dans ». Donnez des exemples personnels.**

1. J'ai la même montre _____ six ans.

2. Cette nuit, j'ai dormi _____ neuf heures.

3. Je serai en vacances _____ trois semaines.

4. J'ai commencé ce cours _____ deux mois.

5. J'ai fait l'exercice 4 _____ deux minutes.

6. Hier, jai loué une voiture _____ un mois.

LA CHRONOLOGIE

■ PAR RAPPORT au PRÉSENT

Avant-hier	Hier	Aujourd'hui	Demain	Après-demain
matin après-midi soir	matin après-midi soir	Ce matin Cet après-midi Ce soir	matin après-midi soir	matin après-midi soir
La semaine d'avant	La semaine **dernière**	**Cette** semaine	La semaine **prochaine**	La semaine d'après
Le mois d'avant	Le mois **dernier**	**Ce** mois-ci	Le mois **prochain**	Le mois d'après
L'année d'avant	L'année **dernière**	**Cette** année	L'année **prochaine**	L'année d'après

■ PAR RAPPORT au PASSÉ ou au FUTUR

Deux jours avant	La veille	Ce jour-là	Le lendemain	Deux jours après
		Ce matin-là Cet après-midi-là Ce soir-là		
Deux semaines avant	La semaine **d'avant**	**Cette** semaine-là	La semaine **d'après**	Deux semaines après
Deux mois avant	Le mois **d'avant**	**Ce** mois-là	Le mois **d'après**	Deux mois après
Deux ans avant	L'année **d'avant**	**Cette** année-là	L'année **d'après**	Deux ans

• En langage formel et à l'écrit, on utilise :

« *précédent(e)* »		« *d'avant* »
« *suivant(e)* »	de préférence à	« *d'après* »
« *plus tôt* »		« *avant* »
« *plus tard* »		« *après* »

(« -ci » et « -là », p. 40)

1 Complétez avec « hier », « demain », « ce jour-là », « le lendemain » ou « la veille ».

Aujourd'hui, les enfants peuvent se coucher tard : il n'y a pas d'école *demain*.

1. Aujourd'hui, nous sommes le 20 mars : _____, c'est le printemps !

2. Je me suis marié le 13 juin et _____, le 14, nous sommes partis en Grèce.

3. Ce soir, nous restons à la maison, mais _____, nous sommes allés au cinéma.

4. Je ne révise pas _____ d'un examen, je me couche tôt.

5. Je vais avoir quarante ans le 10 janvier : _____, je ferai une grande fête.

6. J'ai rencontré Marie le 14 juillet 1981 : _____, tout le monde dansait dans la rue.

2 Complétez la chronologie en utilisant « matin » et « année ».

1. *Hier matin,* je suis allée à la bibliothèque.

_____, je travaille chez moi.

_____, j'irai chez le coiffeur.

2. *L'année dernière,* j'ai visité la Norvège.

_____, je visite la France.

_____, je visiterai l'Italie.

3 Complétez avec « depuis », « pour », « pendant ».

Chère Julie,   Aglae@Emile.com

Je cherche à te joindre _____ trois jours sans succès. Ma société m'envoie au Japon _____ six mois, jusqu'en février. J'étudie le japonais _____ plus de trois mois (hier j'ai parlé japonais _____ six heures !). J'ai trouvé un sous-locataire _____ cinq mois, à partir du 1er septembre, mais je suis inquiète _____ les quinze jours qui viennent : qui va s'occuper de mes plantes ? Elles ont de l'eau _____ huit jours, mais après ? Est-ce que tu peux passer les arroser ? Tu as les clés, mais attention, nous avons un nouveau code _____ deux jours : c'est le 867BA. Ce matin, _____ plus d'une heure, j'ai appelé tous les copains, mais ils sont tous en vacances ! C'est pour ça que je t'envoie ce mail. Je pense que tu me comprendras (on est copines _____ si longtemps !) Réponds-moi vite ! Bisous !   Aglaé

4 Complétez avec les expressions de temps manquantes.

1. Mathilde a étudié le russe à l'école _____ cinq ans. Elle travaille _____ un an dans une compagnie franco-russe. Elle part demain en Russie _____ trois mois. En septembre, elle va travailler à Moscou, et le mois _____, en octobre, elle va travailler à Kiev.

2. Louis a cinquante-huit ans. Il travaille _____ trente-trois ans dans la même société et il va prendre sa retraite _____ deux ans. L'année _____ (c'est-à-dire _____ trois ans), il va déménager à la campagne où il construit lui-même sa maison _____ cinq ans.

3. Jean a la même voiture _____ trois ans. Comme il l'a achetée _____ trois ans, il va devoir passer un contrôle technique _____ un an. Sa voiture est en excellent état : il a fait 50 000 kilomètres _____ trois ans, et il n'a jamais eu de problème.

LA SUCCESSION

> **Après avoir passé** ma licence, j'ai vécu un an en Californie.
> **Avant de partir**, je ne parlais pas anglais.

Les adverbes « **avant** » et « **après** » permettent de marquer une succession d'événements.

■ **« APRÈS »** + **INFINITIF PASSÉ** s'utilise quand le sujet des deux verbes est le même.

- Infinitif passé = « être » ou « avoir » à l'infinitif + participé passé :

    J'ai dîné et je suis sorti.
    Après avoir dîné, *je suis sorti.*

    Je suis allé au cinéma, puis je suis allé au restaurant.
    Après être allé *au cinéma, je suis allé au restaurant.*

- Les pronoms compléments se placent devant l'infinitif :

    Je me suis douché et je suis sorti.
    *Après **m'**être douché, je suis sorti.*

    Vous vous êtes couché et vous avez lu ?
    *Après **vous** être couché, vous avez lu ?*

- Le participe passé suit la règle des accords :

    Après s'être douchée, Marie est sortie.
    *Après s'être disputé**s**, les voisins se sont réconciliés.*

■ **« AVANT DE »** + **INFINITIF** s'utilise quand le sujet des deux verbes est le même :

    J'ai dîné et je suis sorti.
    Avant de *sortir, j'ai dîné.*

    J'ai pris le petit déjeuner et je me suis douché.
    Avant de *me doucher, j'ai pris le petit déjeuner.*

(accord des participes passés, p. 190)

E X E R C I C E S

1 **Complétez le texte, selon le modèle**

Après *avoir* acheté le journal, j'*ai* pris le bus.

Après _____ rentré chez moi, je _____ commencé à faire la cuisine. Après _____ retiré le poisson du réfrigérateur, je l' _____ mis dans une marinade. Après _____ mis l'eau à bouillir, je _____ coupé les légumes en petits morceaux pour la soupe. Après _____ mis le poisson dans le four, je _____ allé dans le salon. Après _____ reposé quelques minutes, je _____ préparé la table pour le dîner.

2 **Transformez à l'infinitif passé.**

─────── Les voyages de Colomb ───────

En 1492, Christophe Colomb part des Canaries.	Il est nommé amiral en 1495.
Il voyage trente-cinq jours sans voir la terre.	Il repart et il découvre les Petites Antilles.
Il découvre San Salvador.	Il retourne en Espagne.
Il arrive à Cuba et il colonise l'île.	En 1498, il organise une troisième expédition.
Il rentre en Espagne.	En 1506, il meurt dans la misère.

Après être parti des Canaries, Colomb a voyagé trente-cinq jours. Après avoir voyagé _____

_____

_____

_____

3 **Transformez à l'infinitif passé.**

Il a fini son travail. Il a bu un porto. Il s'est changé. Il est allé au cinéma. Il s'est promené. Il a mangé un steak-frites. Il s'est douché. Il a lu un magazine. Il s'est endormi.

Après avoir fini son travail, il a bu un porto. Après _____

_____

_____

4 **Refaites l'exercice dans l'autre sens, en utilisant « avant de ».**

Avant de s'endormir, _____

_____

5 **Complétez, selon le modèle. Continuez librement.**

sortir   manger   se coucher   traverser

1. Il fait froid : couvre-toi *avant de sortir.*

2. Lave-toi les mains _____

3. Regarde à droite et à gauche _____

4. Lave-toi les dents _____

42

LE PASSIF

> Le directeur **a convoqué** les employés.
> Les employés **ont été** convoqués **par** le directeur.

UTILISATION

- On utilise le passif quand on met l'accent sur l'**objet** du verbe au lieu du sujet :

    John Baird a inventé la télévision.
    *La télévision **a été inventée** par John Baird.*

- On peut mettre l'accent sur l'**événement**, sans mentionner le sujet de l'action :

    *Le président Kennedy **a été assassiné**.*

- On utilise surtout le passif pour les inventions, les lois et les événements subis :

    *Un vaccin **a été découvert**.*   *Un homme **a été agressé**.*
    *Une loi **a été votée**.*   *J'ai été opéré/trahi/décoré.*

- Dans les autres cas, on utilise de préférence la forme impersonnelle avec « on » :

    ***On** m'a envoyé en mission.*   (= J'ai été envoyé en mission.)

FORMATION : « être » + participe passé + « par »

*Les enfants **sont vaccinés** à l'école*
*Les enfants **ont été** vaccinés à l'école*   *(par un médecin scolaire).*
*Les enfants **seront vaccinés** à l'école*

- Le participe passé s'accorde toujours avec le sujet :

    *Les salles ont été repeint**es**. Les moquettes ont été chang**ées**.*

- « **Par** » n'est jamais suivi par un pronom.

Dites :   Ne dites pas :

    J'ai fait ce dessin.   ~~*Ce dessin a été fait par moi.*~~

- « **De** » remplace « par » avec les verbes « **aimer** », « **connaître** », « **respecter** » :

    *Cette personne est aimée **de** tous, connue **de** tous, respectée **de** tous.*

1 Mettez les phrases au passif, selon le modèle.

~~Philips~~   Fleming   Michel-Ange   Christophe Colomb   Gutenberg   Saint-Exupéry

1. Qui a inventé le compact disc ? *Le compact-disc a été inventé par Philips.*

2. Qui a découvert l'Amérique ? _____

3. Qui a écrit « Le Petit Prince » ? _____

4. Qui a découvert la pénicilline ? _____

5. Qui a inventé l'imprimerie ? _____

6. Qui a peint la chapelle Sixtine ? _____

2 Complétez, selon le modèle.

~~annuler~~   avertir   reporter   envoyer   arracher   ~~inonder~~   évacuer   couper

Le directeur est malade.

La réunion *a été annulée.*

La date _____

Nos clients _____.

Un courrier _____

La Seine a débordé.

Des maisons *ont été inondée*s,

Des arbres _____

L'électricité _____

Des familles _____

3 Mettez à la forme passive.

1989 : démolition du Mur de Berlin   *Le Mur de Berlin a été démoli en 1989.*

1202 : introduction des chiffres arabes en Occident _____

1253 : fondation de l'université de la Sorbonne _____

1789 : démolition de la Bastille _____

1840 : abolition de l'esclavage dans les colonies françaises _____

1945 : création de l'ONU _____

1961 : construction du Mur de Berlin _____

4 Mettez à la forme passive.

—————— **Conflits** ——————

Le Président a reçu le Premier ministre anglais.

Ils ont abordé le problème de la pêche.

Ils ont pris des mesures communes.

Les syndicats de pêcheurs ont refusé les propositions du gouvernement.

Le Premier ministre anglais _____

_____

_____

_____

_____

43

L'IMPARFAIT

À l'époque du rock,	j'	av**ais**	quinze ans.
	tu	av**ais**	vingt ans.
	il elle } on	av**ait**	des disques américains.
	nous	av**ions**	des guitares.
	vous	av**iez**	une Vespa.
	ils } elles	av**aient**	une « deux-chevaux ».

UTILISATION

■ L'imparfait exprime des habitudes passées :

> *Maintenant, j'habite à Paris, je travaille chez IBM.*
> *Avant, j'habit**ais** à Marseille, je travaill**ais** chez BMI.*

• Après certaines expressions, on utilise l'imparfait :

> *À **cette époque-là**,*
> *Avant, **quand** j'étais jeune,* } *j'avais les cheveux longs.*

FORMATION

• On prend la conjugaison de « vous » (ou « nous ») au présent et on remplace la finale par « **-ais** », « **-ais** », « **-ait** », « **-ions** », « **-iez** », « **-aient** » :

Vous **buv**-ez	Je buv-**ais**	
Vous **pren**-ez	Je pren-**ais**	
Vous **finiss**-ez	Je finiss-**ais**	♪ Une seule finale
Vous **all**-ez	J'all-**ais**	« **ai** » sauf pour
Vous **êt**-es	J'ét-**ais**	« nous » et « vous ».
Vous **av**-ez	J'av-**ais**	

⚠ • Faire : *Je **fais**ais*   Dire : *Je **dis**ais*

• Verbes en «-ger »   *Je mangeais*   *Je voyageais*   (g + **e** + a)

• Verbes en «-cer »   *Je commençais*   *J'avançais*   (ç + a)

1 **Complétez, selon le modèle.**

Maintenant, je marche très peu, *mais avant, je marchais beaucoup.*

1. Maintenant, je parle beaucoup, _____

2. Maintenant, je mange très peu, _____

3. Maintenant, je conduis lentement, _____

4. Maintenant, je dors mal, _____

5. Maintenant, je ne fais plus de sport, _____

6. Maintenant, je suis très pessimiste, _____

2 **Répondez aux questions. Interrogez un camarade sur le même modèle.**

– Où habitiez-vous quand vous étiez petit(e) ? (Lyon)

– *Quand j'étais petit(e), j'habitais à Lyon.*

1. – Quelle voiture avaient vos parents, à cette époque-là ? (Volvo break)

– _____

2. – Où alliez-vous en vacances avec votre famille ? (Espagne)

– _____

3. – Quels livres lisiez-vous quand vous étiez adolescent(e) ? (livres d'aventures)

– _____

4. – Quels sports faisiez-vous au lycée ? (volley)

– _____

5. – Qu'est-ce que vous preniez au petit déjeuner ? (café au lait)

– _____

6. – Quelle musique écoutiez-vous ? (les Beatles)

– _____

7. – Que vouliez-vous faire plus tard ? (architecte)

– _____

3 **Complétez à l'imparfait.**

───── Albert ─────

Quand j'*étais* petit, j' _____ un chien.

Il _____ noir et blanc et il _____ de grandes oreilles. Le matin, quand j' _____ à l'école, il _____ avec moi.

La nuit, il _____ dans mon lit.

J' _____ très fier de lui.

Il _____ Albert.

Il _____ adorable.

E X E R C I C E S

1 **Faites des phrases à la forme négative.**

Maintenant, je comprends presque tout à la télévision,
mais *au début de mon séjour, je ne comprenais presque rien.*

1. Maintenant, j'ai beaucoup d'amis et je parle souvent français,

   mais _____

2. Maintenant, j'habite dans un grand appartement et j'ai une voiture,

   mais _____

3. Maintenant, je connais la ville et je sais prendre les transports,

   mais _____

4. Maintenant, je vais souvent au cinéma et je pars quelquefois à la campagne,

   mais _____

5. Maintenant, je bois du vin au déjeuner et je bois du café noir,

   mais _____

6. Maintenant, je lis les journaux et j'écris des textes en français,

   mais _____

7. Maintenant, je comprends les questions et je sais répondre,

   mais _____

2 **Mettez le texte à l'imparfait.**

— Les temps changent —

J'habite dans une tour de trente étages.

Je ne connais pas mes voisins.

Je mange de la viande surgelée.

Je vais au marché en voiture.

Je cuisine à l'électricité.

Le soir, je regarde la télé.

Mes grands-parents habitaient dans une ferme.
Ils _____ tout le village.

_____ des produits frais.

_____ à cheval.

_____ au feu de bois.

_____ les étoiles.

3 **Texte libre. Imaginez la vie à l'époque où l'électricité n'existait pas. Quelles étaient les activités familiales le soir ? Quelles étaient les contraintes pour le travail, l'alimentation, les loisirs ?**

_____

_____

_____

_____

_____

1 **Mettez le texte à l'imparfait.**

Maintenant, la société Peugeot fabrique des voitures,
avant, *elle fabriquait* des machines à coudre.

1. Maintenant, les enfants portent des casquettes de base-ball,

   dans les années cinquante, _____ des bérets.

2. Maintenant, les femmes ont des robes courtes,

   au xixe siècle, _____ très longues.

3. Maintenant, on travaille trente-cinq heures par semaine,

   à l'époque de mon grand-père, _____ soixante heures.

4. Maintenant, les jeunes mangent des hamburgers,

   avant, _____ des sandwichs.

5. Maintenant, les enfants boivent du Coca-Cola,

   avant, _____ de la limonade.

2 **Complétez le texte de la chanson d'Adamo.**

— Le temps des roses —	
Quand les roses fleuri _____ ,	fleurir
_____ les filles,	sortir
On _____	voir
Dans tous les jardins,	
Danser les jupons,	
Puis les roses _____ ,	se faner
_____ les filles [...]	rentrer
C' _____ charmant (bis)	être
C' _____ charmant, le temps des roses	
Quand on y pense	
Paupières closes	

3 **Imaginez la vie des jeunes filles au xixe siècle, dans l'Antiquité, etc.**

_____

_____

_____

4 **Décrivez un quartier de votre enfance.**

L'IMPARFAIT et LE PASSÉ COMPOSÉ

> Avant, j'**habitais** à Marseille, en 1995, j'**ai déménagé**.
> Quand j'**ai déménagé**, j'**avais** seize ans. C'**était** l'hiver.

- En général, pour évoquer des souvenirs, on utilise l'imparfait :

  *Quand j'**étais** jeune, je **jouais** du piano.*

- En général, pour raconter un événement, on utilise le passé composé :

  *Un jour, j'**ai joué** devant la reine d'Angleterre.*

■ **DANS** un **RÉCIT** au **PASSÉ**, on utilise **les deux formes** : le passé composé pour les événements, l'imparfait pour les descriptions, les situations.

  *Le jour où j'**ai joué** devant la reine, j'**avais** douze ans.*
  *C'**était** la fête de l'école. Il **faisait** chaud.*

- L'imparfait donne les éléments du décor (comme une photo) ; le passé composé met l'accent sur la succession des événements (comme un film) :

  *Pendant que je **jouais**, tout le monde **bavardait**. Soudain, la reine **est arrivée**. Elle **a applaudi**. Tout le monde **s'est levé**.*

 - « Tout à coup », « soudain », « brusquement » introduisent un passé composé ; « pendant que » introduit un imparfait :

  ***Tout à coup**, la reine est arrivée.*
  *Elle est entrée **pendant que** je jouais.*

■ Le passé composé **résume** l'action, l'imparfait la **développe**.

- On utilise le passé composé avec une durée **définie** (avec un début et une fin précis) et l'imparfait avec une durée **indéfinie** :

***De** 1980 à 1990,*		***Avant,***	
***Pendant** dix ans,*	} *j'**ai fait** du piano.*	***Quand** j'étais jeune*	} *je **faisais** du piano.*
***Entre** dix et vingt ans,*		***À cette époque-là,***	

■ Le passé composé indique un changement par rapport à d'anciennes habitudes ou un changement par rapport à une situation donnée :

Imparfait	*Avant, j'**habitais** à Marseille.*	*Hier, il **faisait** beau.*
Passé composé	*En 1995, j'**ai déménagé**.*	*Tout à coup, le temps **a changé**.*

(discours indirect, p. 216)

1 Soulignez les imparfaits et les passés composés. Distribuez-les selon le modèle.

——— **Hold up** ———

Il était environ dix heures. Soudain trois hommes ont attaqué le caissier. La banque était pleine de monde, alors le caissier a donné l'argent aux bandits, mais il a averti secrètement la police car il y avait une alarme sous son bureau. Deux voleurs ont été arrêtés, mais ils n'avaient pas l'argent sur eux. Le troisième a réussi à s'échapper avec la caisse. Il portait une veste grise, un chapeau et des lunettes noires.

descriptions	événements
Il était environ dix heures.	*Trois hommes ont attaqué le caissier.*
_____	_____
_____	_____
_____	_____

2 Passé composé ou imparfait ? Choisissez.

(je dormais/j'ai dormi)   Des voleurs sont entrés pendant que *je dormais* tranquillement.

1. (je ratais/j'ai raté)   Je descendais l'escalier quand tout à coup _____ une marche.

2. (j'entendais/j'ai entendu)   Je dormais quand soudain _____ un cri.

3. (il pleuvait/il a plu)   J'ai pris mon parapluie parce qu'_____ depuis le matin.

4. (traversait/a traversé)   Une voiture a renversé la dame pendant qu'elle _____ la rue.

5. (a sonné/sonnait)   J'étais dans mon bain quand le téléphone _____.

6. (il a fait/il faisait)   J'ai fermé la fenêtre parce qu'il _____ froid.

3 Complétez au passé composé ou à l'imparfait, pour faire un récit.

événements

Hier soir, *je suis* sorti à 18 heures.

Je _____ le métro à 18 h 15.

Je _____ au cinéma à 20 h.

Je _____ chez moi à minuit.

description/situation

Il *pleuvait* et il _____ froid.

Il _____ beaucoup de monde. Il _____ chaud.

Le film _____ ennuyeux. La musique _____ trop forte.

Je _____ fatigué. Je _____ mal à la tête.

4 Faites un petit récit au passé, selon le modèle.

Événements : partir en vacances – tomber en panne – perdre son portefeuille – rentrer chez soi – prendre de l'argent – repartir – arriver sur la plage – etc.

Situations : le temps – l'heure – la forme physique – les vêtements – le lieu

Quand je suis parti(e) en vacances en juin dernier, il faisait beau… _____

_____

E X E R C I C E S

1 Mettez le texte au passé.

─── Un âge difficile ───

Ce matin, mon fils se lève à sept heures, et comme toujours, il est de mauvaise humeur. Il prend son petit déjeuner sans dire un mot. Comme toujours, il a son walkman sur la tête et il porte des lunettes noires. Il ressemble à un Martien. À huit heures, il quitte la maison pour prendre le bus. Il fait froid et il pleut légèrement, mais, comme tous les jours, mon fils n'a qu'un vieux pull sur le dos. Il porte aussi des jeans troués et des baskets fluorescentes. Je ferme la porte derrière lui et je me demande, perplexe, si j'étais comme ça à son âge.

Hier, mon fils _____

_____

_____

2 Complétez avec des verbes au passé composé ou à l'imparfait.

1. (rencontrer) (aimer)   Quand j'*ai rencontré* Paul, j'*aimais* encore Max.

2. (sonner) (dormir)   Quand le téléphone _____, je _____ profondément.

3. (ouvert) (s'envoler)   Quand Ada _____ la cage, son canari _____.

4. (avoir) (rouler)   Quand Paul _____ son accident, il _____ à 160 km à l'heure !

5. (ouvrir) (se couper)   Quand ma mère _____ la boîte de conserve, elle _____ le doigt.

3 Mettez le texte au passé.

─── Madame Élise ───

Madame Élise est une vieille dame qui vit seule sur la colline. Un jour, la colline prend feu. Madame Élise est trop vieille pour courir : elle s'assoit tranquillement. Elle est prête à mourir. Le feu s'arrête tout près d'elle. Alors Madame Élise change complètement de vie : elle vend sa maison, elle retire tout son argent de la banque et elle part faire le tour du monde. Elle s'inscrit à l'université et elle passe une licence d'ethnologie. À quatre-vingt-dix ans, elle publie ses Mémoires et elle devient très célèbre.

_____

_____

4 Complétez avec des verbes au passé composé ou à l'imparfait.

Hier soir, je *me suis couchée* tôt parce que j'*avais* mal à la tête.

1. Nous _____ toutes les fenêtres du bureau, parce qu'il _____ très beau.

2. – Vous _____ chez le dentiste, parce que vous _____ mal aux dents ?

3. Fanny _____ un croissant et deux brioches parce qu'elle _____ très faim !

4. Alain _____ un grand verre de bière parce qu'il _____ soif !

5. Ce matin, je _____ mon parapluie parce qu'il _____.

1 **Mettez le texte au passé.**

— La valise (1) —

Je suis à la terrasse d'un café près de l'Opéra. Il fait très beau. J'attends une amie. Je regarde les passants. Il n'y a pas beaucoup de monde. Soudain, je remarque une femme sur le trottoir d'en face. Le feu passe au vert, mais elle reste immobile, comme une statue. Elle est grande, pâle, elle semble épuisée. Tout à coup, une voiture s'arrête devant elle. Un homme sort. Il porte une petite valise. Il est très brun et il a de petites moustaches. Il a l'air dangereux. Il tend la valise à la dame et il repart tout de suite. Mais je ne vois pas la suite parce que mon amie arrive, elle m'embrasse et s'assoit en face de moi. Quand je tourne la tête, le femme n'est plus là.

_____

_____

2 **Complétez au passé composé ou à l'imparfait. Faites l'élision si c'est nécessaire.**

habiter/déménager   Avant, j'*habitais* à la campagne, mais il y a deux ans, j'*ai déménagé*.

1. fumer/arrêter

Avant, mon mari _____ beaucoup. À la naissance de notre fils, il _____ de fumer.

2. voter/voter

Au XIXᵉ siècle, les femmes ne _____ pas. En 1945, elles _____ pour la première fois.

3. peser/perdre

Avant les vacances, je _____ 80 kilos. En un mois, je _____ 20 kilos.

4. habiter/habiter

Avant, je _____ en Italie. De 1995 à 1999, je _____ à Rome.

5. parler/parler

Au début, je ne _____ pas français puis, pendant des mois, je _____ comme un bébé.

3 **Mettez le texte au passé.**

— La valise (2) —

J'attends une amie et ma tante arrive. Elle critique mon appartement. Elle jette les revues qui sont sur mon bureau. Elle contrôle les livres que je lis. Elle part finalement, mais elle oublie quelque chose sur le tapis : c'est une petite valise. Je l'ouvre : il y a un chat dedans. Je descends au parking, je prends ma voiture et je cherche ma tante dans tout le quartier. Quand je la trouve, elle attend à un feu rouge près de l'Opéra.

_____

_____

4 **Répondez librement.** Pourquoi avez-vous fermé la fenêtre ? Pourquoi avez-vous mis votre imperméable ? Pourquoi êtes-vous allé(e) chez le dentiste ?

LE PLUS-QUE-PARFAIT

> J'ai vendu en 1998 l'appartement que j'**avais acheté** en 1992.
> Je suis retourné dans le quartier où j'**avais vécu** avec toi.

UTILISATION et FORMATION

■ Le plus-que-parfait indique qu'un événement précède un autre événement dans le passé :

> *La maison a brûlé. Les pompiers sont arrivés.*
> *Quand les pompiers **sont arrivés**, la maison **avait** déjà **brûlé**.*

■ **Formation :** | « être » ou « avoir » à l'**imparfait** + **participe passé** |

> *J'**avais dîné**.*   *Il **était parti**.*
> *Nous **avions fini**.*   *Je m'**étais couché**.*

LES TEMPS DU PASSÉ : RÉSUMÉ

■ Le plus-que-parfait, l'imparfait et le passé composé distinguent différents moments du passé :

> *Quand je me suis levé,*
> — *ma mère **avait préparé** le café.* (avant)
> — *ma mère **préparait** le café.* (pendant)
> — *ma mère **a préparé** le café.* (après)

> *Quand je suis arrivé,*
> — *Anne **avait pleuré**.* (avant)
> — *Anne **pleurait**.* (pendant)
> — *Anne **a pleuré**.* (après)

(tableau des temps, p. 228)

1 **Répondez aux questions, selon le modèle.**

– Quand votre mari est arrivé, vous aviez déjà dîné ?

– Oui, quand il est arrivé, j'avais déjà dîné.

1. – Quand vous avez trouvé du travail, vous aviez déjà terminé vos études ?

– _____

2. – Quand vous avez commencé le cours, vous aviez déjà rencontré le professeur ?

– _____

3. – Quand vous avez passé le test, vous aviez déjà étudié le français ?

– _____

4. – Quand le cours a commencé, vous aviez déjà acheté vos livres ?

– _____

2 **Complétez avec des verbes au plus-que-parfait, selon le modèle.**

Les voyageurs ont récupéré les bagages *qu'ils avaient laissés* à la consigne.

1. J'ai revu les amis que nous _____ en Grèce l'année dernière.

2. J'ai perdu le stylo que ma mère _____ pour mon anniversaire.

3. Bernard a répondu en juin à la lettre que je _____ en février l'année dernière.

4. Annie a retrouvé l'agenda qu'elle _____ la semaine dernière.

5. Hier soir, je n'ai plus retrouvé l'endroit où _____ ma voiture !

3 **Complétez au passé composé, à l'imparfait ou au plus-que-parfait.**

avant :	finir ses devoirs	Quand je suis arrivé, *mon fils avait fini ses devoirs,*
	prendre son bain/dîner	il _____ et il _____
pendant :	lire une BD	Quand je suis monté dans sa chambre, il _____
	écouter de la musique	et il _____
après :	embrasser	Quand il m'a vu, il m'_____
	raconter sa journée	et il m' _____

4 **Une femme de ménage négligente. Complétez avec des verbes au plus-que-parfait.**

— Négligence —

Hier quand je suis rentrée, la femme de ménage *n'avait pas aspiré* la moquette,

elle _____ les plantes, elle _____ les vitres.

Elle _____ la vaisselle, elle _____ le linge

et elle _____ mes affaires qui traînaient un peu partout...

LE DISCOURS INDIRECT
au PASSÉ

> Il m'a dit qu'il **était** écrivain et qu'il a**vait écrit** plusieurs romans.
> Il m'a dit qu'il me **donnerait** ses livres.

UTILISATION et FORMATION

■ On utilise principalement le discours indirect pour rapporter un dialogue (ou des pensées) **au passé** :

> *Il m'a dit qu'il était allemand.*
> *Je croyais qu'il était anglais.*

■ Quand la phrase principale est au **passé,** la subordonnée « s'accorde » au **passé**. C'est un phénomène de **concordance** :

Il dit qu'		*Il a dit qu'*	
	il pleut.		*il pleuvait.*
	il a plu.		*il avait plu.*
	il va pleuvoir.		*il allait pleuvoir.*
	il pleuvra.		*il pleuvrait.*

♪ Condordance : on entend la finale de l'imparfait.

présent	→	imparfait
passé composé	→	plus-que-parfait
futur proche	→	« aller » à l'imparfait + inf.
futur simple	→	conditionnel

■ L'imparfait de concordance a une valeur phonétique, ce n'est pas un vrai passé :

> *Il m'a dit qu'il **était** allemand.*   = Il est allemand.
> *Il m'a dit qu'il **viendrait** en mars.*   = Il viendra en mars.

- Dans la principale, « dire » est souvent au passé composé, « croire » et « penser » à l'imparfait :

> *On m'**a dit** que…*   (un jour)
> *Je **croyais**/Je **pensais** que*   (situation mentale)

- Parfois, la concordance n'est pas appliquée quand on annonce un résultat ou quand on constate un fait nouveau :

> *On a constaté que le mont Blanc fait 4 808 m (et pas 4 807 m).*

(discours indirect au présent, p. 156)

1 **Répondez en utilisant le discours indirect.**

– Le directeur est malade, on vous l'a dit ? – *Oui, on m'a dit qu'il était malade.*

1. – L'ascenseur est en panne, on vous l'a dit ?

– _____

2. – À midi, il y a du couscous à la cantine, on vous l'a dit ?

– _____

3. – On a volé le vélo du professeur, on vous l'a dit ?

– _____

4. – La secrétaire a démissionné, vous le saviez ?

– _____

5. – Monsieur Bidois va prendre sa retraite, on vous l'a dit ?

– _____

6. – L'école va fermer cet été, on vous l'a dit ?

– _____

7. – Nous ferons une fête de fin d'année, vous le saviez ?

– _____

8. – Il y aura un orchestre cubain et on dansera, on vous l'a dit ?

– _____

2 **Transformez les dialogues en discours indirect, selon le modèle.**

1. – Allô, Georges ? C'est Thérèse.   – Thérèse a téléphoné ? Qu'est-ce qu'elle a dit ?

Écoute : je suis dans le train :   – Elle a dit *qu'elle était dans le train,*

je vais à Nice voir mon père.   et qu'elle _____

J'ai signé tous les contrats.   Elle a dit qu'elle _____

Je reviendrai mardi prochain.   et qu'elle _____

2. – Allô, Isabelle ? C'est Arnaud.   – Allô, Marie ! Écoute : Arnaud a appelé.

Je viens de rentrer. Je vais me changer   Il a dit qu'il _____

et je vous rejoindrai devant le cinéma.   _____

Si j'arrive en retard, je vous attendrai   _____

à la sortie.   _____

3. – Pardon, madame, je suis étudiant.   – Un étudiant a téléphoné.

J'ai perdu mes lunettes ce matin.   Il a dit qu' _____

Je les ai peut-être oubliées en salle 11. _____

Je rappellerai dans l'après-midi.   _____

E X E R C I C E S

1 **Transformez le texte au discours indirect, selon le modèle.**

– Jean-Luc a gagné à la loterie, tu le savais ?

– Non, je ne savais pas qu'il avait gagné à la loterie.

1. – Il est parti en croisière en Égypte, on te l'a dit ?

   – _____

2. – Il est tombé malade pendant le voyage, tu ne le savais pas ?

   – _____

3. – Un docteur chinois l'a guéri avec des algues, tu ne le savais pas ?

   – _____

4. – Il est devenu l'associé d'un grand armateur, tu ne le savais pas ?

   – _____

5. – Il va épouser une princesse arabe, on ne te l'a pas dit ?

   – _____

2 **Mettez le texte au passé.**

Je lis dans un magazine qu'un garçon de douze ans a réussi le bac.

J'ai lu dans un magazine qu'un garçon de douze ans avait réussi le bac.

1. Je lis dans une revue que les chiens voient seulement en noir et blanc. _____

   _____

2. Je lis dans un magazine que les petites filles sont plus douées pour les langues mais que les petits garçons savent mieux se situer dans l'espace. _____

   _____

3. Je lis dans le journal que beaucoup d'animaux et de plantes disparaîtront d'ici vingt ans et qu'il faut les protéger de toute urgence. _____

   _____

4. Je lis dans un magazine qu'il y a un marché noir des armes nucléaires et que n'importe qui pourra bientôt s'acheter une bombe atomique. _____

   _____

3 **Rapportez des nouvelles qui vous ont marqué(e).**

J'ai lu dans le journal que… _____

_____

_____

_____

1 **Mettez au discours indirect. Racontez d'autres rêves sur le même modèle.**

Rêve 1 : Je suis un oiseau. Je vole au-dessus de la ville. Je vois l'intérieur des maisons.

J'ai rêvé que j'étais un oiseau, que je volais _____

_____

Rêve 2 : Je dois prendre l'avion, mais l'aéroport a disparu et je me retrouve au milieu du désert.

_____

_____

Rêve 3 : J'ai acheté un réveil, mais il se transforme en machine à remonter le temps et je me retrouve à l'époque préhistorique.

_____

_____

Rêve 4 : Je dois participer à un match de boxe et je suis un peu nerveux(se) parce que mon adversaire est un type énorme. Mais je sais qu'il a un point faible et que je gagnerai.

_____

_____

2 **Reconstituez l'extrait de « L'Étranger » d'Albert Camus en mettant le texte au passé.**

Le soir, Marie vient me chercher et me demande si je veux me marier avec elle, je dis que cela m'est égal et que nous pourrons le faire si elle veut. Elle veut savoir alors si je l'aime. Je réponds comme je l'ai déjà fait une fois, que cela ne signifie rien, mais que, sans doute, je ne l'aime pas. « Pourquoi m'épouser alors ? » dit-elle. Je lui explique que cela n'a aucune importance et que si elle le désire, nous pouvons nous marier. Elle observe alors que le mariage est une chose grave. Je réponds : « Non. » Elle me regarde en silence. Puis elle parle. Elle se demande si elle m'aime et moi je ne peux rien savoir sur ce point. Après un autre moment de silence, elle murmure que je suis bizarre, qu'elle m'aime sans doute à cause de cela mais que peut-être un jour je la dégoûterai pour les mêmes raisons. Comme je me tais, n'ayant rien à ajouter, elle me prend le bras en souriant et elle déclare qu'elle veut se marier avec moi. Je réponds que nous le ferons dès qu'elle le voudra.

_____

_____

_____

_____

3 **Mettez au discours indirect. Imaginez la suite du dialogue.**

Mon mari m'a dit : « J'ai besoin d'être un peu seul. Je vais louer un petit studio. Je t'appellerai tous les soirs. Il ne faut pas s'inquiéter. On se verra le week-end. »

Mon mari m'a dit qu' _____

_____

1 **Mettez au passé.**

─────── Un week-end tranquille ───────

• **Samedi 16 septembre**

10 h du matin : M. Blanchard charge sa voiture pour partir en week-end, tandis que sa femme finit de ranger la maison. La voiture est garée dans le jardin.

11 h : quand M. et Mme Blanchard arrivent avec leurs derniers paquets à la main, ils s'aperçoivent que leur voiture a disparu.

13 h : les deux victimes vont à la police et portent plainte pour vol.

• **Dimanche 17 septembre**

10 h du matin : Mme Blanchard sort pour arroser ses fleurs. Elle découvre sa voiture dans le jardin, à la même place. Les bagages sont encore à l'intérieur, au complet. Elle appelle son mari. Ils contrôlent ensemble l'état de la voiture, sans comprendre. Soudain, sur le pare-brise, Mme Blanchard voit une lettre. Elle l'ouvre, elle la lit et elle la tend à son mari. Voilà ce que dit le mot : « Je vous remercie et je m'excuse de vous avoir emprunté votre voiture. Pour me faire pardonner, voilà deux billets de théâtre pour le spectacle que donne ce soir la compagnie avec laquelle je travaille. »

13 h : M. et Mme Blanchard retournent à la police. Ils disent qu'ils ont retrouvé leur voiture et qu'ils retirent leur plainte. Le policier insiste pour garder leur déposition mais ils ne veulent pas.

18 h : M. et Mme Blanchard vont à la ville voisine pour assister à la pièce de théâtre. Ils trouvent le spectacle très drôle et ils passent une très bonne soirée. La salle est comble et le public semble apprécier les acteurs. M. et Mme Blanchard se demandent, tout au long du spectacle, si leur voleur n'est pas sur la scène, sous leurs yeux.

22 h : M. et Mme Blanchard rentrent chez eux. Ils trouvent leur appartement complètement vide. Sur la seule table qui reste, il y a un petit mot des voleurs : « Merci beaucoup pour votre aimable collaboration. »

• **Le lundi matin,** ils doivent retourner à la police.

_____
_____
_____
_____
_____
_____
_____
_____
_____
_____
_____
_____
_____

1 Complétez les phrases (avec élision si c'est nécessaire).   **40 points**

1. Je me souviens _____ ma première voiture : _____ une décapotable rouge
   _____ tombait tout le temps en panne !   _____
                                                  _____

2. Marie _____ un bébé il y a deux mois. Elle quittera _____ quelques jours
   l'appartement où elle habite _____ quatre ans.   _____
                                                        _____

3. Pendant plus de quinze ans, Jacques _____ maire d'un petit village du Nord,
   puis _____ député et maintenant, _____ deux mois, il est ministre.   _____
                                                                                _____

4. En février dernier, quand je _____ mon permis de conduire, _____ très froid
   et _____ du verglas sur les routes.   _____
                                             _____

5. Le week-end dernier, nous _____ deux heures pour sortir de Paris parce qu'il
   _____ des embouteillages et nous _____ en retard chez nos amis.   _____
                                                                             _____

6. J'ai rendu visite à ma grand-mère _____ deux semaines et j'irai _____
   rendre visite de nouveau _____ huit jours.   _____
                                                    _____

7. Hier matin, quand Paul _____ levé, il _____ cinq heures et il _____
   personne dans les rues.   _____

8. L'année dernière, nous _____ un voyage magnifique _____ nous nous
   souviendrons longtemps.   _____

9. Je n'ai pas parlé de ce projet à mes parents, mais je _____ à des amis pour
   _____ demander conseil.   _____
                                 _____

10. Paul m'a dit qu'il _____ en vacances le mois prochain et qu'il _____ au bord
    de la mer.   _____

11. Mon frère est à l'hôpital _____ deux jours : il a glissé en _____ l'escalier
    et il _____ cassé la jambe.   _____
                                      _____

12. La radio a annoncé qu'il _____ beau pendant le week-end et qu'il _____
    du monde sur les routes.   _____

13. Le pianiste _____ passe à la salle Pleyel joue _____ piano _____ l'âge
    de cinq ans.   _____

14. Aïcha, épouse-moi et je te donnerai tout _____ tu veux, tout _____
    tu as envie !   _____

15. J'ai _____ un pull et j'ai _____ la fenêtre parce qu'il _____ froid.   _____

46 « VENIR de », « ÊTRE en TRAIN de », « ÊTRE sur LE POINT de »

> Nous **venons de** quitter l'Angleterre.
> Nous **sommes en train de** survoler la Manche.
> Nous **sommes sur le point d'**arriver en France.

« VENIR DE » + INFINITIF

- « Venir de » + infinitif exprime un **passé récent** :

  *Jean **vient de** sortir.*   (= Il est sorti il y a cinq minutes.)

- Pour insister sur la proximité, on peut dire :

  *Jean vient <u>juste</u> **de** partir.*

 - « Venir de » s'utilise sans précision de temps.

Dites :   Ne dites pas :

 Jean vient de sortir.   *Jean vient de sortir*
             ~~*il y a cinq minutes*~~*.*

« ÊTRE EN TRAIN DE » + INFINITIF

- Cette tournure exprime une action **en cours de réalisation** :

  *Je vous dérange ? Vous êtes **en train de** manger ?*

- On peut l'utiliser au passé et au futur :

  *Nous étions **en train de** manger, quand le téléphone a sonné.*
  *Demain à la même heure, nous serons **en train de** voyager.*

« ÊTRE SUR LE POINT DE » + INFINITIF

- Cette tournure exprime une action **imminente**, qui va se produire dans quelques instants :

  *Le spectacle **est sur le point de** se terminer.*
  *La conférence **est sur le point de** commencer.*

EXERCICES

1 Transformez les phrases en utilisant « en train de », selon le modèle.

– Va aider Mireille : elle déplace le canapé toute seule.

– Va aider Mireille, elle est en train de déplacer le canapé toute seule.

1. – N'entrez pas dans la chambre, Paul fait la sieste.

– _____

2. – Ne dérange pas Marie : elle fait des calculs compliqués.

– _____

3. – Ne parlez pas, s'il vous plaît, nous enregistrons la conférence.

– _____

4. – Approche la lampe, s'il te plaît, je retire une épine de mon pouce.

– _____

2 Transformez les phrases avec « venir (juste) de ».

– Le bus est passé il y a longtemps ? – Non, il *vient (juste) de passer !*

1. – Il y a longtemps que tu es rentré ?   – Non, je _____

2. – Le match est commencé depuis longtemps ?   – Non, il _____

3. – Ma femme n'a pas appelé ?   – Si, elle _____

4. – Il y a longtemps que les enfants sont couchés ? – Non, ils _____

5. – Tu as acheté ce canapé récemment ?   – Oui, je _____

3 Transformez avec « être sur le point de », selon le modèle.

––––––– Instantané –––––––

L'oiseau va s'envoler.

La nuit va tomber.

Les magasins vont fermer.

Les lumières vont s'allumer.

L'oiseau est sur le point de s'envoler.

_____

_____

_____

4 Complétez avec « être en train de », « être sur le point de » ou « venir de ».

1. – Allô, Marie, je ne te dérange pas ? – Rappelle-moi plus tard, je _____ sortir.

2. – Qu'est-ce qu'Antoine _____ faire ? – Il dessine un mouton !

3. – Vous _____ écouter « La Truite » de Schubert. Ainsi s'achève notre programme musical.

4. – Où sont les enfants ? – Ils _____ regarder la télévision.

5. – Il faut arroser les fleurs ? – Non, je _____ arroser. Regarde, la terre est trempée.

6. – Ne vous appuyez pas contre le mur : on _____ repeindre l'entrée.

LE FUTUR SIMPLE

En 2031,	j'	habiter**ai**	sur Mars.
	tu	habiter**as**	sur Vénus.
	il		
	elle	parler**a**	toutes les langues.
	on		
	nous	travaill**erons**	deux jours par semaine.
	vous	passer**ez**	les vacances sur Terre.
	ils		
	elles	voyager**ont**	en voiture solaire.

UTILISATION

■ On utilise le futur simple pour faire des **projets** d'avenir ou des **prévisions** :

> *Dans cinq ans, je **prendrai** ma retraite.*
> *Quand je **serai** vieux, je **vivrai** à la campagne.*
> *Demain, il **pleuvra** sur toute la France.*

FORMATION

• On ajoute à l'infinitif les terminaisons :

> « -ai », « -as », « -a », « -ons », « -ez », « -ont »

PARLER	Je **parler-ai**	Nous **parler-ons**	♪ Le son « r »
	Tu **parler-as**	Vous **parler-ez**	est caractéristique
	Il **parler-a**	Ils **parler-ont**	du futur simple.

• Pour les infinitifs terminés par «-e », on supprime le « e » :

BOIRE : *Je **boir-ai***   DIRE : *Je **dir-ai***   METTRE : *Je **mettr-ai***

• Verbes irréguliers :

ÊTRE :	*Je **serai***	FAIRE :	*Je **ferai***	DEVOIR :	*Je **devrai***
AVOIR :	*J'**aurai***	ALLER :	*J'**irai***	VENIR :	*Je **viendrai***
VOIR :	*Je **verrai***	ENVOYER :	*J'**enverrai***	RECEVOIR :	*Je **recevrai***
POUVOIR :	*Je **pourrai***	SAVOIR :	*Je **saurai***	COURIR :	*Je **courrai***
IL Y A :	*Il y **aura***	IL FAUT :	*Il **faudra***	IL PLEUT :	*Il **pleuvra***

1 **Mettez au futur, en complétant librement le texte.**

Actuellement je travaille en France, mais plus tard, *je travaillerai à l'étranger.*

1. Maintenant, j'habite dans un petit studio,

mais un jour, _____

2. Actuellement, je n'ai pas beaucoup d'argent,

mais plus tard, _____

3. En ce moment, je vais à l'université en bus,

mais plus tard, _____

4. Maintenant, je fais beaucoup de fautes de français,

mais un jour, _____

5. Actuellement, je ne suis pas bilingue,

mais un jour, _____

2 **Complétez le texte avec les futurs manquants.**

1. Samedi prochain, il *pleuvra*, il _____ froid et il _____ du brouillard,

Il _____ faire attention sur la route quand vous _____ en week-end.

2. Les magasins _____ ouverts la veille de Noël et nous _____ des achats.

Le 1er janvier, nous _____ de la dinde et du saumon et nous _____ du champagne.

3. – Quand nous _____ en vacances, nous _____ des cartes postales à nos grands-parents.

– C'est gentil : ça leur _____ plaisir.

3 **Mettez les prévisions de madame Soleil au futur simple. Continuez librement.**

—— **En 2080** ——

Les gens habitent tous à la campagne. Les villes sont presque vides. Tout le monde a une maison indivi-duelle avec des robots. On ne voyage plus : on voit ses amis sur des écrans, chez soi. Les étudiants ne vont plus à l'université, ils travaillent sur Internet. Il n'y a plus de maladies génétiques. Les gens sont grands, minces et en bonne santé. Il fait très chaud. On va faire du ski sur d'autres planètes.

En 2080, *les gens habiteront tous à la campagne,* _____

_____

_____

_____

_____

_____

LE FUTUR SIMPLE et LE FUTUR PROCHE

> – Je **vais partir** et je vous **enverrai** mon adresse.
> – Quand vous **viendrez** me voir, on **ira** pêcher la truite !

■ CHANGEMENT et PROGRAMMATION

- Le futur proche indique en général un **changement** à venir :

    *Je **vais avoir** un bébé.*

- Le futur simple indique en général une **programmation** :

    *J'**aurai** des enfants.*

- On utilise souvent le futur proche pour les changements et le futur simple pour leurs conséquences :

    *On **va recevoir** de nouveaux ordinateurs.*
    *On **pourra** traiter plus de dossiers.*
    *On **gagnera** du temps, on **sera** plus compétitifs.*

■ ORAL et ÉCRIT

- On utilise de préférence le futur proche à l'oral (plus dynamique) et le futur simple à l'écrit (plus « économique » et plus élégant).

    Oral :   Écrit :

    Vous allez voir sur cet écran…   *Vous verrez dans cette lettre…*
    Vous allez être surpris…   *Vous serez surpris…*

- Après « **quand** », « **pendant que** », « **j'espère que** », et d'une manière générale quand on enchaîne plusieurs phrases, on utilise le futur simple :

    ***Quand** je partirai à la gare, tu rentreras à la maison.*
    ***Pendant que** les enfants feront leurs devoirs, Marion préparera le repas.*
    ***J'espère que** tout se passera bien.*

- On utilise le futur simple avec une hypothèse sur le futur :

    *S'il fait beau, nous **irons** à la plage.*
    *S'il pleut, nous **resterons** à la maison.*

(hypothèse sur le futur, p. 232)

1   Mettez au futur proche et au futur simple, selon le modèle.

1. Déménager/envoyer sa nouvelle adresse à ses amis.

Je *vais déménager et j'enverrai ma nouvelle adresse à mes amis.*

2. Aménager la terrasse/pouvoir dîner dehors

Nous _____

3. Changer de quartier/aller au lycée à pied

On _____

4. Prendre une aspirine/se sentir mieux

Tu _____

2   Écrivez un texte au futur simple, selon le modèle.

partir en Crète / visiter Cnossos / dormir à Matala / manger du yaourt et du miel / lire des livres de Kazantzakis / écouter des chansons d'Alexiou / aller à Aghios Nicolaos

En juin, quand je partirai en Crète, _____

_____

3   Faites des phrases, selon le modèle.

Jean : Préparer le petit déjeuner
        Faire la vaisselle
        Faire les valises
        Charger la voiture

Marie : Faire le lit
         Ranger le salon
         Préparer des sandwichs
         Habiller les enfants

Samedi matin, pendant que Jean préparera le petit déjeuner, Marie fera le lit. Ensuite, Jean _____

_____

_____

4   Mettez les verbes au futur pour reconstituer la chanson de Mouloudji (Van Parys/Mouloudji).

——— « Un jour tu verras » ———

Un jour, tu _____	voir
On _____	se rencontrer
Quelque part, n'importe où,	
Guidés par le hasard,	
Nous _____	se regarder
Nous _____	se reconnaître
Et la main, dans la main,	
Dans les rues, nous _____	aller

48

LE FUTUR ANTÉRIEUR

> Je me marierai quand j'**aurai terminé** mes études.

UTILISATION et FORMATION

■ Le futur antérieur indique qu'un événement précède un autre événement dans l'avenir :

Je vais dîner et je vais sortir.
*Quand j'**aurai dîné**, je sortirai.*

■ Formation : | « être » ou « avoir » au **futur simple + participe passé** |

*J'**aurai dîné***   *Il **sera parti***
*Nous **aurons fini***   *Je me **serai couché***

LES TEMPS DE L'INDICATIF : RÉSUMÉ

	PASSÉ COMPOSÉ		FUTUR PROCHE
IMPARFAIT	**PRÉSENT**		**FUTUR SIMPLE**

Avant,
*j'**habitais** à Rome.*

Maintenant,
*j'**habite** à Paris.*

Plus tard,
*j'**habiterai** à Tokyo.*

PLUS-QUE-PARFAIT			FUTUR ANTÉRIEUR

*J'**avais fini** mes études*   *J'**ai déménagé***   *Je **vais déménager***   *Tu me rejoindras quand*
(quand j'ai déménagé).   *il y a six mois.*   *dans six mois.*   *j'**aurai déménagé**.*

• Les temps simples expriment des habitudes et des situations (statiques) ; les temps composés expriment des changements et des ruptures (dynamiques).

1   **Mettez au futur simple et au futur antérieur, selon le modèle.**

1. Terminer le pot-au-feu / faire des crêpes

Je *ferai des crêpes, quand j'aurai terminé le pot-au-feu.*

2. Enregistrer la face A / enregistrer la face B de la cassette

Tu _____

3. Passer le permis / acheter une voiture

Anne _____

4. Faire l'exercice n° 2 / faire l'exercice n° 3

Nous _____

5. Finir le stage / passer un examen

Ils _____

2   **Faites des phrases, selon le modèle.**

– Terminez votre traitement et revenez me voir.
– *Revenez me voir quand vous aurez terminé votre traitement.*

1. – Réfléchissez à ma proposition et téléphonez-moi.

– _____

2. – Parlez à votre banquier et tenez-moi au courant.

– _____

3. – Terminez votre travail et venez dans mon bureau.

– _____

4. – Enregistrez les données et éteignez l'ordinateur.

– _____

5. – Prenez une décision et écrivez-moi.

– _____

3   **Faites des phrases avec un futur simple et un futur antérieur.**

—— Espoir ——

On supprimera les frontières et on voyagera sans visa.

On remplacera le pétrole par l'énergie solaire et la couche d'ozone se reconstituera.

On interrompra la destruction des forêts et la nature revivra.

Quand on aura supprimé les frontières, on voyagera sans visa.

_____
_____
_____
_____

LE CONDITIONNEL (2)

Imagine :

je	**serais**	une sirène.
tu	**serais**	un capitaine.
il elle on	**serait**	sur l'océan.
nous	**serions**	heureux.
vous	**seriez**	sur une île.
ils elles	**seraient**	sur un radeau.

L'EXPRESSION de L'IMAGINAIRE

■ On utilise le conditionnel pour **imaginer** une autre réalité :

*Sans toi, je **serais** perdu. Je **ferais** n'importe quoi.*

• Ce conditionnel se rencontre surtout dans une hypothèse avec « si » :

*Si tu n'étais pas là, je **serais** perdu.*

■ On utilise le conditionnel avec « **au cas où** », pour faire une **supposition** :

***Au cas où** vous **auriez** des problèmes, téléphonez-moi.*

■ On utilise le conditionnel pour donner une information **non confirmée** :

*Le président **devrait** se rendre à Tokyo.*
*L'accident d'avion **aurait fait** deux cents victimes.*

■ On utilise le conditionnel pour exprimer **des regrets** :

*J'**aurais aimé** faire des études scientifiques.*
*J'**aurais voulu** être pianiste. J'**aurais dû** travailler davantage.*

FORMATION

CONDITIONNEL PRÉSENT : radical du futur + terminaisons de l'imparfait
*Je **voudr**-ais   J'**aimer**-ais   Je **devr**-ais*

CONDITIONNEL PASSÉ : conditionnel de « être » ou « avoir » + participe passé
*J'**aurais voulu**   J'**aurais aimé**   J'**aurais dû***

(autres usages, p. 136 – hypothèses, p. 232-234)

1 Mettez au conditionnel, pour reconstituer le texte de Georges Perec (extrait d'« Espèces d'espaces »).

───── L'utopie villageoise ─────

Bien sûr on connaît tout le monde et les histoires de tout le monde. Tous les mercredis, le charcutier de Dampierre klaxonne devant chez vous pour vous apporter les andouillettes.
Tous les lundis madame Blais vient laver.
On va avec les enfants cueillir des mûres…
On est attentif au passage du car de sept heures. On aime aller s'asseoir sur le banc du village…
On sait reconnaître les oiseaux à leur chant.
On attend le retour des saisons.

Bien sûr, on connaîtrait tout le monde _____

_____

_____

_____

2 Transformez avec « au cas où », selon le modèle.

– Appelez-moi si vous avez un problème. – *Appelez-moi au cas où vous auriez un problème.*

1. – Avertissez-moi si vous quittez votre appartement. – _____

2. – Achète une pizza. Il y aura peut-être des invités. – _____

3. – Prenez un gros pull : il fera peut-être froid. – _____

4. – Expliquez tout à Pierre, s'il demande des explications. – _____

5. – Regardez la règle de grammaire, si vous avez des doutes. – _____

3 Complétez avec un conditionnel passé.

– J'ai perdu votre numéro de téléphone, sinon *je vous aurais appelé.*

1. Je ne savais pas qu'il y avait une fête dans le quartier, sinon _____

2. Heureusement que le train avait un peu de retard, sinon _____

3. J'ai oublié que c'était l'anniversaire de Marie, sinon _____

4. Je ne savais pas que vous n'aimiez pas le fromage, sinon _____

5. Heureusement que le chauffeur a évité mon chien, sinon _____

4 Monsieur Dupond est vieux et il a des regrets. Exprimez-les.

voyager – parler plusieurs langues – être un artiste – acheter une maison – profiter davantage de la vie – avoir des enfants – faire des économies

J'aurais aimé (voulu) _____

J'aurais dû _____

50 LES HYPOTHÈSES

> **S'il fait** beau demain, nous **irons** à la campagne.

L'HYPOTHÈSE sur LE FUTUR

■ « QUAND » et « SI »

- « **Quand** » suivi du futur simple indique une **certitude** :

  *L'année prochaine, **quand je reviendrai**, **j'irai** au Ritz.*
  *Demain, **quand je sortirai**, **je passerai** chez toi.*

- S'il n'y a pas de certitude, on peut faire une **hypothèse sur le futur** avec :

« SI » + PRÉSENT	FUTUR SIMPLE

  *L'année prochaine, **si je reviens** à Paris, **j'irai** au Ritz.*
  *Demain, **si je sors** tôt, **je passerai** chez toi.*

- **Jamais** de futur après « si » :

  ***S'il fait** beau et **si j'ai** des vacances, j'irai à la plage.*

- Il ne faut pas confondre le « si » de l'hypothèse et le « si » du discours indirect qui peut être suivi du futur :

  *Je ne sais pas **si** (oui ou non) je partirai.*
  *Il lui demande **si** (oui ou non) elle viendra.*

■ Pour exprimer une généralité, on utilise « si » + présent/présent :

  Si on mange trop, on grossit.   (« si » = « quand »)
  Si je dors trop, j'ai mal à la tête.

■ Pour exprimer une recommandation, on utilise « si » + présent/impératif :

  Si tu sors, mets ton manteau !
  Si tu as des problèmes, appelle-moi !

(« au cas où », p. 230)

1 **Répondez, selon le modèle.**

– Quand vous reviendrez à Paris, où habiterez-vous ?
– *Si je reviens à Paris, j'habiterai à l'hôtel.*

1. – Quand vous changerez de voiture, quelle voiture achèterez-vous ?

– _____

2. – Quand vous inviterez Alice à dîner, où l'emmènerez-vous ?

– _____

3. – Quand vous ferez une fête, ce sera un samedi ou un dimanche ?

– _____

4. – Quand vous partirez en vacances, où irez-vous ?

– _____

5. – Quand vous reviendrez en France, dans quelle ville habiterez-vous ?

– _____

2 **Faites des phrases avec des conséquences « en chaîne », selon le modèle.**

┌─ **Suite logique** ─┐

Sortir sans parapluie → Se mouiller →

Tomber malade → Manquer l'école →

Rater ses examen → Travailler l'été →

Si tu sors sans parapluie, tu te mouilleras,
si tu te mouilles, _____

_____

_____

3 **Transformez, selon le modèle.**

– Pour mieux dormir, **mangez** peu le soir !
– *Si vous mangez peu le soir, vous dormirez mieux !*

1. – Pour recevoir un catalogue, **remplissez** cette fiche !

– _____

2. – Pour être efficace, **informatisez** vos services !

– _____

3. – Pour éviter les embouteillages, **partez** tôt !

– _____

4. – Pour faire moins d'erreurs, **parlez** plus lentement !

– _____

5. – Pour être plus en forme, **prenez** des vitamines !

– _____

L'HYPOTHÈSE sur LE PRÉSENT

> Aujourd'hui, **s'il faisait** beau, j'**irais** à la piscine.

■ Quand on imagine quelque chose qui n'existe pas, on fait une **hypothèse sur le présent** avec :

« SI » + IMPARFAIT	CONDITIONNEL PRÉSENT

Aujourd'hui, il ne fait pas beau. Je ne sors pas.
*Aujourd'hui, **s'il faisait** beau, **je sortirais**.*

Je ne suis pas français. Je parle mal français.
***Si j'étais** français, **je parlerais** bien français.*

- Pour faire une **suggestion**, on utilise seulement « si » + imparfait :

  ***Si on allait** au cinéma ?* (= Je propose d'aller au cinéma.)

L'HYPOTHÈSE sur LE PASSÉ

> Hier, **s'il avait fait** beau, je **serais allé** à la piscine.

■ Quand on imagine quelque chose qui n'a pas eu lieu, on fait une **hypothèse sur le passé** avec :

« SI » + PLUS-QUE-PARFAIT	CONDITIONNEL PASSÉ

Dimanche dernier, il n'a pas fait beau. Je ne suis pas sorti.
*Dimanche dernier, **s'il avait fait** beau, **je serais sorti**.*

Hier, je suis parti en retard et j'ai raté le train.
*Hier, **si je n'étais pas parti** en retard, **je n'aurais pas raté** le train.*

(« au cas où », p. 230 – formation du conditionnel, p. 230)

1 **Répondez, selon le modèle.**

– Si vous aviez mal aux dents, que feriez-vous ?
– Si j'avais mal aux dents, j'irais chez le dentiste.

1. – Si vous aviez un an de congé, où iriez-vous ?

– _____

2. – Si vous aviez un perroquet, comment l'appelleriez-vous ?

– _____

3. – Si vous changiez de ville, où iriez-vous ?

– _____

4. – Si vous ne faisiez pas de grammaire en ce moment, que feriez-vous ?

– _____

2 **Imaginez d'autres réalités.**

1. Je suis anglais. Je parle anglais. Si j'*étais* français, *je parlerais français.*

2. On est en hiver. Il fait froid. Si on _____ été, _____

3. J'habite en ville. Je n'ai pas de chien. Si j' _____ campagne, _____

4. Tu ne fais pas d'effort. Tu ne fais pas de progrès. Si tu _____ efforts, _____

5. Je n'ai pas le permis. Je ne conduis pas. Si j' _____ permis, _____

3 **Transformez avec une hypothèse sur le présent.**

– Vous avez besoin d'argent liquide, qu'est-ce que vous faites ?
– Si j'avais besoin d'argent liquide, j'irais à la banque.

1. – Vous trouvez un dossier dans un taxi, que faites-vous ?

– _____

2. – Il y a une fuite dans votre cuisine, qu'est-ce que vous faites ?

– _____

3. – Nous sommes bloqués dans l'ascenseur, que faites-vous ?

– _____

4. – Un voisin appelle au secours, qu'est-ce que vous faites ?

– _____

4 **Propositions pour améliorer les grandes villes. Faites des hypothèses.**

interdire le stationnement dans le centre - multiplier les passages souterrains pour les voitures - doubler le nombre de taxis - planter des arbres - utiliser les fleuves pour les transports - etc.

Si j'étais maire de ma ville, _____

E X E R C I C E S

1 Transformez, selon le modèle.

───── Marcelle ─────

Je n'ai pas le temps de t'écrire plus souvent.

Tu me manques beaucoup, mais

je n'ai pas le temps d'aller te voir.

Tu es trop loin de moi, mais

je n'ai pas d'argent pour prendre l'avion.

Je ne t'ai pas appelée la semaine dernière :

j'avais perdu ton numéro.

Je voudrais bien te recevoir, mais

mon appartement est en travaux.

Comme dit Boby Lapointe : « Marcelle,

si j'avais des ailes, je volerais grâce à elles. »

Si j'avais le temps, je t'écrirais plus souvent.

Si _____

Si _____

Si _____

Si _____

2 Transformez avec une hypothèse sur le passé.

– Avez-vous acheté un journal, ce matin ?

– Non, mais si j'avais acheté un journal, j'aurais acheté le « Times » !

1. – Vous avez regardé la télévision, hier soir ?

– Non, mais _____ la deuxième chaîne.

2. – Vous avez pris un apéritif à midi ?

– Non, mais _____ un porto.

3. – Avez-vous mangé des fruits au déjeuner ?

– Non, mais _____ du melon.

4. – Êtes-vous parti en week-end, la semaine dernière ?

– Non, mais _____ en Bretagne.

3 Faites des propositions, selon le modèle.

~~faire une pause~~ - partir à la campagne - manger quelque chose - prendre un taxi

1. Je suis fatiguée ! *Si on faisait une pause ?*   **3.** On a 3 jours de congés, _____

2. J'ai mal aux pieds ! _____   **4.** – J'ai faim ! – Moi aussi : _____

4 Complétez les hypothèses.

1. Que se passera-t-il si vous oubliez le gâteau dans le four ? – **2.** Que se passerait-il si le Soleil s'éteignait ? –

3. Que se serait-il passé si Christophe Colomb avait été peintre (au lieu de navigateur) ?

1 Au jeu des portraits chinois, décrivez votre professeur, un ami, etc.

~~une fleur~~ – une voiture - une ville - un légume - une couleur

Si c'était une fleur, ce serait une violette. _____

_____

2 Complétez en utilisant une hypothèse.

1. J'ai gagné 1 000 euros à la Loterie. J'ai acheté une télévision.

   Si j'avais gagné 100 000 euros, _____

2. Je suis allé dans un restaurant indien. J'ai mangé du poulet au curry.

   _____

3. Je suis rentré chez moi en métro. J'ai mis une heure.

   _____

4. J'ai eu 19 sur 20 à mon devoir. J'ai été deuxième.

   _____

3 Transformez avec une hypothèse sur le passé.

   Paul n'a pas pu venir au cocktail, parce qu'il avait trop de travail.

   S'il avait eu moins de travail, il serait venu au cocktail.

1. Je ne suis pas allé à la plage parce qu'il y avait trop de vent.

   _____

2. Marie n'a pas pris son vélo parce qu'il y avait trop de circulation.

   _____

3. Je ne suis pas allé à la piscine parce qu'il y avait trop de monde.

   _____

4. Tu as eu mal à la tête parce que tu as bu trop de vin.

   _____

4 Transformez avec une hypothèse sur le passé.

   André a perdu les livres que je lui avais confiés. *Si j'avais su, je ne les lui aurais pas confiés.*

1. Ma sœur a abîmé la robe que je lui avais prêtée. _____

2. Paul a jeté le beau dessin que je lui avais donné. _____

3. Mes voisins ont répété tout ce que je leur avais dit. _____

4. Mes amis ont détesté le restaurant que je leur avais conseillé. _____

5. Je me suis ennuyée à la conférence de M. Boudet. _____

51 LE SUBJONCTIF

Il faut	**que**	je	parl**e**	français.
		tu	parl**es**	français.
		il ⎫		
		elle ⎬	parl**e**	français.
		on ⎭		
		nous	parl**ions**	français.
		vous	parl**iez**	français.
		ils ⎫	parl**ent**	français.
		elles ⎭		

UTILISATION

■ L'indicatif indique une réalité **objective**. Le subjonctif exprime une attitude **subjective**.

Indicatif :	Subjonctif :
Paul **est** absent.	*Je voudrais* ⎫ *qu'il **soit** là.* *J'aimerais* ⎭

- • On utilise le subjonctif après les verbes exprimant un **désir**, un **sentiment**, une **attente** ou une **obligation**.

■ « **IL FAUT QUE** » est la forme la plus fréquente avec le subjonctif :

- • « **Il faut** » + infinitif
exprime une obligation générale :

    Il faut manger pour vivre.
    = On doit manger pour vivre.

- • « **Il faut que** » + subjonctif
exprime une obligation personnelle :

    Il faut que je mange tôt.
    = Je dois manger tôt.

■ **Pour les verbes en « -er »**, la conjugaison du subjonctif est identique à celle du présent, sauf pour « nous » et « vous » qui se terminent par « **-ions** » et « **-iez** » :

PARLER	*que je parle*	*que tu parles*	*que nous parl-ions*
MANGER	*que je mange*	*que tu manges*	*que vous mang-iez*
ÉTUDIER	*que j'étudie*	*que tu étudies*	*que nous étudi-ions*

(formation complète, p. 240 – verbes de désir, etc., p. 242)

1 Transformez en utilisant « il faut que », selon le modèle.

Vous devez parler français. *Il faut que vous parliez français.*

1. Vous devez répéter souvent les mêmes structures.

_____

2. Vous devez écouter les cassettes d'exercices.

_____

3. Vous devez corriger votre accent.

_____

4. Vous devez noter du vocabulaire.

_____

5. Vous devez regarder des films français.

_____

2 Transformez avec « il faut que ».

Avant la randonnée

Il faut :

– contrôler le matériel,

– regarder la météo,

– étudier la carte,

– préparer des sandwichs,

– emporter des pulls chauds,

– manger légèrement.

Avant de partir,
il faut que nous contrôlions le matériel,

_____

_____

_____

_____

_____

3 Décrivez les opérations nécessaires pour retirer de l'argent d'un distributeur.

insérer votre carte - composer votre code secret - sélectionner une opération - indiquer le montant - retirer l'argent - ne pas oublier votre carte

Pour retirer de l'argent, il faut que vous _____

_____

_____

4 Conjuguez les « résolutions » du bon étudiant.

Je dois étudier la grammaire.   Je dois pratiquer la langue.   Je dois recopier mes notes.
Je dois participer à la classe.   Je dois accepter les « bizarreries » d'une autre langue.

– Il faut que j'étudie. – Il faut que tu _____

_____

LA FORMATION DU SUBJONCTIF

■ RÈGLE GÉNÉRALE

> Radical de la **3ᵉ personne du pluriel** du présent de l'indicatif
> + « **-e** », « **-es** », « **-e** », « **-ions** », « **-iez** », « **-ent** »

PARTIR	Ils **part**-ent		*Il faut que je*	***part-e***
			que tu	***part-es***
			qu' il	***part-e***
			que nous	***part-ions***
			que vous	***part-iez***
			qu' ils	***part-ent***

METTRE	Ils **mett**-ent	*que je*	***mett-e***
LIRE	Ils **lis**-ent	*que je*	***lis-e***
ÉCRIRE	Ils **écriv**-ent	*que j'*	***écriv-e***

(Et : attendre, sortir, finir, etc.)

• Quand « nous » et « vous » ont un radical différent de « ils » au présent de l'indicatif, ils conservent cette différence au subjonctif.

BOIRE	Ils **boiv**-ent	*Il faut que je*	***boiv-e***
	Nous **buv**-ons	*que nous*	***buv-ions***
	Vous **buv**ez	*que vous*	***buv-iez***

PRENDRE	Ils **prenn**-ent	*que je*	***prenn-e***
	Nous **pren**-ons	*que nous*	***pren-ions***
	Vous **pren**ez	*que vous*	***pren-iez***

(Et : venir, acheter, jeter, appeler, voir, etc.)

■ VERBES IRRÉGULIERS

ÊTRE		AVOIR		ALLER		FAIRE	
que je	**sois**	*que j'*	**aie**	*que j'*	**aille**	*que je*	**fasse**
que tu	**sois**	*que tu*	**aies**	*que tu*	**ailles**	*que tu*	**fasses**
qu'il	**soit**	*qu'il*	**ait**	*qu'il*	**aille**	*qu'il*	**fasse**
que nous	**soyons**	*que nous*	**ayons**	*que nous*	**allions**	*que nous*	**fassions**
que vous	**soyez**	*que vous*	**ayez**	*que vous*	**alliez**	*que vous*	**fassiez**
qu'ils	**soient**	*qu'ils*	**aient**	*qu'ils*	**aillent**	*qu'ils*	**fassent**

SAVOIR	*que je* **sache**	*que vous* **sachiez**
POUVOIR	*que je* **puisse**	*que vous* **puissiez**

E X E R C I C E S

1 Complétez les dialogues avec « il faut que ».

— Les hommes d'affaires —

Tous mes collègues

mettent une cravate,

écrivent de gros rapports,

lisent les journaux étrangers,

sortent tard du bureau,

font des heures supplémentaires.

Moi aussi,

il faut que je mette une cravate !

_____

_____

_____

_____

2 Complétez les dialogues avec « il faut que ».

1. – Votre devez prendre ces antibiotiques.

– *Il faut vraiment que je les prenne ?*

– *Oui, il faut que vous les preniez.*

2. – Vous devez recevoir ces clients.

– _____

– _____

3. – Vous devez jeter ces vieilles revues.

– _____

– _____

4. – Vous devez apprendre ces règles.

– _____

– _____

3 Complétez les phrases avec les verbes manquants.

1. Marie a très mal à la tête : il faut qu'elle *prenne* une aspirine.

2. Tout est très sale : il faut que je _____ le ménage et la vaisselle.

3. Vous êtes trop tendue : il faut que vous _____ moins de café.

4. Les invités arrivent : il faut que je _____ le rôti dans le four.

5. Mon rendez-vous est à neuf heures : il faut que je _____ de chez moi à huit heures.

4 Réécrivez la lettre avec « il faut que ».

Cher Paul,
Je dois partir pour New York avec Nicolas. Nous devons obtenir des crédits supplémentaires.
La direction doit comprendre que le marché européen a changé. Elle doit nous faire confiance.
Mais nous devons être très convaincants…
Pendant notre absence, tu dois faire patienter les clients. Tu dois leur dire que tout sera prêt à
Noël, comme prévu. Naturellement, ils ne doivent pas savoir que nous avons des problèmes…
Bon Courage !
                                                                                    Laurent.

Il faut que je parte _____

_____

_____

LES VERBES « SUBJECTIFS »

> Je constate que Paul **est** absent.   J'aimerais qu'il **soit** là.

■ Les verbes « objectifs » sont suivis de l'**indicatif**, les verbes « subjectifs » sont suivis du **subjonctif**.

• Verbes « objectifs »   • Verbes « subjectifs »

Je constate *J'observe* *Je remarque*	*qu'il **est** absent.*

Je désire *J'aimerais* *Je souhaite*	*qu'il **soit** là.*

Je pense *Je crois* *Je suppose* *J'imagine*	*qu'il **est** en retard.*

J'ai peur *Je crains* *Je redoute*	*qu'il (ne) **soit** malade.*

J'affirme *Je déclare* *Je dis*	*qu'il ne **reviendra** pas.*

Je veux *J'ordonne* *J'exige* *Je supplie*	*qu'il **revienne**.*

• On utilise l'indicatif après les verbes « de la tête » (penser, supposer, etc.) et le subjonctif après les verbes « du cœur » (désirer, souhaiter, craindre, etc.).

 • « **Espérer** » est suivi de l'indicatif :

*J'espère que vous **viendrez** demain.*
*J'espère qu'il **fera** beau.*

■ Les verbes objectifs à la forme négative sont généralement suivis du subjonctif :

*Je **ne** crois **pas** que Paul **soit** malade.*
*Je **ne** pense **pas** qu'il **ait** la grippe.*

• Après une interrogation avec **inversion,** on utilise souvent le subjonctif :

***Pensez-vous** que cet homme **soit** coupable ?*

• Quand un adjectif exprime un jugement, on utilise le subjonctif :

Je trouve que Max a du talent.
*Je trouve **normal** qu'il **ait** du succès.*

♪ • Avec les verbes de crainte, on utilise souvent un « ne » stylistique qui n'est pas une négation :

*J'ai peur que Paul **ne soit** malade.*

(formes impersonnelles, p. 246)

1   Notez les verbes suivis de l'indicatif et les verbes suivis du subjonctif.

—————— À propos d'un homme politique ——————

Je pense qu'il est intelligent.	J'ai peur qu'il fasse de mauvaises alliances.
Je trouve qu'il a du charisme.	Je crains qu'il soit mal conseillé.
J'aimerais qu'il réussisse.	J'espère qu'il prendra de bonnes décisions.
Je souhaite qu'il fasse des réformes.	Je crois qu'il est compétent.
Je suppose qu'il est cultivé.	Je trouve normal qu'il soit bien payé.

+ indicatif   **+ subjonctif**

Je pense _____   _____

_____   _____

_____   _____

_____   _____

_____   _____

2   Répondez selon le modèle.

– Vous pensez que Paul **va prendre** ses vacances en février ?

– Je ne sais pas, mais j'aimerais bien qu'il prenne ses vacances en février.

1. – Vous croyez que Marie **viendra** avec nous ?

– _____

2. – Vous pensez que Julien **réussira** ses examens ?

– _____

3. – Vous croyez que ces enfants **partiront** ensemble ?

– _____

4. – Vous pensez qu'ils **prendront** le train ?

– _____

5. – Vous pensez qu'ils **iront voir** leur grand-mère ?

– _____

3   Complétez pour donner une opinion.

Les produits bio sont plus chers que les autres.	Les criminels sont de plus en plus jeunes.
Il y a de la vie sur Mars.	Les hommes politiques sont corrompus.

1. Je trouve _____

2. Je ne crois pas _____

3. Je suis choqué(e) _____

4. Je trouve inquiétant _____

LE SUBJONCTIF

EXERCICES

1 Transformez pour utiliser des subjonctifs.

Je trouve que mon bureau est trop petit
et qu'il n'y a pas assez de lumière.
Je trouve que la moquette est trop vieille
et que la couleur des murs est trop triste.
Je constate qu'il n'y a toujours pas de stores
et qu'il n'y a pas de placard personnel.
Je pense que nous faisons trop d'heures
supplémentaires et que nous n'avons pas
assez de temps pour déjeuner.

Je voudrais que mon bureau soit plus grand

_____

_____

_____

_____

_____

_____

_____

2 Transformez avec un indicatif ou un subjonctif.

— Sentimentale —

Quand tu es là, je suis contente.

Quand tu pars, je suis triste.

Quand tu m'écris, je suis ravie.

Quand tu reviens, je suis heureuse.

Quand tu me mens, je suis furieuse.

Je suis contente que tu sois là.

_____

_____

_____

_____

3 Répondez avec une forme négative, selon le modèle.

– Vous pensez que les banques sont ouvertes ?
– Non, je ne pense pas qu'elles soient ouvertes.

1. – Vous croyez que les musées sont fermés le lundi ?

– _____

2. – Vous croyez qu'il y aura beaucoup de monde ?

– _____

3. – Vous pensez que nous sommes en retard ?

– _____

4. – Vous pensez qu'il fait froid, dehors ?

– _____

5. – Vous croyez que ce bus va dans le centre ?

– _____

4 Décrivez votre chambre selon le modèle de l'exercice 1 et dites ce que vous aimeriez modifier.

E X E R C I C E S

1 **Transformez pour utiliser des subjonctifs.**

Je trouve que mon fils ne sort pas assez.

Il n'a pas d'amis. Il est trop seul.

Je pense qu'il n'est pas assez sociable et qu'en

général il ne fait pas assez d'efforts.

Je remarque qu'il n'est pas très costaud.

Il ne fait pas du tout de sport.

Il ne va même plus à la piscine.

J'espère qu'il reprendra ses cours de guitare

et qu'il ira de nouveau au concert le jeudi.

J'aimerais que mon fils _____

_____

_____

_____

_____

_____

_____

_____

2 **Répondez en utilisant un subjonctif ou un indicatif.**

1. – Notre entreprise va déménager, je crois. – *Moi aussi, je pense qu'elle va déménager.*

2. – Les employés seront mécontents, je le crains. – _____

3. – Les clients vont faire des réclamations, j'en ai peur. – _____

4. – Le directeur fera une réunion, j'imagine. – _____

5. – Les actionnaires seront présents, je suppose. – _____

3 **Transformez selon le modèle.**

——————————— **Match de boxe** ———————————

Max : La match va être difficile.
Paul : **Je le pense aussi**.
Max : Le combat est truqué ?
Paul : **Je ne crois pas !**
Max : Jim va faire un beau match.
Paul : **Je le souhaite !**

Max : Le combat sera retransmis ?
Paul : **Je suppose**.
Max : L'arbitre est un ancien boxeur ?
Paul : **J'imagine**.
Max : Il y a plus de femmes que d'hommes.
Paul : **Oui, je suis surpris !**

Paul pense que le match va être difficile. Il ne croit pas _____

_____

_____

_____

4 **Complétez avec un subjonctif ou un indicatif.**

1. Je ne pense pas que cette table _____ ancienne. – **2.** Croyez-vous que cet appartement _____
à vendre ? – **3.** J'ai peur qu'il _____ froid pendant le week-end. – **4.** Je trouve scandaleux que les infir-
mières _____ si mal payées. – **5.** J'espère qu'il _____ beau demain.

LES CONSTRUCTIONS IMPERSONNELLES

> **Il faut** que je **parte** pour le Brésil.
> **Il est urgent** que j'y **sois** le 10.

■ Les constructions impersonnelles qui expriment une **contrainte**, un **jugement**, etc., sont pour la plupart suivies du subjonctif :

Il faut
Il vaut mieux
Il vaudrait mieux   │ *qu'il **parte**.*
Il est important
Il est dommage

• Les constructions qui expriment une certitude sont suivies de l'indicatif :

Il est │ *évident*
          │ *clair*   *qu'il partira.*
          │ *certain*

LE SUBJONCTIF et LA RÉALITÉ

■ L'indicatif renvoie à une réalité **donnée** ou **probable**, le subjonctif à une réalité **incertaine** :

*Je cherche une maison qui **a** un grand jardin.*   *Je cherche une maison qui **ait** un grand jardin.*
(Je sais que cette maison existe = indicatif)   (Je ne sais si pas cette maison existe = subjonctif)

 • *Il est probable que Paul **partira**.*   (+ 50 % de chances : indicatif)
      *Il est possible que Paul **parte**.*   (= ou – 50 % : subjonctif)

LE SUBJONCTIF PRÉSENT et LE SUBJONCTIF PASSÉ

■ On utilise, en général, le subjonctif présent quel que soit le temps du verbe principal :

J'attends
J'ai attendu │ *qu'il **soit** là.* (Le subjonctif est un « mode » futur.)
J'attendrai

■ On utilise, en général, le subjonctif passé quand l'action est achevée. On le forme avec l'auxiliaire « être » ou « avoir » au subjonctif présent + participe passé.

*Je regrette qu'il **soit parti**.*
*Je suis contente qu'il **ait trouvé** un emploi.*

1 **Transformez selon le modèle.**

– Il y a parfois des perles dans les huîtres, mais c'est rare.

– Oui, il est rare qu'il y ait des perles dans les huîtres.

1. – Un footballeur est mieux payé qu'un ministre. C'est choquant.

– Oui, _____

2. – On meurt encore de faim au xxiᵉ siècle. C'est insupportable.

– Oui, _____

3. – Salinger n'écrit plus de romans. C'est dommage.

– Oui, _____

4. – La pollution est responsable des perturbations climatiques. C 'est évident.

– Oui, _____

2 **Reprenez les phrases avec « il vaudrait mieux que ».**

– Je suis en retard. Je vais **prendre** le métro. – *Il vaudrait mieux que tu prennes un taxi !*

1. – J'ai une grosse migraine. Je vais **prendre** un whisky. – _____

2. – J'ai invité ma belle-mère. Je vais **faire** une pizza surgelée. – _____

3. – J'ai deux mois de vacances. Je vais **aller** en Sibérie. – _____

4. – J'ai des économies. Je vais les **mettre** sous mon matelas. – _____

5. – Je suis déprimé. Je vais **aller** chez une voyante. – _____

3 **Répondez en utilisant un subjonctif ou un indicatif.**

1. Il est souhaitable que vous *fassiez* des exercices et que vous _____ des livres en français. – **2.** Il faut que notre entreprise _____ des travaux. Il est important que les employés _____ de bonnes conditions de travail. – **3.** Il est certain que la situation économique _____ délicate et il est évident que l'avenir _____ assez sombre. – **4.** Je suppose que le directeur _____ dans son bureau. Je vois qu'il y _____ encore de la lumière. – **5.** Il est possible qu'il y _____ une grève demain et j'imagine qu'il y _____ des embouteillages. – **6.** Il est dommage qu'il ne _____ pas beau, nous aurions pu dîner en terrasse. – **7.** – Je cherche une baby-sitter qui _____ libre de 4 heures à 6 heures. – Ça tombe bien, je crois que ma petite voisine _____ libre tous les après-midi !

4 **Faites des phrases selon le modèle en utilisant un subjonctif passé.**

1. Pierre est guéri. Je suis content. *Je suis content que Pierre* _____

2. Paul n'a pas fait son travail. Je suis furieux. _____

3. Nous sommes arrivés en retard. Je suis désolé. _____

LES CONSTRUCTIONS « SUBJONCTIVES »

> **Bien qu'il fasse** un peu froid, nous allons à la campagne **pour que** les enfants prennent l'air.

Les phrases reliées par une conjonction exprimant une dépendance (une contrainte, une attente, etc.) sont, en général, suivies du subjonctif.

■ Expression d'une **intention** ou d'un **but** :

$$\textit{Je vous prête mes clés} \begin{vmatrix} \textit{pour que} \\ \textit{afin que} \\ \textit{de sorte que} \end{vmatrix} \textit{vous puissiez rentrer.}$$

■ Expression d'une **crainte**, d'une **menace** :

$$\textit{Nous avons accepté} \begin{vmatrix} \textit{de crainte qu'} \\ \textit{de peur qu'} \end{vmatrix} \textit{il (ne)* parte.}$$

■ Expression d'une **attente,** d'une contrainte **temporelle** :

*Je resterai **jusqu'à ce qu'**il revienne.*
*Asseyons-nous **en attendant qu'**on nous reçoive.*
*Rentrons **avant qu'**il (ne)* pleuve.*

- « **Après que** » est logiquement suivi de l'indicatif (mais l'usage du subjonctif se généralise) :

*Il est sorti **après qu'**il a fini son discours.*

■ Expression d'un **obstacle** ou d'une **restriction** :

***Bien qu'**il soit très tard, nous préférons rentrer à pied.*
*Nous prendrons l'avion **à moins qu'**il (n')* y ait une grève.*

■ Expression d'une **condition** :

$$\textit{Tu peux sortir} \begin{vmatrix} \textit{à condition que} \\ \textit{pourvu que} \end{vmatrix} \textit{tu me dises où tu vas.}$$

(* « Ne » stylistique, sans valeur négative, utilisé après l'expression de la crainte et après les conjonctions « avant que » et « à moins que ».)

1 **Complétez le texte avec les verbes manquants.**

Je n'accepterai pas, à moins que vous *ne soyez* tous d'accord.

1. Jean et Thérèse ont économisé pour que leurs enfants _____ des études. – **2.** Il vaut mieux que nous abandonnions ce projet avant qu'il _____ trop tard. – **3.** Les enfants peuvent rester dans la salle à condition qu'ils ne _____ pas de bruit. – **4.** Bien que ce restaurant _____ très cher, il y a toujours beaucoup de monde. – **5.** Pour que nous _____ à l'heure à la gare, il faut partir maintenant. – **6.** Nous ne prendrons pas de décisions avant que tout le monde _____ là. – **7.** Voulez-vous prendre un café, en attendant que ma fille _____ prête ? – **8.** Nous travaillerons jusqu'à ce que tout _____ terminé.

2 **Complétez avec les subjonctifs manquants.**

Le stage d'informatique portera sur plusieurs semaines : les enfants seront pris en charge jusqu'à ce qu'ils _____ capables de se débrouiller tout seuls. Pour que la méthode _____ efficace, il faut que les enfants _____ travailler en équipe. Le programme débutera fin octobre, à moins que l'aménagement des salles ne _____ pas terminé. Pour que tous les enfants _____ le même matériel, il est important que les parents _____ rapidement par courrier une liste des choses à acheter. Tous les enfants seront admis, à condition qu'ils _____ au minimum 12 ans et qu'ils _____ accompagnés le premier jour par une personne de leur famille.

3 **Transformez les phrases avec « pour que » et « il faut que », selon le modèle.**

– Le docteur pourra-t-il opérer si le patient n'est pas à jeun ?
– Non, *pour que le médecin puisse opérer, il faut que le patient soit à jeun.*

1. – Les médicaments seront-ils remboursés si le médecin n'est pas conventionné ?
– Non, _____

2. – Le patient pourra-t-il quitter l'hôpital s'il ne remplit pas une feuille de sortie ?
– Non, _____

3. – Le malade comprendra-t-il les instructions si on ne les traduit pas dans sa langue ?
– Non, _____

4 **Faites des phrases selon le modèle.**

1. Si vous n'avez pas de ticket de caisse, nous ne pourrons pas échanger vos achats. – **2.** Si les enfants n'ont pas d'autorisation, ils ne pourront pas sortir. – **3.** Si vous restez moins de trois jours, vous n'aurez pas de réduction sur les vols. – **4.** Si vous faites une grosse commande, vous aurez une remise.

Pour que nous puissions échanger vos achats, il faut que… _____

_____

LES RELATIONS LOGIQUES

Pour expliciter les relations logiques entre plusieurs éléments de phrase, on utilise différentes expressions de cause, conséquence, but et opposition.

LA CAUSE

> – Je pars, **parce que** j'ai un rendez-vous.
> – Bon, **puisque** vous partez, je vous rappellerai plus tard.

■ **« PARCE QUE »** introduit une cause et répond à « pourquoi ? » :

> *Le match a été annulé,*
> ***parce qu'**il pleuvait.*

■ **« COMME »** place la cause **en début** de phrase :

> ***Comme** il pleuvait,*
> *le match a été annulé.*

• **Car** = « parce que » en langage formel ou à l'écrit :

> *Le match a été annulé, **car** il pleuvait.*

■ **PUISQUE** introduit une cause connue ou évidente :

> ***Puisque** le match est annulé, ils doivent nous rembourser.*
> *Ils doivent nous rembourser, **puisque** le match est annulé !*
> *Je m'en vais, **puisque** personne ne m'écoute !*

■ **« À CAUSE DE »** :
cause négative ou neutre.

> *J'ai raté **à cause de** toi.*
> *Je dors mal **à cause du** bruit.*

■ **« GRÂCE À »** :
cause positive.

> *J'ai réussi **grâce à** toi.*
> *Je dors bien **grâce aux** boules Quies.*

1 Répondez aux questions en donnant une cause.

~~être malade~~   rater ses examens   être en panne   faire la grève   avoir faim

1. – Jean est absent. Pourquoi ? – *Il est absent parce qu'il est malade.*

2. – Le bébé pleure. Pourquoi ? – _____

3. – Marie est triste. Pourquoi ? – _____

4. – Les employés ne sont pas là. Pourquoi ? – _____

5. – L'ascenseur ne descend pas. Pourquoi ? – _____

2 Utilisez « comme » ou « parce que ».

─────── Samedi soir ───────

Je n'ai pas pu t'appeler, *parce que* j'avais perdu ton numéro. _____ il y a beaucoup de « Duval » dans l'annuaire, j'ai cherché longtemps. J'ai pris un taxi _____ j'étais en retard. _____ il y avait beaucoup de monde à la station, j'ai attendu longtemps. _____ le magasin de fleurs était fermé, je t'ai apporté des bonbons.

3 Complétez librement les dialogues en utilisant « puisque ».

1. – Il pleut.

 – *Puisqu'il pleut, restons à la maison !*

2. – Il n'y a plus rien à manger.

 – _____

3. – Le métro est fermé.

 – _____

4 Complétez avec « comme », « parce que » ou « puisque ».

1. Je me dépêche _____ je suis en retard.

2. _____ il y avait la grève des trains, j'ai pris un bus.

3. Pars, _____ tu ne m'aimes plus et ne reviens jamais !

5 Complétez avec « parce que », « comme », « puisque », « grâce à » et « à cause de ».

Il y a de l'agitation dans mon quartier _____ la banque a été attaquée. La police est arrivée en retard _____ des embouteillages. Le gangster a pu s'échapper, _____ à la complicité d'une femme. _____ le hold up est tout à fait dans son style, la police a soupçonné tout de suite Pierrot Ferdinand. Mais ce n'est sûrement pas lui, _____ il est déjà en prison !

6 Créez des publicités avec « à cause de » et « grâce à » à partir du modèle.

1. Vos chaussures sont abîmées *à cause de la* pluie. *Grâce à « Souplor », elles retrouveront leur souplesse.*

2. Votre peau est sèche _____ soleil. _____

3. Vous dormez mal _____ bruit. _____

LA CONSÉQUENCE et LE BUT

> Mon rendez-vous est annulé. Je suis **donc** libre ce soir.
> **C'est pour ça** que je t'appelle.

■ LA CONSÉQUENCE

- « **Donc** » introduit une conséquence **logique** :

    *Je n'ai pas de permis, **donc** je ne peux pas conduire.*

- On utilise aussi « **par conséquent** » (en langage formel) et « **alors** » (en langage courant) :

    *Il y a des travaux, **par conséquent** la rue est barrée.*
    *La rue est barrée, **alors** passons par-derrière !*

- « **Si bien que** » et « **à tel point que** » expriment une conséquence prévisible :

    La pollution augmente, | ***à tel point que*** | *la planète est en danger.*
    | ***si bien que*** |

- « **C'est la raison pour laquelle** » (langage formel) et « **C'est pour ça que** » (langage courant) apportent une **explication** :

    *Je cherche un emploi. **C'est la raison pour laquelle** je m'adresse à vous.*
    *Je cherche du travail. **C'est pour ça que** je t'écris.*

■ LE BUT

- « **Pour** » (+ infinitif) ou « **pour que** » (+ subjonctif) expriment un but :

    Je me dépêche | ***pour*** *être à l'heure.*
    | ***pour que*** *tout soit prêt.*

- « **Afin de** » (+ infinitif) ou « **afin que** » (+ subjonctif) s'utilisent en langage plus formel :

    Je vous écris | ***afin de*** *vous informer de la situation.*
    | ***afin que*** *vous soyez informé de la situation.*

1 **Trouvez les conséquences.**

Tu as fait une erreur de calcul ⟍ **c'est pour ça qu'**on ne le croit plus.

Nos frais ont augmenté **alors** on va au cinéma !

La télé est en panne ⟶ **donc** ton résultat est faux.

Paul ment toujours **par conséquent** nous devons ajuster nos prix.

2 **Complétez les conséquences.**

1. « A » égale « B » et « B » égale « C », _____ « A » égale « C ». C'est logique !

2. Le chauffage est éteint : _____ il fait si froid !

3. Marilyne n'était pas libre samedi soir, _____ j'ai invité Bernadette.

4. Votre dossier a été remis après le date limite, _____ nous ne pouvons l'accepter.

3 **Complétez avec des expressions de cause et de conséquence.**

Duval ne peut pas être coupable *puisqu*'il était en prison au moment du crime !

1. Tu as dix-huit ans : tu peux voter maintenant _____ tu es majeur !

Maintenant tu as dix-huit ans, tu es majeur. _____ tu peux voter !

2. _____ il n'y avait plus de pain, nous avons mangé des biscottes.

Il n'y avait plus de pain. _____ nous avons mangé des biscottes.

3. Le feu a été maîtrisé rapidement _____ à l'intervention des pompiers.

Les pompiers sont intervenus rapidement. _____ le feu a été maîtrisé.

4 **Complétez librement avec une expression de but.**

Nous avons énormément travaillé *pour que* tout *soit* fini à temps.

1. Le professeur a répété son explication _____ tout le monde _____.

2. J'ai placé les enfants au premier rang _____ ils _____ bien le spectacle.

3. J'ai corrigé le texte _____ chaque phrase _____ correcte.

4. Surveillez les enfants _____ ils ne _____ pas de bêtises.

5. J'ai donné toutes les instructions _____ chacun _____ se débrouiller tout seul.

5 **Complétez librement.**

1. Anna ne sort pas de chez elle. Je l'ai invitée *pour qu'elle sorte un peu*...

2. Venez nous voir à la campagne. J'insiste _____ !

3. Paul ne comprend pas ta situation. Parle-lui _____ !

4. Cette machine fait trop de bruit ! Comment faire _____ ?

5. Le directeur ne reçoit personne, c'est un fait. Mais insistez _____.

L'OPPOSITION et LA CONCESSION

> Je réussis **mais** je travaille beaucoup.
> Je suis fatigué, **pourtant** j'ai dormi neuf heures.

■ **L'OPPOSITION** oppose deux réalités **différentes**.

- « **Mais** » introduit une opposition :

  *Il fait froid dans le Nord **mais** il fait beau dans le Sud.*

- « **Par contre** » (en langage courant) et « **en revanche** » (en langage formel) renforcent l'opposition :

  Il fait froid à Paris, | *par contre,* | *il fait chaud à Nice.*
  | *en revanche,* |

- « **Tandis que** » et « **alors que** » opposent en **comparant** :

  C'est l'hiver en France, | *tandis que* | *c'est l'été au Brésil.*
  | *alors que* |

■ **LA CONCESSION** (ou restriction) exprime deux aspects contradictoires d'une même réalité :

- « **Mais** » introduit une **concession** :

  *Il fait froid, **mais** il y a du soleil.*

- On utilise aussi « **même si** » (+ verbe) ou « **malgré** » (+ nom) :

  Il fait froid | *même s'il y a du soleil.*
  | *malgré le soleil.*

- « **Pourtant** » renforce la concession :

  *J'ai sommeil, **pourtant** j'ai dormi neuf heures (c'est étonnant…).*

- En langage formel, on utilise de préférence « **cependant** » et « **toutefois** » :

  Tout est prêt. | *Toutefois,* | *il reste quelques détails à régler.*
  | *Cependant,* |

- « **Quand même** », très courant à l'oral, a plusieurs sens :

  *Il fait froid mais je sors **quand même** !* = malgré tout
  *Tu pourrais **quand même** m'aider !*   = reproche

- « **Avoir beau** » (+ infinitif) signifie faire des efforts sans résultat :

  *J'ai **beau** chercher, je ne retrouve plus mes clés.*

254 • deux cent cinquante-quatre

1 Établissez des parallèles en utilisant « tandis que » (ou « alors que »).

— Coutumes —

rouge : à température ambiante
blanc : frais

Nord : beurre
Sud : huile d'olive

Espagne : monarchie
France : république

Le vin rouge se boit *à température ambiante tandis que le vin blanc* _____

Les gens du Nord consomment _____
_____

L'Espagne est _____
_____

2 Transformez avec des expressions de concession, selon le modèle.

1. Il pleut/vous sortez

– Vous sortez *malgré la pluie ?*
– Oui, nous *sortons, même s'il pleut.*
Il pleut mais *nous sortons quand même !*

2. Il y a du bruit/le bébé s'endort

– Le bébé s'endort _____
– Oui, il _____
Il y a du bruit mais _____

3. Paul a la migraine/il travaille

– Paul travaille _____
– Oui, il _____
Il a la migraine mais _____

4. Clara a des défauts/ses amis l'aiment

– Les amis de Clara l'aiment _____
– Oui, ils _____
Elle a des défauts mais _____

3 Complétez librement avec « pourtant ».

1. Notre équipe a perdu le match. *Pourtant, elle avait bien joué.*
2. Max a raté ses examens. _____
3. Je ne retrouve plus ma voiture. _____
4. Tu n'as pas reçu ma lettre. _____
5. Jo n'est pas venu à mon anniversaire. _____

4 Transformez avec « avoir beau ».

1. Je continue à grossir ; pourtant, je fais un régime.
J'ai beau faire un régime, je continue à grossir.
2. Je suis fatiguée ; pourtant, je dors beaucoup.
_____
3. J'étudie la grammaire ; pourtant, je fais toujours des fautes.
_____

1 Complétez avec les éléments manquants. Faites l'élision si c'est nécessaire. (42 points)

————— Quelle tête ! —————

Hier matin, je _____ allé au bar prendre un café, mais quand je _____ sorti mon porte-feuille pour payer, je me _____ rendu compte que je ne _____ pas d'argent du tout. Alors, je _____ dit au serveur que je _____ acheter le journal et je _____ sorti du bar.

Après _____ tourné le coin de la rue, je _____ couru jusque chez moi. Quand je _____ arrivé dans le hall, l'ascenseur _____ bloqué par des livreurs, aussi, je _____ monté l'escalier à pied. Quand je _____ arrivé devant la porte, je _____ essayé _____ ouvrir avec ma clé, mais je _____ pas arrivé, alors, je _____ tourné la poignée directe-ment : ce _____ ouvert ! Je _____ oublié _____ fermer en partant ! Je _____ entré dans l'appartement et là, quelle surprise : je _____ vu un inconnu, installé dans mon canapé qui _____ tranquillement le cigare en _____ le journal. Je _____ stupéfait et l'homme aussi, apparemment, car il me _____ avec des yeux ronds. Quand une jeune femme rousse _____ sortie de la cuisine avec un bébé dans les bras, je _____ compris soudain que je me _____ trompé d'appartement et d'étage.

Après _____ excusé rapidement, je _____ monté à l'étage du dessus où je _____ retrouvé tout _____ je _____ oublié : non seulement mon argent mais aussi ma carte d'auto-bus et mes dossiers. Encore sous le choc, je _____ l'ascenseur mais je me _____ retrouvé au sous-sol. Après _____ attendu cinq minutes parce que l'ascenseur _____ de nouveau bloqué, je _____ parvenu au rez-de-chaussée. Bien sûr, quand je _____ sorti, il _____ et je ne _____ pas de parapluie. Si je _____ moins distrait, la vie _____ plus facile !

2 Complétez avec « comme », « si bien que », « pourtant », « même si », « cependant », « puisque », « afin de », « grâce à ». (8 points)

————— Planète en danger —————

Des problèmes de pollution aigus concernent notre planète : _____ les médias en parlent beaucoup, peu de mesures efficaces sont prises. _____, la situation s'aggrave jour après jour : l'air, la mer et les sols sont dévastés.

Les enjeux économiques sont souvent énormes et cachés, _____ un système généralisé efficace de lutte contre la pollution est difficile à mettre en place. _____ la législation demeure laxiste,

beaucoup d'entreprises continuent d'ignorer le problème. _____, les jeunes générations semblent plus conscientes du danger _____ elles placent, dans les sondages, l'écologie en tête de leurs préoccupations.

C'est _____ cette prise de conscience que la situation pourra peut-être cesser de se dégrader. Il faut agir ensemble _____ sauver notre Terre.

1 Complétez avec les éléments manquants. Faites l'élision si c'est nécessaire.   (50 points)

1. Demain, pendant que mes amis _____ le match à la télévision, je _____ mes exercices de français ou je _____ un bon roman.

2. Je _____ en vacances en Grèce quand je _____ mes examens.

3. S'il _____ beau demain, nous _____ à la plage.

4. J'ai fait beaucoup _____ progrès _____ à mes collègues qui me corrigent tout le temps.

5. Paul m'a dit qu'il _____ malade et qu'il _____ de la fièvre.

6. Cette maison _____ construite par mon père, les arbres _____ plantés par mon grand-père et c'est moi qui _____ peint les volets en bleu.

7. Si je _____ un appartement plus grand, je _____ une grande fête.

8. Quand je suis arrivée, Max _____ la vaisselle en _____ du jazz à la radio.

9. Je trouve que ce meuble _____ beau et je pense qu'il _____ ancien, mais je ne suis pas sûr qu'il _____ du XVIIIe siècle.

10. Ce matin, _____ l'ascenseur _____ en panne, je suis monté _____ pied.

11. Si je _____ vous, j'insisterais pour que Paul _____ présent _____ réunion.

12. _____ il faisait froid dans la pièce, je _____ le radiateur.

13. J'imagine que Roger _____ un travail passionnant car il _____ parle sans cesse.

14. Si tu _____ plus de sport, tu _____ plus musclé et tu _____ plus d'énergie.

15. Tu crois qu'il _____ beau demain ? Je crains qu'il _____ froid comme aujourd'hui.

16. Si je _____ à votre place, je _____ une augmentation à mon patron.

17. Je constate que Marie _____ souvent en retard. Il faudrait qu'elle _____ plus ponctuelle.

18. J'accepte qu'on _____ différent de moi, mais je refuse qu'on me _____ pour un imbécile !

19. J'imagine qu'il _____ trop tard pour aller au concert. Je suppose que tout _____ complet.

20. Il faut que je _____ à la gare. Pensez-vous qu'il _____ nécessaire d'appeler un taxi ?

21. Il est rare que nous _____ là en août : il est probable que nous _____ en Italie.

22. Si je _____ que tu détestais le poisson, j'_____ fait autre chose pour le dîner.

infinitif	présent	futur proche	passé composé	imparfait	plus-que-parfait	infinitif passé
ÊTRE	je suis tu es il est nous sommes vous êtes ils sont	je vais être tu vas être il va être nous allons être vous allez être ils vont être	j' ai été tu as été il a été nous avons été vous avez été ils ont été	j' étais tu étais il était nous étions vous étiez ils étaient	j' avais été tu avais été il avait été nous avions été vous aviez été ils avaient été	avoir été
AVOIR	j' ai tu as il a nous avons vous avez ils ont	je vais avoir tu vas avoir il va avoir nous allons avoir vous allez avoir ils vont avoir	j' ai eu tu as eu il a eu nous avons eu vous avez eu ils ont eu	j' avais tu avais il avait nous avions vous aviez ils avaient	j' avais eu tu avais eu il avait eu nous avions eu vous aviez eu ils avaient eu	avoir eu
VERBES en -ER	je dîne tu dînes il dîne nous dînons vous dînez ils dînent	je vais dîner tu vas dîner il va dîner nous allons dîner vous allez dîner ils vont dîner	j' ai dîné tu as dîné il a dîné nous avons dîné vous avez dîné ils ont dîné	je dînais tu dînais il dînait nous dînions vous dîniez ils dînaient	j' avais dîné tu avais dîné il avait dîné nous avions dîné vous aviez dîné ils avaient dîné	avoir dîné
ALLER	je vais tu vas il va nous allons vous allez ils vont	je vais aller tu vas aller il va aller nous allons aller vous allez aller ils vont aller	je suis allé tu es allé il est allé nous sommes allés vous êtes allés ils sont allés	j' allais tu allais il allait nous allions vous alliez ils allaient	j' étais allé tu étais allé il était allé nous étions allés vous étiez allés ils étaient allés	être allé
BOIRE	je bois tu bois il boit nous buvons vous buvez ils boivent	je vais boire tu vas boire il va boire nous allons boire vous allez boire ils vont boire	j' ai bu tu as bu il a bu nous avons bu vous avez bu ils ont bu	je buvais tu buvais il buvait nous buvions vous buviez ils buvaient	j' avais bu tu avais bu il avait bu nous avions bu vous aviez bu ils avaient bu	avoir bu
CONNAÎTRE	je connais tu connais il connaît nous connaissons vous connaissez ils connaissent	je vais connaître tu vas connaître il va connaître nous allons connaître vous allez connaître ils vont connaître	j' ai connu tu as connu il a connu nous avons connu vous avez connu ils ont connu	je connaissais tu connaissais il connaissait nous connaissions vous connaissiez ils connaissaient	j' avais connu tu avais connu il avait connu nous avions connu vous aviez connu ils avaient connu	avoir connu

futur simple	futur antérieur	conditionnel présent	conditionnel passé	subjonctif	impératif	gérondif
je serai tu seras il sera nous serons vous serez ils seront	j' aurai été tu auras été il aura été nous aurons été vous aurez été ils auront été	je serais tu serais il serait nous serions vous seriez ils seraient	j' aurais été tu aurais été il aurait été nous aurions été vous auriez été ils auraient été	que je sois que tu sois qu'il soit que nous soyons que vous soyez qu'ils soient	sois soyons soyez	en étant
j' aurai tu auras il aura nous aurons vous aurez ils auront	j' aurai eu tu auras eu il aura eu nous aurons eu vous aurez eu ils auront eu	j' aurais tu aurais il aurait nous aurions vous auriez ils auraient	j' aurais eu tu aurais eu il aurait eu nous aurions eu vous auriez eu ils auraient eu	que j' aie que tu aies qu'il ait que nous ayons que vous ayez qu'ils aient	aie ayons ayez	en ayant
je dînerai tu dîneras il dînera nous dînerons vous dînerez ils dîneront	j' aurai dîné tu auras dîné il aura dîné nous aurons dîné vous aurez dîné ils auront dîné	je dînerais tu dînerais il dînerait nous dînerions vous dîneriez ils dîneraient	j' aurais dîné tu aurais dîné il aurait dîné nous aurions dîné vous auriez dîné ils auraient dîné	que je dîne que tu dînes qu'il dîne que nous dînions que vous dîniez qu'ils dînent	dîne dînons dînez	en dînant
j' irai tu iras il ira nous irons vous irez ils iront	je serai allé tu seras allé il sera allé nous serons allés vous serez allés ils seront allés	j' irais tu irais il irait nous irions vous iriez ils iraient	je serais allé tu serais allé il serait allé nous serions allés vous seriez allés ils seraient allés	que j' aille que tu ailles qu'il aille que nous allions que vous alliez qu'ils aillent	va allons allez	en allant
je boirai tu boiras il boira nous boirons vous boirez ils boiront	j' aurai bu tu auras bu il aura bu nous aurons bu vous aurez bu ils auront bu	je boirais tu boirais il boirait nous boirions vous boiriez ils boiraient	j' aurais bu tu aurais bu il aurait bu nous aurions bu vous auriez bu ils auraient bu	que je boive que tu boives qu'il boive que nous buvions que vous buviez qu'ils boivent	bois buvons buvez	en buvant
je connaîtrai tu connaîtras il connaîtra nous connaîtrons vous connaîtrez ils connaîtront	j' aurai connu tu auras connu il aura connu nous aurons connu vous aurez connu ils auront connu	je connaîtrais tu connaîtrais il connaîtrait nous connaîtrions vous connaîtriez ils connaîtraient	j' aurais connu tu aurais connu il aurait connu nous aurions connu vous auriez connu ils auraient connu	que je connaisse que tu connaisses qu'il connaisse que nous connaissions que vous connaissiez qu'ils connaissent	connais connaissons connaissez	en connaissant

infinitif	présent	futur proche	passé composé	imparfait	plus-que-parfait	infinitif passé
DEVOIR	je dois tu dois il doit nous devons vous devez ils doivent	je vais devoir tu vas devoir il va devoir nous allons devoir vous allez devoir ils vont devoir	j' ai dû tu as dû il a dû nous avons dû vous avez dû ils ont dû	je devais tu devais il devait nous devions vous deviez ils devaient	j' avais dû tu avais dû il avait dû nous avions dû vous aviez dû ils avaient dû	avoir dû
DIRE	je dis tu dis il dit nous disons vous dites ils disent	je vais dire tu vas dire il va dire nous allons dire vous allez dire ils vont dire	j' ai dit tu as dit il a dit nous avons dit vous avez dit ils ont dit	je disais tu disais il disait nous disions vous disiez ils disaient	j' avais dit tu avais dit il avait dît nous avions dit vous aviez dit ils avaient dit	avoir dit
ÉCRIRE	j' écris tu écris il écrit nous écrivons vous écrivez ils écrivent	je vais écrire tu vas écrire il va écrire nous allons écrire vous allez écrire ils vont écrire	j' ai écrit tu as écrit il a écrit nous avons écrit vous avez écrit ils ont écrit	j' écrivais tu écrivais il écrivait nous écrivions vous écriviez ils écrivaient	j' avais écrit tu avais écrit il avait écrit nous avions écrit vous aviez écrit ils avaient écrit	avoir écrit
FAIRE	je fais tu fais il fait nous faisons vous faites ils font	je vais faire tu vas faire il va faire nous allons faire vous allez faire ils vont faire	j' ai fait tu as fait il a fait nous avons fait vous avez fait ils ont fait	je faisais tu faisais il faisait nous faisions vous faisiez ils faisaient	j' avais fait tu avais fait il avait fait nous avions fait vous aviez fait ils avaient fait	avoir fait
FALLOIR	il faut	il va falloir	il a fallu	il fallait	il avait fallu	
FINIR	je finis tu finis il finit nous finissons vous finissez ils finissent	je vais finir tu vas finir il va finir nous allons finir vous allez finir ils vont finir	j' ai fini tu as fini il a fini nous avons fini vous avez fini ils ont fini	je finissais tu finissais il finissait nous finissions vous finissiez ils finissaient	j' avais fini tu avais fini il avait fini nous avions fini vous aviez fini ils avaient fini	avoir fini
METTRE	je mets tu mets il met nous mettons vous mettez ils mettent	je vais mettre tu vas mettre il va mettre nous allons mettre vous allez mettre ils vont mettre	j' ai mis tu as mis il a mis nous avons mis vous avez mis ils ont mis	je mettais tu mettais il mettait nous mettions vous mettiez ils mettaient	j' avais mis tu avais mis il avait mis nous avions mis vous aviez mis ils avaient mis	avoir mis

futur simple	futur antérieur	conditionnel présent	conditionnel passé	subjonctif	impératif	gérondif
je devrai tu devras il devra nous devrons vous devrez ils devront	j' aurai dû tu auras dû il aura dû nous aurons dû vous aurez dû ils auront dû	je devrais tu devrais il devrait nous devrions vous devriez ils devraient	j' aurais dû tu aurais dû il aurait dû nous aurions dû vous auriez dû ils auraient dû	que je doive que tu doives qu'il doive que nous devions que vous deviez qu'ils doivent		en devant
je dirai tu diras il dira nous dirons vous direz ils diront	j' aurai dit tu auras dit il aura dit nous aurons dit vous aurez dit ils auront dit	je dirais tu dirais il dirait nous dirions vous diriez ils diraient	j' aurais dit tu aurais dit il aurait dit nous aurions dit vous auriez dit ils auraient dit	que je dise que tu dises qu'il dise que nous disions que vous disiez qu'ils disent	dis disons dites	en disant
j' écrirai tu écriras il écrira nous écrirons vous écrirez ils écriront	j' aurai écrit tu auras écrit il aura écrit nous aurons écrit vous aurez écrit ils auront écrit	j' écrirais tu écrirais il écrirait nous écririons vous écririez ils écriraient	j' aurais écrit tu aurais écrit il aurait écrit nous aurions écrit vous auriez écrit ils auraient écrit	que j' écrive que tu écrives qu'il écrive que nous écrivions que vous écriviez qu'ils écrivent	écris écrivons écrivez	en écrivant
je ferai tu feras il fera nous ferons vous ferez ils feront	j' aurai fait tu auras fait il aura fait nous aurons fait vous aurez fait ils auront fait	je ferais tu ferais il ferait nous ferions vous feriez ils feraient	j' aurais fait tu aurais fait il aurait fait nous aurions fait vous auriez fait ils auraient fait	que je fasse que tu fasses qu'il fasse que nous fassions que vous fassiez qu'ils fassent	fais faisons faites	en faisant
il faudra	il aura fallu	il faudrait	il aurait fallu	qu'il faille		
je finirai tu finiras il finiras nous finirons vous finirez ils finiront	j' aurai fini tu auras fini il aura fini nous aurons fini vous aurez fini ils auront fini	je finirais tu finirais il finirait nous finirions vous finiriez ils finiraient	j' aurais fini tu aurais fini il aurait fini nous aurions fini vous auriez fini ils auraient fini	que je finisse que tu finisses qu'il finisse que nous finissions que vous finissiez qu'ils finissent	finis finissons finissez	en finissant
je mettrai tu mettras il mettra nous mettrons vous mettrez ils mettront	j' aurai mis tu auras mis il aura mis nous aurons mis vous aurez mis ils auront mis	je mettrais tu mettrais il mettrait nous mettrions vous mettriez ils mettraient	j' aurais mis tu aurais mis il aurait mis nous aurions mis vous auriez mis ils auraient mis	que je mette que tu mettes qu'il mette que nous mettions que vous mettiez qu'ils mettent	mets mettons mettez	en mettant

infinitif	présent	futur proche	passé composé	imparfait	plus-que-parfait	infinitif passé
PARTIR	je pars tu pars il part nous partons vous partez ils partent	je vais partir tu vas partir il va partir nous allons partir vous allez partir ils vont partir	je suis parti tu es parti il est parti nous sommes partis vous êtes partis ils sont partis	je partais tu partais il partait nous partions vous partiez ils partaient	j' étais parti tu étais parti il était parti nous étions partis vous étiez partis ils étaient partis	être parti
PLEUVOIR	il pleut	il va pleuvoir	il a plu	il pleuvait	il avait plu	
POUVOIR	je peux tu peux il peut nous pouvons vous pouvez ils peuvent	je vais pouvoir tu vas pouvoir il va pouvoir nous allons pouvoir vous allez pouvoir ils vont pouvoir	j' ai pu tu as pu il a pu nous avons pu vous avez pu ils ont pu	je pouvais tu pouvais il pouvait nous pouvions vous pouviez ils pouvaient	j' avais pu tu avais pu il avait pu nous avions pu vous aviez pu ils avaient pu	avoir pu
PRENDRE	je prends tu prends il prend nous prenons vous prenez ils prennent	je vais prendre tu vas prendre il va prendre nous allons prendre vous allez prendre ils vont prendre	j' ai pris tu as pris il a pris nous avons pris vous avez pris ils ont pris	je prenais tu prenais il prenait nous prenions vous preniez ils prenaient	j' avais pris tu avais pris il avait pris nous avions pris vous aviez pris ils avaient pris	avoir pris
SAVOIR	je sais tu sais il sait nous savons vous savez ils savent	je vais savoir tu vas savoir il va savoir nous allons savoir vous allez savoir ils vont savoir	j' ai su tu as su il a su nous avons su vous avez su ils ont su	je savais tu savais il savait nous savions vous saviez ils savaient	j' avais su tu avais su il avait su nous avions su vous aviez su ils avaient su	avoir su
VOIR	je vois tu vois il voit nous voyons vous voyez ils voient	je vais voir tu vas voir il va voir nous allons voir vous allez voir ils vont voir	j' ai vu tu as vu il a vu nous avons vu vous avez vu ils ont vu	je voyais tu voyais il voyait nous voyions vous voyiez ils voyaient	j' avais vu tu avais vu il avait vu nous avions vu vous aviez vu ils avaient vu	avoir vu
VOULOIR	je veux tu veux il veut nous voulons vous voulez ils veulent	je vais vouloir tu vas vouloir il va vouloir nous allons vouloir vous allez vouloir ils vont vouloir	j' ai voulu tu as voulu il a voulu nous avons voulu vous avez voulu ils ont voulu	je voulais tu voulais il voulait nous voulions vous vouliez ils voulaient	j' avais voulu tu avais voulu il avait voulu nous avions voulu vous aviez voulu ils avaient voulu	avoir voulu

futur simple	futur antérieur	conditionnel présent	conditionnel passé	subjonctif	impératif	gérondif
je partirai tu partiras il partira nous partirons vous partirez ils partiront	je serai parti tu seras parti il sera parti nous serons partis vous serez partis ils seront partis	je partirais tu partirais il partirait nous partirions vous partiriez ils partiraient	je serais parti tu serais parti il serait parti nous serions partis vous seriez partis ils seraient partis	que je parte que tu partes qu'il parte que nous partions que vous partiez qu'ils partent	pars partons partez	en partant
il pleuvra	il aura plu	il pleuvrait	il aurait plu	qu'il pleuve		
je pourrai tu pourras il pourra nous pourrons vous pourrez ils pourront	j' aurai pu tu auras pu il aura pu nous aurons pu vous aurez pu ils auront pu	je pourrais tu pourrais il pourrait nous pourrions vous pourriez ils pourraient	j' aurais pu tu aurais pu il aurait pu nous aurions pu vous auriez pu ils auraient pu	que je puisse que tu puisses qu'il puisse que nous puissions que vous puissiez qu'ils puissent		en pouvant
je prendrai tu prendras il prendra nous prendrons vous prendrez ils prendront	j' aurai pris tu auras pris il aura pris nous aurons pris vous aurez pris ils auront pris	je prendrais tu prendrais il prendrait nous prendrions vous prendriez ils prendraient	j' aurais pris tu aurais pris il aurait pris nous aurions pris vous auriez pris ils auraient pris	que je prenne que tu prennes qu'il prenne que nous prenions que vous preniez qu'ils prennent	prends prenons prenez	en prenant
je saurai tu sauras il saura nous saurons vous saurez ils sauront	j' aurai su tu auras su il aura su nous aurons su vous aurez su ils auront su	je saurais tu saurais il saurait nous saurions vous sauriez ils sauraient	j' aurais su tu aurais su il aurait su nous aurions su vous auriez su ils auraient su	que je sache que tu saches qu'il sache que nous sachions que vous sachiez qu'ils sachent	sache sachons sachez	en sachant
je verrai tu verras il verra nous verrons vous verrez ils verront	j' aurai vu tu auras vu il aura vu nous aurons vu vous aurez vu ils auront vu	je verrais tu verrais il verrait nous verrions vous verriez ils verraient	j' aurais vu tu aurais vu il aurait vu nous aurions vu vous auriez vu ils auraient vu	que je voie que tu voies qu'il voie que nous voyions que vous voyiez qu'ils voient	vois voyons voyez	en voyant
je voudrai tu voudras il voudra nous voudrons vous voudrez ils voudront	j' aurai voulu tu auras voulu il aura voulu nous aurons voulu vous aurez voulu ils auront voulu	je voudrais tu voudrais il voudrait nous voudrions vous voudriez ils voudraient	j' aurais voulu tu aurais voulu il aurait voulu nous aurions voulu vous auriez voulu ils auraient voulu	que je veuille que tu veuilles qu'il veuille que nous voulions que vous vouliez qu'ils veuillent	veuillez	en voulant

INDEX

TEST D'ÉVALUATION (100 points)

Ce test va vous permettre d'évaluer vos connaissances globales en grammaire et de réviser les chapitres où vous rencontrez des difficultés. Les corrigés se trouvent page 272.

1 Complétez les phrases avec les éléments manquants. Faites l'élision si c'est nécessaire.

	20 Points	Chapitres
1. – Vous allez souvent _____ cinéma ?	_____	4
2. – Le petit garçon est fatigué. La petite fille aussi est très _____!	_____	2
3. – Qui est cet homme ? – _____ un ami de Julie.	_____	5
4. En France, _____ soixante millions d'habitants.	_____	9
5. Le soir, je me promène _____ la rue.	_____	10
6. Les dossiers sont sur _____ bureau du directeur.	_____	4
7. C'est l'hiver et _____ froid.	_____	14
8. Souvent le soir, nous _____ de la soupe avec de la salade.	_____	16
9. – Vous vous levez tôt le matin ? – Oui, je _____ très tôt.	_____	27
10. – Qu'est-ce que vous _____ au petit déjeuner ? – Du café.	_____	26
11. – _____ est votre profession ? – Je suis médecin.	_____	33
12. Tous les hommes _____ manger pour vivre.	_____	26
13. Aujourd'hui, il y a _____ vent, c'est désagréable.	_____	19
14. – Vous dînez tard le soir ? – Non, on _____ vers 20 heures.	_____	16
15. J'habite _____ vingt ans dans le même quartier.	_____	17
16. Bientôt, il va _____ chaud. C'est l'été.	_____	39
17. Hier, les enfants _____ la télévision pendant deux heures.	_____	40
18. – Si vous _____ aux dents, allez vite chez le dentiste.	_____	11
19. Ce matin, Pierre _____ levé très tôt.	_____	40
20. – Excusez-moi, je suis pressé : je _____ partir !	_____	26

2 Complétez les phrases avec les éléments manquants. Faites l'élision si c'est nécessaire.

	20 Points	Chapitres
21. – Quel est le bus _____ va à l'aéroport ?	_____	32
22. – Il fait chaud : est-ce que je _____ ouvrir la fenêtre ?	_____	26
23. – Tu vas au travail en voiture ? – Non, _____ à pied.	_____	24
24. Nous _____ rentrés de vacances il y a une semaine.	_____	40
25. Marie aime les fraises et elle _____ mange à tous les repas.	_____	20
26. Quand je suis arrivé à Paris, il _____ froid.	_____	43
27. En 2020, Antoine _____ vingt ans.	_____	47
28. – Voilà la liste des livres _____ j'ai besoin.	_____	32
29. – Vous avez une voiture ? – Non, je _____ voiture.	_____	10
30. – Paul a écrit à Marie ? – Oui, il _____ une longue lettre.	_____	28
31. – Dis-moi _____ tu penses de ma nouvelle coiffure.	_____	35
32. Je suis arrivé tard hier soir parce qu'il _____ des embouteillages.	_____	43
33. Quand je serai en Grèce, je vous _____ une carte.	_____	47
34. Franz et Jack ont fait le tour du monde _____ 60 jours !	_____	41
35. – Quel est le jour _____ vous êtes né ?	_____	32
36. Je dois aller à la banque : j'ai besoin _____ argent.	_____	19
37. – Il y a du beurre dans le frigo ? – Non, il _____ plus.	_____	20
38. Si tu _____ du sport, tu serais plus mince.	_____	50
39. Tu as mangé quelque chose à midi ? – Non, je _____ mangé.	_____	34
40. Ce sont tes parents, sur cette photo ? – Oui, ce sont _____.	_____	29

3 Complétez les phrases avec les éléments manquants. Faites l'élision si c'est nécessaire.

	20 Points	Chapitres
41. David est une personne _____ nous aimons beaucoup.	_____	32
42. Mozart a composé sa première œuvre quand il _____ six ans.	_____	43
43. – Tu connais _____ homme ? – Oui, c'est mon voisin.	_____	8
44. Hier soir, nous avons vu un beau film _____ télé.	_____	10
45. Les enfants pourront jouer une fois qu'ils _____ leurs devoirs.	_____	48
46. Pierre est malade : c'est la raison _____ il est absent.	_____	32
47. Nous passerons chez toi demain si nous _____ le temps.	_____	50
48. _____ ma voiture était en panne, je suis venu en métro.	_____	52
49. Le directeur m'appelle dans son bureau. Il faut que je _____ tout de suite.	_____	51/24
50. Jean est à l'hôpital : il _____ un accident sur l'autoroute hier soir.	_____	40
51. Nous allons au cinéma : tu _____ avec nous ?	_____	38
52. _____ une aspirine avec un verre d'eau si vous avez mal à la tête.	_____	30
53. – _____ se passe dehors ? – Je ne sais pas ce qui se passe !	_____	33
54. Pour voter, _____ avoir plus de dix-huit ans.	_____	26
55. Je me suis levé à 5 h du matin et je _____ une douche glacée !	_____	40
56. – Vous avez assez de café ou vous _____ encore ?	_____	20/26
57. La tour Eiffel _____ construite il a plus de cent ans.	_____	42
58. Je ne savais pas que le directeur _____ cinq enfants !	_____	45
59. Je n'ai pas montré mon projet à mère, mais je _____ parlé.	_____	28/20
60. – Il y a quelqu'un dans la salle 8 ? – Non, il _____.	_____	34

4 Complétez les phrases avec les éléments manquants. Faites l'élision si c'est nécessaire.

	40 Points	Chapitres
61. Je ne _____ pas où habite Julie. Je ne connais pas _____ adresse.	___	26/6
62. Paul _____ cassé une dent en _____ un sandwich !	___	40/36
63. – Quand êtes-vous allés _____ Danemark ? – Nous _____ il y a deux ans.	___	10/24
64. – Paul revient _____ cinq minutes. Voulez-vous boire un café en attendant qu'il _____ ?	_ / _	41 / 51
65. – Tu as vu Max ? – Oui, je _____ vu et je _____ parlé.	___	28
66. J'ai commencé _____ faire mes valises et je suis triste _____ partir.	___	37
67. Avant, je _____ du sport, mais maintenant, je _____ plus du tout.	___	43/20
68. C'est moi qui _____ appelé la police après _____ vu l'accident.	___	32/41
69. – Je ne comprends pas _____ vous dites. _____ répéter, s'il vous plaît ?	___	35/26
70. Je suggère que nous _____ un verre avant _____ quitter.	___	51/41
71. On m'a posé beaucoup _____ questions et j'ai dit tout _____ je savais.	___	19/32
72. Au cas où vous _____ un problème, n'hésitez pas _____ m'appeler.	___	49/37
73. Je _____ peur quand ma mère _____ tombée dans l'escalier !	___	40
74. Lily s'est mariée _____ un an et elle _____ un bébé il y a un mois.	___	41
75. S'il _____ chaud demain, nous _____ à la piscine.	___	50
76. J'espère qu'il _____ beau demain, mais j'ai peur qu'il _____ encore froid.	___	51
77. Pour que les enfants _____ en forme, il faut qu'ils _____ du sport.	___	51
78. Je vais te raconter _____ s'est passé à la réunion d'hier, _____ tu n'es pas venu !	___	32/52
79. Pour qu'un homme _____ beau, il faut qu'il _____ de la personnalité.	___	51
80. Si j'avais su que le film était si mauvais, je _____ voir !	___	50/28

CORRIGÉS DU TEST

Exercice 1

1. au	2. fatiguée	3. C'est	4. il y a	5. dans	6. le	7. il fait
8. mangeons	9. me lève	10. prenez/buvez	11. quelle	12. doivent	13. du	14. dîne
15. depuis	16. faire	17. ont regardé	18. avez mal	19. s'est	20. dois	

Exercice 2

21. qui	22. peux	23. j'y vais	24. sommes	25. en	26. faisait
27. aura	28. dont	29. n'ai pas de	30. lui a écrit	31. ce que	32. y avait
33. enverrai	34. en	35. où	36. d'	37. n'y en a	38. faisais
39. n'ai rien	40. eux				

Exercice 3

41. que	42. avait	43. cet	44. à la	45. auront fait/fini
46. pour laquelle	47. avons	48. Comme	49. y aille	50. a eu
51. viens/veux venir	52. Prenez	53. Qu'est-ce qui	54. il faut/on doit	55. ai pris
56. en voulez	57. a été	58. avait	59. lui en ai	60. n'y a personne

Exercice 4

61. sais ... son	62. s'est ... mangeant	63. au ... y sommes allés	64. dans ... revienne
65. l'ai ... lui ai	66. à ... de	67. faisais ... n'en fais	68. ai ... avoir
69. ce que ... Pouvez-vous	70. buvions/prenions de nous	71. de ... ce que	72. auriez ... à
73. j'ai eu ... est	74. il y ... a eu	75. fait ... irons	76. fera ... (ne) fasse
77. soient ... fassent	78. ce qui ... puisque	79. soit ... ait	80. ne serais pas allé le

N° d'éditeur : 10125276 - CGI - Juin 2005
Imprimé en France par Mame Imprimeurs (n° 05052073)